नए भारत का निर्माण

नए भारत का निर्माण

संदीप वासलेकर

प्रकाशक
प्रभात प्रकाशन प्रा. लि.
4/19 आसफ अली रोड, नई दिल्ली–110002
फोन : 011–23289777 • हेल्पलाइन नं. : 7827007777
इ–मेल : prabhatbooks@gmail.com ❖ वेब ठिकाना : www.prabhatbooks.com

संस्करण
2024

अनुवाद
श्री अरविंद जवळेकर

पेपरबैक मूल्य
तीन सौ रुपए

मुद्रक
आर टेक ऑफसेट प्रिंटर्स, दिल्ली

★

NAYE BHARAT KA NIRMAN
by Sandeep Waslekar

Published by **PRABHAT PRAKASHAN PVT. LTD.**
4/19 Asaf Ali Road, New Delhi-110002
First published in Marathi as Eka Dishecha Shodh
by Rajhans Prakashan, Pune in 2010
ISBN 978-93-5048-228-5

₹ 300.00 (PB)

मेरे पुत्रों
साहिल व राहुल
तथा
भारत के युवाओं को समर्पित

मन की बात

अप्रैल 2009 में संयुक्त राष्ट्रसंघ के महासचिव बान की-मून ने इस्तांबूल में अंतरराष्ट्रीय एकता तथा सौहार्द के निर्माण हेतु एक सम्मेलन का आयोजन किया। इस सम्मेलन में सभी देशों के राजनेता, धर्मगुरु तथा विचारकों को आमंत्रित किया गया था। दुनिया की अनेक समस्याओं की जड़ मध्यपूर्व में है, ऐसा राष्ट्रसंघ के एक प्रतिवेदन का निष्कर्ष है, इसलिए मध्यपूर्व के संघर्ष के संबंध में चर्चा सत्र, इस सम्मेलन का मुख्य कार्यक्रम था। इसमें अनेक देशों के विदेश मंत्री सहभागी बने।

आयोजकों ने इस चर्चा सत्र की अध्यक्षता का दायित्व मुझे दिया था। चर्चा सत्र में उपस्थिति अप्रत्याशित थी। सभागृह में कुरसियाँ कम पड़ जाने से मुझे मंत्रियों तथा राजदूतों से गलियारे में जमीन पर बैठ जाने का निवेदन करना पड़ा। दुनियाभर के प्रतिनिधियों ने इसे सहर्ष स्वीकार किया। सभागृह के बाहर भी अनेक लोग खड़े थे। चर्चा सत्र बहुत सफल रहा। इसमें मध्यपूर्व के संकट की समाप्ति के लिए अनेक मार्ग सुझाए गए।

उनमें एक मार्ग नितांत नया था। इजरायल और अरब राष्ट्रों में भूमि को लेकर अनेक लड़ाइयाँ लड़ी गई हैं, मगर संघर्ष खत्म नहीं हुआ। भूमि के स्थान पर यदि पानी पर लक्ष्य केंद्रित किया जाए तथा तुर्की से इजरायल तथा फिलिस्तीन दोनों को ही भिन्न-भिन्न मार्गो से जल की आपूर्ति की जाए तो मध्यपूर्व के देशों को आपस में सहयोग करना आवश्यक हो जाएगा। मेरा यह प्रस्ताव दुनिया के अनेक देशों के राजनीतिक नेताओं को पसंद आया। इस कल्पना के अनुरूप उन राष्ट्रों के प्रमुख नेताओं के साथ बातचीत करने की जिम्मेदारी भी मुझे ही दी गई। बाद में अनेक राजनीतिक बैठकें हुईं। अभी इस संदर्भ में प्रयास जारी हैं।

एक तरफ मध्यपूर्व में नए मार्ग से शांति प्रक्रिया शुरू करने की जिम्मेदारी

निभाते हुए, भारत, चीन, बँगलादेश तथा नेपाल के बीच भी संबंध सुधारने के मेरे प्रयास जारी हैं। उसके साथ ही पाकिस्तान की ओर से होनेवाले आतंकवादी हमलों को खत्म करने के लिए सूचना देने का काम भी मेरे ही जिम्मे है।

विश्वभर में फैला यह कार्य मैं स्ट्रेटेजिक फोरसाइट ग्रुप, इस विश्व के भविष्य का वैज्ञानिक अध्ययन करनेवाली संस्था के माध्यम से करता हूँ। यह संस्था मुंबई में सन् 2002 में स्थापित हुई। मुंबई के एक उपनगर में स्थित छोटे से कार्यालय से अंतरराष्ट्रीय घटनाक्रम पर परिणाम देनेवाले निर्णय लेने के लिए सूचनाएँ दी जाती हैं। मुंबई के लोगों को इसकी कोई जानकारी नहीं है, क्योंकि भारत में थिंकटैंक की यह कल्पना अपरिचित है। विचार करने के लिए थिंकटैंक स्थापित करने की परंपरा अमेरिका, इंग्लैंड, फ्रांस, जर्मनी, जापान, सिंगापुर तथा चीन में बहुत पहले से है।

दिल्ली में ऐसी कुछ संस्थाएँ पिछले 10-15 वर्षों से कार्य कर रही हैं, मगर उनका कार्यक्षेत्र भारत तक ही सीमित है। पाँचों महाद्वीपों में किसी भी स्थान पर समस्याओं के निराकरण के लिए अंतरराष्ट्रीय नीतियों के निर्माण तथा विश्वस्तर पर काम करने का साहस करना आसान नहीं है और फिर ऐसे प्रयत्नों को वैश्विक मान्यता मिलना भी आवश्यक होता है। स्ट्रेटजिक फोरसाइट ग्रुप ने ऐसी मान्यता केवल 7-8 वर्ष में ही प्राप्त कर ली है।

मेरा बचपन सामान्य मराठी परिवार में बीता। मैं डोंबिवली की एक चाल में रहता था। मराठी माध्यम के तिलकनगर विद्या मंदिर से मैंने एस.एस-सी. वर्षांत परीक्षा उत्तीर्ण की। बाद में वाणिज्य शाखा में प्रवेश लिया। शिक्षा पूर्ण होने के बाद मैं बैंक में कर्मचारी अथवा चार्टर्ड अकाउंटेंट बनूँगा ऐसी रिश्तेदारों की अपेक्षा थी। मगर नियति ने कुछ और ही तय कर रखा था। स्नातक होने के उपरांत नौकरी करने के बजाय मैंने अंतरराष्ट्रीय अर्थनीति पर शोधपरक एक लेख लिखा, जिसकी दुनिया भर में प्रशंसा हुई। मुझे ऑक्सफोर्ड विश्वविद्यालय में उच्च अध्ययन के लिए संपूर्ण स्कॉलरशिप मिली।

ऑक्सफोर्ड में अध्ययन पूर्ण होने के बाद भारतीय प्रधानमंत्री ने मुझे स्वदेश लौटने की प्रेरणा दी। राजनीति में आने के संकेत भी दिए। मगर मैंने पुनः अलग निर्णय लिया। सरकारी नौकरी अथा राजनीति में जाने के बजाय सरकारी नीतियाँ कैसे तैयार होती हैं तथा सामाजिक कल्याण के लिए उन्हें कैसे बदला जा सकता है, इसका अध्ययन किया। पहले मेरा अध्ययन केवल भारत सरकार की नीतियों तक सीमित था। बाद में मैंने पड़ोसी देशों की नीति का भी अध्ययन किया। नीतियों

में परिवर्तन के लिए प्रयास प्रारंभ किए। बाद में स्ट्रटेजिक फोरसाइट ग्रुप की स्थापना हुई तथा मैंने अन्य महाद्वीपों की सरकारों की नीतियों में परिवर्तन के लिए भी कार्य करना प्रारंभ किया। इसी प्रक्रिया के चलते सन् 2009 में मुझे संयुक्त राष्ट्रसंघ ने इस्तंबूल में निमंत्रित किया। इस्तंबूल की यात्रा के पश्चात् नियति तत्काल एक नई चाल चलेगी इसका मुझे अनुमान नहीं था।

इस्तांबूल सम्मेलन के बाद मैं मुंबई लौटा, केवल तीन दिन के लिए। उसके बाद मुझे बीजिंग की चीनी कम्युनिस्ट पार्टी के नेताओं के विशेष निमंत्रण पर चीन जाना था। बीजिंग के पश्चात् मेरे मेड्रिड, अमान, दमिश्क आदि दूर-दूर के सफर तय थे।

इस दौड़-भाग के बीच मुंबई के तीन दिन के मुकाम में मैंने परिवारजनों के साथ अधिकाधिक समय बिताने का मन बनाया था। एक रात परिवारजनों के साथ प्रसन्न वातावरण में भोजन के बाद मैं सोने चला गया। उसी मध्यरात्रि में मेरे सीने में दर्द महसूस हुआ। यह दर्द कुछ अलग ही प्रतीत हो रहा था। रात में डॉक्टर को बुलाने में भी संकोच हो रहा था। मन में अनेक अनिष्ट विचार आ रहे थे। अंत में कोई चारा न पाकर मैंने प्रसिद्ध हृदय रोग विशेषज्ञ डॉ. सुरेंद्र सोनेजी को फोन किया। उन्होंने मुझे तत्काल अस्पताल आने को कहा।

एंबुलेंस से जाते समय मन में विचारों की खलबली मची हुई थी। कहीं यह मेरी आखरी रात तो नहीं? अंतिम समय पर बच्चों से क्या कहूँ? बचपन की स्मृतियाँ ताजा होने लगीं। पाँचवीं कक्षा में इंदिरा संत की एक कविता—"लाड़ली गुड़िया मेरी थी एक, दूसरी नहीं मिलेगी वैसी खोजकर भी अनेक" हमारे शिक्षक ने हमें पढ़ाई थी। उस समय मैं कक्षा में रोया था। अब तो सारी प्रिय वस्तुओं को छोड़कर मैं दूर के सफर पर जा रहा था। मगर आज यदि मेरी आँखों में पानी आता तो दूसरे लोगों का धीरज टूट जाता। नियति ने मेरी पारी आधे में ही खत्म करना ही तय कर लिया हो, मगर नियति के साथ खेलने के लिए एक ही साधन की जरूरत होती है—वह है निश्चय। नियति के समक्ष पैसा तथा अन्य साधनों का इतना महत्त्व नहीं है जितना दृढ़ निश्चय का। मैंने मन-ही-मन निश्चय किया—मुझे रॉबर्ट फ्रॉस्ट की कविता याद आई—

मैंने नियति को वचन दिया है,
अभी सफर बहुत बाकी है,
अभी सफर बहुत बाकी है!

अस्पताल पहुँचा, तब डॉक्टरों ने अपनी प्रतिभा दाँव पर लगाई। मुझे तीव्र

हार्टअटैक आ चुका था। फिर भी उन्होंने अपने प्रयत्नों को पराकाष्ठा तक पहुँचाया। अंत में नियति तथा निश्चय के संयोग से मुझे जीवनदान मिल गया। डॉ. सोनेजी ने मेरे सहयोगियों को बुलाकर मेरे सारे भावी कार्यक्रम रद्द करने को कहा। मुझे घर जाकर विश्राम, व्यायाम तथा योगासन करने की सलाह दी गई।

घर पर मुझे मिलने मेरे बचपन के मित्र योगेश दिगंबर, श्रीकांत मेंजोगे तथा विनय काले आते रहते थे। उनसे फोन पर बात करके भी मुझे अच्छा लगता था। ऐसी ही बातचीत के दौरान तीनों ने सुझाव दिया कि मुझे एक पुस्तक लिखनी चाहिए। इस पुस्तक के माध्यम से समाज उन्नत तथा प्रसन्न कैसे बन सकता है, इसका सूत्र—जो दूसरे कई देशों को मिल चुका है, भारतीय लोगों को भी बताना चाहिए।

भारत को स्वतंत्र हुए 65 वर्ष हो गए हैं। कुछ क्षेत्रों में हमने बहुत प्रगति की है। चंद्रयान ने चंद्रमा पर पानी के अणु खोजने का महत्त्वपूर्ण कार्य किया है। विकसित राष्ट्रों के जी-20 राष्ट्र समूह में भारतीय प्रधानमंत्री को सादर सम्मिलित किया गया है। हमारे उद्योगपतियों ने विदेशों में इस्पात तथा गाड़ियों के कारखाने खरीदे हैं।

इतना होने पर भी सामान्य आदमी उपेक्षित ही है। किसान आत्महत्या करते हैं। छोटे उद्योगों को भार नियमन, आयकर तथा आबकारी अधिकारियों के जुल्म तथा बैंकों से कर्ज प्राप्ति में अड़ंगों का सामना करना पड़ता है। उपनगरों में भी पानी-बिजली नहीं मिलती। गाँवों में तो बहुत ही विकट अवस्था है।

मुंबई शहर के 66 प्रतिशत लोग झोंपड़ियों में अथवा कच्ची चालों में रहते हैं। रास्ते में सब ओर गड्ढे खुदे रहते हैं उनसे बचते हुए नागरिकों को सड़क पर चलना पड़ता है। दैनंदिन जीवन में भी यही हाल है। तिस पर आतंकवाद! मुट्ठीभर आतंकवादी आते हैं और भारतीय सेना से तीन दिन तक मुकाबला करते हैं। वरिष्ठ पुलिस अधिकारियों को मार डालते हैं। ताज अथवा ओबेराय में ठहरने वाले धनाढ्य लोग मारे जाते हैं, तब हम आवाज उठाते हैं। पश्चिम रेलवे की गाड़ियों में बम विस्फोट के कारण दादर, पार्ले, बोरिवली की जनता मरती है तो हम दो दिन मोमबत्ती जलाते हैं। अगले वर्ष आतंकवादी पुनः बड़ा हमला करने के लिए तैयार हो जाते हैं।

इस दुश्चक्र से बाहर कैसे निकलें? अमेरिका, जर्मनी, जापान जैसे विकसित देशों को छोड़ भी दें, तो विश्व के अनेक अन्य देश 30-40 वर्ष पूर्व तक भारत से पीछे थे। दरिद्रता तथा अपराधों से ग्रस्त थे। आज वे हमसे बहुत आगे हैं। वहाँ की

गरीबी समाप्त हो चुकी है। औसत आय हमसे 15-20 गुना अधिक है। वहाँ की सामाजिक प्रगति केवल संपन्नता लाने तक सीमित नहीं है। नैतिक मूल्य, सामाजिक ढाँचा, राजनीतिक परिपक्वता, स्वास्थ्य, पर्यावरण संतुलन, सांस्कृतिक उत्कर्ष आदि अनेक क्षेत्रों में हमसे पीछे रहे इन देशों ने हम पर बढ़त बनाई है। सबसे महत्त्वपूर्ण यह है कि यह प्रगति केवल शहरी धनवानों तक ही सीमित नहीं है, वह गरीब से गरीब व्यक्ति के आँसू पोंछनेवाली है। उन्हें आशा की किरण दिखाई दी है। गाँवों में, शहरों की सड़कों पर उल्लास का वातावरण दिखाई दे रहा है। वहाँ यह कैसे संभव हुआ? और इन देशों ने इसके लिए जो किया वह हमारे वेदों, उपनिषदों, गीता, गांधीजी तथा विनोबाजी के अंत्योदय की कल्पना में बताया हुआ नहीं है क्या?

इस पुस्तक का एक प्रकरण राजनीति के बारे में है—सिंगापुर के महान् नेता लिकुआन यू से हुई मेरी भेंट, यूरोपीय नेताओं के चाल-चलन का निरीक्षण, अनेक देशों में राजसत्ता पर रहनेवाला अंकुश, इस सबसे हम क्या सबक ले सकते हैं? अन्य देशों में भले ही सामान्यजनों को सत्ताधीशों के शोषण से मुक्ति मिल गई हो, स्विट्जरलैंड के राष्ट्रपति रेल के दूसरे दर्जे के डिब्बे में सफर करते हों, नार्वे के मंत्री साइकिल से कार्यालय जाते हों, मगर भारत के सामाजिक, सांस्कृतिक तथा आर्थिक ढाँचे को ध्यान में रखकर हमारी राजनीतिक प्रणाली में हम क्या परिवर्तन कर सकते हैं? अपने नेताओं तथा अधिकारियों को लोकाभिमुख नीतियाँ बनाने के लिए कैसे मजबूर किया जा सकता है? हमारे देश के सर्वसामान्य नागरिक की आवाज कैसे बुलंद हो सकती है? इसका विचार हमारे नेता अपनी 6 दशक पुरानी आदतों को छोड़कर कब करेंगे? मैंने इसी का मंथन करने का प्रयास किया है।

देश के भविष्य की रूपरेखा बनाने में अर्थनीति का विशेष महत्त्व होता है। विश्व चौथी आर्थिक क्रांति के द्वार पर खड़ा है। हमारे समाज के अनेक युवकों को इस भावी बदलाव की जरा भी आहट नहीं है। भविष्य की चुनौतियों का सामना करने के लिए उन्हें सक्षम बनना पड़ेगा। उन्हें हमारी शिक्षा पद्धति नई राह दिखाएगी, ऐसी अपेक्षा है।

नवीन आर्थिक संरचना के संबंध में भी हमारे युवक अनभिज्ञ हैं। उसी प्रकार वातावरण में हो रहे परिवर्तनों के कारण आनेवाले भयावह संकट के बारे में भी उन्हें बहुत कम जानकारी है। हिमालय को बुखार आया है, वह यदि और तेज हुआ तो सारा भारत उसमें झुलस जाएगा। हिमालय के साथ ही सह्याद्री, विंध्य, सतपुड़ा तथा उनकी गोद में खेलती अनेक नदियाँ भी बीमार हैं। इसके कारण गेंहूँ, चावल, मक्का तथा अन्य अनाजों का उत्पादन 50 प्रतिशत कम होने की आशंका है।

यह संकट अभी 50-60 वर्ष दूर है। मगर राष्ट्रों के इतिहास में 50-60 वर्ष अधिक नहीं होते। आगामी संकट टालने के लिए अभी से प्रयत्न करने होंगे। पर्यावरण की पोषक नवीन प्रौद्योगिकी को विकसित करना होगा। कोयला, पेट्रोल तथा लकड़ी के स्थान पर सौर शक्ति तथा वायु शक्ति का बड़े पैमाने पर निर्मित करने की कल्पनाशीलता दिखानी होगी। यह संभव हुआ तो नए क्षेत्र में रोजगार निर्मित होंगे। इस परिवर्तन को संभव बनाने के लिए शिक्षा प्रणाली का ढाँचा भी बदलना होगा। नवीन ऊर्जा स्रोतों का विकास करने के लिए तथा उस पर आधारित उद्योग स्थापित करने के लिए, हजारों महाविद्यालय तथा प्रशिक्षण केंद्र स्थापित करने होंगे। इन प्रयत्नों से अर्थव्यवस्था को नए आयाम मिलेंगे, कल के युवकों के लिए नए अवसर उपलब्ध होंगे। आगामी पाँच-छह दशकों में संभावित संकट तथा नवनिर्माण के अवसर, इन दोनों चुनौतियों का सामना करने हेतु हमारा समाज कैसे तैयार होगा? इस गंभीर विषय पर इस पुस्तक में चर्चा की गई है। नई दिशा दिखाने का प्रयास किया गया है।

विविध प्रश्नों के उत्तर खोजते समय हमें दो विषयों की ओर ध्यान देना होगा। इनमें से एक है—मानवता के शत्रुओं के साथ जारी युद्ध। एक मर्यादित दृष्टिकोण से उसे आतंकवाद के विरुद्ध लड़ाई भी कहा जा सकता है। आतंकवादियों के साथ हुई मुलाकातें, अपरिचित स्थानों पर उनके साथ बिताई रातें, कब उनकी गोली के शिकार हो जाएँगे इस आशंका के बावजूद उनको हिंसाचार से परावृत्त करने के लिए किए गए प्रयास, कुछ मात्रा में उसमें मिली सफलता, ऐसे अनेक अनुभव तथा उससे निकले निष्कर्ष आपके समक्ष रखने का प्रयास किया है। यदि हम आतंकवाद को केवल पुलिस अथवा कमांडों की जिम्मेदारी मानकर चलेंगे, तो यह भूत हमारी गरदन पर अपनी पकड़ और भी मजबूत कर लेगा। यदि इसे हम मानवता के विरुद्ध युद्ध के रूप में देखें तथा उसके लिए एक अलग तंत्र का प्रयोग करें तभी हम निर्भय तथा सुरक्षित जीवन जी सकेंगे।

दूसरा पसंदीदा विषय है—अपनी वसुधा को मिला कौटुंबिक स्वरूप। पिछले चार हजार वर्षों में हुए अनेक युद्धों में 40 करोड़ लोगों की जान गई है। इनमें से 10 करोड़ लोग पिछली शताब्दी में मारे गए। अगर तीसरा विश्वयुद्ध हुआ तो सबकुछ समाप्त हो जाएगा, पिछले दस हजार वर्षों से चली आ रही मानव संस्कृति खत्म हो जाएगी। यदि इसे रोकना है तो दुराग्रह, दुराभिमान, दुर्लोभ का त्याग कर राष्ट्रों-राष्ट्रों के बीच सामंजस्य, सहकार तथा सामाजिक जिम्मेदारी बढ़ाना लाजिमी है। इसके लिए दुनिया में क्या प्रयास हो रहे हैं, भविष्य में क्या होने-वाला है, इसका पूर्वानुमान लगाना होगा।

संयुक्त राष्ट्रसंघ से भी अधिक प्रभावी सिद्ध होनेवाली डावोस तथा बर्टलसमन की गुप्त बैठकों में विश्व का भविष्य कैसे निर्धारित होता है, यह यदि पाठकों के समक्ष आएगा तो वे भी नया विचार करने के लिए निश्चित ही प्रवृत्त होंगे, ऐसी मुझे आशा है।

यह सब करने का प्रयास इसलिए कि हम भी अपनी आँखें खोलकर दुनिया को देखें। केवल पाश्चात्य देशों का अंधानुकरण करने की आँख मिचौली का खेल बंद करें। दुनिया में क्या योग्य और क्या आयोग्य है इसे स्वयं पहचानें। अपने देश, अपने शहर और गाँव को उज्ज्वल मार्ग से एक नई दिशा में ले जाने के लिए क्या किया जा सकता है, हमारा अपना उसमें क्या योगदान हो सकता है, यह भी हमें पहचानना आना चाहिए। जब दुनिया का तथा अपने समाज का सबसे कमजोर घटक सक्षम बनेगा, जब अंत्योदय होगा, तभी हमारा व्यक्तिगत जीवन भी सुधरेगा। भावी पीढ़ी के मंगलमय जीवन का भरोसा मिलेगा। इसके लिए बहुत धन अथवा साधनों की जरूरत नहीं है। केवल नवीन विचार करने की शक्ति-भर चाहिए और उसे प्राप्त करने के लिए दुनिया-भर में हुए यशस्वी प्रयोगों तथा प्रक्रियाओं की जानकारी होनी चाहिए। वही देने के एक प्रयास के रूप में यह पुस्तक आपके समक्ष है। अपेक्षित इच्छा की पूर्ति केवल पुस्तक लिखने से नहीं होगी। दुनिया-भर से प्राप्त ज्ञान का भाग आपके सामने आने के बाद उसमें से एक प्रक्रिया प्रारंभ कर नए समाज का निर्माण करना आप पर निर्भर है।

पुस्तक की कल्पना प्रस्तुत करते समय मेरे मित्र योगेश दिगंबर ने कहा था, "तुम्हें सौभाग्य से दुनिया के पचास देशों में बार-बार विचार-विमर्श के लिए जाने का अवसर मिला है। दुनिया के अनेक देशों के प्रधानमंत्री, मंत्री तथा सरकारी अधिकारी तुम्हारे मत का आदर करते हैं। अपने देश की नीतियाँ बदलते समय तुम्हारी सलाह लेते हैं। राष्ट्रसंघ, यूरोप तथा ब्रिटिश संसद् में, अरब राष्ट्रसंघ में, डावोस में तुम्हारे विचारों का लाभ अन्य देशों को मिला है। इस प्रक्रिया में तुम्हें भी बहुत कुछ सीखने को मिला है। कोई एक समाज विकसित तथा प्रसन्न कैसे बन जाता है? तो कोई दूसरा दुःखी तथा पीछे क्यों रह जाता है? कुछ देशों पर हमला करने का विचार भी आतंकवादियों के मन में नहीं आता तो कुछ देशों में वे निर्भय होकर हमला करते हैं। कुछ देशों ने 5-10 वर्ष में संपूर्ण दारिद्र्य दूर कर डाला, तो कुछ स्थानों पर एक पुल बनाने में दस वर्ष लग जाते हैं। यह फर्क क्यों है? हम दूसरों से कुछ सीख सकते हैं क्या? सब जगह से प्राप्त किए गए ज्ञान का अर्क निकालकर उसे अपने लोगों तक पहुँचाना तुम्हारी जिम्मेदारी है।"

श्रीकांत मेंजोगे तथा विनय काले ने भी मेरे पीछे यही तगादा लगा रखा था। उन्होंने कहा, "प्रत्येक व्यक्ति का एक स्वप्न होता है। मगर कई बार संसाधनों के अभाव में वह पूरा नहीं हो पाता। हमारे यहाँ मेधावी विद्यार्थी डॉक्टर, इंजीनियर अथवा सी.ए. बनें और अमेरिका में जाकर बस जाएँ, इसे ही प्रगति समझा जाता है। कुछ युवक समाजसेवा तथा राजनीति के क्षेत्र में भी आते हैं। मगर जीवन में संसाधनों की तुलना में अपने दृष्टिकोण तथा मानसिकता का ही अधिक महत्त्व होता है। आज दुनिया के अनेक देशों ने संसाधनों के अभाव के बावजूद केवल मानसिकता के बल पर अपना भाग्य बदला है। व्यक्तिगत स्तर पर तुमने स्वयं भी यह कर दिखाया है। भारत में अनेक प्रतिभाशाली युवक हैं, उन्हें यह सब पता चलना चाहिए।"

अपने दोस्तों के अनुरोध पर मैंने यह पुस्तक अपनी मातृभाषा मराठी में लिखी थी। इसका प्रकाशन पुणे के राजहंस प्रकाशन द्वारा अक्तूबर 2010 में दशहरा के दिन हुआ था। प्रकाशन के पहले 10 दिनों में गैर-कथा वर्ग की पुस्तक की बिक्री के सारे कीर्तिमान तोड़ते हुए पहले संस्करण की सारी प्रतियाँ बिक ग्रईं। डेढ़ साल के अंदर इस पुस्तक के मराठी में 8 संस्करण और उर्दू अनुवाद प्रकाशित हुए। इसके साथ ही दृष्टिबाधित लोगों ने भी इस पुस्तक के बारे में सुना, तो उनके अनुरोध पर राष्ट्रीय दृष्टिबाधित संघ ने इसका ऑडियो संस्करण भी पेश किया। मुझे अपने पाठकों से हजारों ई-मेल, पत्र और फोन आते हैं। इनमें से कई लोग ने इस पुस्तक को पढ़ने के बाद अपने जीवन को बदलने की प्रतिज्ञा की और अपने को राष्ट्र-निर्माण के प्रति समर्पित कर दिया।

इंदौर के श्री अरविंद जावलेकर ने मराठी पुस्तक को पढ़ा और पाया कि इस पुस्तक ने हजारों लोगों को प्रेरित किया है। उन्होंने इस पुस्तक को हिंदी में अनूदित करने का प्रस्ताव किया। मैं उनके के लिए सर्वाधिक आभारी हूँ। मुझे बड़ी प्रसन्नता है कि मैं अब देश के हिंदीभाषी पाठकों के लिए इस पुस्तक को प्रस्तुत कर पा रहा हूँ।

अंत में एक बात और बताना चाहता हूँ, नियति तथा निश्चय के संयोग से ही नवीन निर्मिति होती है। हम सबका नियति के साथ करार है। स्वतंत्रता प्राप्ति के अवसर पर पंडित जवाहरलाल नेहरू ने हमें इस करार का स्मरण दिलाया था। आज उस करार का पालन करना आपके, मेरे, हम सबके हाथ में है।

—संदीप वासलेकर

अनुक्रम

एक दिशा की खोज

मेरा घर समुद्र के किनारे पर है। खिड़की से झाँकने पर मुझे अनुशासनबद्ध चलनेवाली प्रकृति की सहज गतिविधियाँ दिखाई देती हैं। प्रतिदिन विशिष्ट कक्षा में, विशिष्ट दिशा में, निश्चित समय पर होनेवाला सूर्यभ्रमण, शाम को सूर्यास्त के बाद निर्धारित दिशा में होनेवाला चाँद-सितारों का भ्रमण, विशिष्ट मौसम में अपना बसेरा बदलनेवाले पक्षी; ऐसी प्राकृतिक समय-सारिणी की नियमितता और समयबद्धता देखकर मन में विचार चक्र प्रारंभ होता है, वास्तविक परिस्थिति से तुलना करने पर अनुभव होता है कि हमारा देश तो दिशाहीन जहाज की भाँति भटक रहा है। हम प्रकृति के नियमों से कुछ भी सीख नहीं लेना चाहते?

मैं काम के प्रयोजन से हमेशा देश-विदेश में भ्रमण करता रहता हूँ। दुनिया के सभी विकसित देश मुझे अपनी निश्चित व पूर्व नियोजित दिशा में गमन करते दिखाई देते हैं, जबकि हम रास्ता भटके हुए यात्री की भाँति दिशाहीन चल रहे हैं, यह प्रतीत हुए बिना नहीं रहती। मन में निराशा उठती है। विश्व के अनेक देश 30-40 वर्ष पूर्व हमसे पीछे थे। इस बीच उन्होंने जो प्रगति की है, वह हमारे अपने समाज को आत्म-निरीक्षण करने पर विवश करती है। विकास की दिशा निर्धारित करने की तीव्र आवश्यकता महसूस होने लगती है।

मार्च 2010 में सिंगापुर के प्रधानमंत्री कार्यालय ने सन् 2020-2025 तक अपेक्षित वैश्विक परिवर्तन तथा उसके सिंगापुर पर होनेवाले प्रभावों का आकलन करने हेतु मुझे आमंत्रित किया था। तब चर्चा के दौरान जानकारी मिली कि सिंगापुर के प्रत्येक विभाग के मंत्री ने एक-एक अध्ययन दल बनाया हुआ है। यह अध्ययन दल उनके कार्यक्षेत्र से संबंधित विषयों का नियमित अध्ययन करता है तथा भविष्य में होनेवाले संभावित परिवर्तनों का अनुमान लगाकर वहाँ के सामान्य नागरिक की सुरक्षा तथा संपन्नता को कैसे विकसित किया जा सकता है, इसका विश्लेषण भी

करता है। उसके अनुरूप वह मंत्री महोदय को उनके विभाग की नीतियाँ तैयार करने हेतु सलाह देता है। सिंगापुर की सरकार आधुनिक समझी जाती है, महज इसलिए नहीं कि वह संगणक तथा आधुनिक तंत्रज्ञान का समुचित उपयोग करती है, बल्कि इसलिए भी कि वहाँ के नेतृत्व की मानसिकता आधुनिक है। वे प्रतिदिन उत्पन्न होनेवाली चुनौतियों का पूर्व में ही विश्लेषण कर नीतियाँ तैयार करते हैं और जनहित के लिए सदैव सन्नद्ध रहते हैं। इसी कारण सिंगापुर एक विकसित राष्ट्र बना है।

विकसित राष्ट्र भविष्य के शास्त्रीय, तांत्रिक, आर्थिक, सामाजिक सुरक्षा संबंधी तथा राजनीतिक परिवर्तनों को ध्यान में रखकर सर्वजनहिताय सर्वजन संरक्षणाय नीतियाँ तैयार करने की प्रक्रिया अपनाते हैं। भारत में डॉ. अब्दुल कलाम ने भी राष्ट्रपति बनने के पूर्व एक प्रयोग किया था। सन् 2020 तक भारत को एक विकसित राष्ट्र बनाने के उद्देश्य से उन्होंने विभिन्न क्षेत्रों के विशेषज्ञों की राय से एक रूपरेखा तैयार की। जनता में जागृति लाने हेतु एक पुस्तक प्रकाशित की। मगर उनके चिंतन पर केवल बौद्धिक स्तर पर और समाचार-पत्रों में चर्चा हुई, देश में प्रत्यक्ष परिवर्तन के लिए, विशेष रूप से समाज के पिछड़े लोगों को समृद्ध और प्रसन्न बनाने के लिए कोई ठोस योजना नहीं बनी।

सिंगापुर एक छोटा राष्ट्र है, इसलिए वहाँ हुए प्रयोग को शायद हम गंभीरता से न लें। दूरदृष्टि का उपयोग कर समाज और देश की काया पलट करने में मलेशिया ने जो लक्ष्य प्राप्त किया है, उससे भी बहुत कुछ सीखा जा सकता है। मलेशिया भी भारत की ही भाँति विविधता से सजा देश है। मुसलिम, हिंदू, ईसाई धर्म के लोग वहाँ सौहार्दतापूर्वक रहते हैं। आज भारत के समक्ष जो चुनौतियाँ हैं, वही उनके समक्ष भी थीं। सामाजिक प्रश्न, तंत्रज्ञान तथा अर्थ-नीति, इन निकषों पर देखें तो सन् 1990 तक भारत और मलेशिया में कोई भी फर्क नहीं था। मलेशिया ने भी मुक्त अर्थव्यवस्था उसी समय स्वीकार की, इसलिए उनकी विकास दर तेजी से बढ़ी, ऐसा भी कोई कह सकता है, मगर उस नीति का लाभ मुट्ठी भर लोगों को ही हो रहा था। विदेश व्यापार से जुड़े लोगों ने ही स्वयं का विकास किया, शेष जनता की दरिद्रता वैसी ही बनी रही। ऐसी परिस्थिति में इस देश के भाग्यविधाता बन प्रधानमंत्री पद पर आरूढ़ हुए डॉ. महाथिर मोहम्मद। मलेशिया हर दृष्टि से विकसित राष्ट्र बनना चाहिए, वहाँ का निर्धन नागरिक यूरोप, अमेरिका के सामान्य नागरिकों जितना ही सुखी-संपन्न होना चाहिए, इस एक ही विचार ने उन्हें संकलित कर रखा था।

सत्ता में आते ही उन्होंने सारे देश को एक मन से उस दिशा में आगे ले जाने का आह्वान किया। सन् 2020 तक मलेशिया विश्व के विकसित देशों की सूची में सबसे आगे होगा—यह विचार उन्होंने लोगों के मन में सन् 1995 में बोया। वैसी घोषणा कर जनता को नई दिशा दी, कार्यक्रम दिया। सारे देश को उनके विचार पसंद आए और सब लोग उस दिशा में कार्यशील और गतिमान हो गए। साफ-सुथरी चौड़ी सड़कें, पर्यटन उद्योग को बढ़ावा, सर्वत्र स्वच्छता, नगरों में वृक्षारोपण, कंप्यूटर क्षेत्र के नवीन उद्योगों को बढ़ावा, भव्य हवाई अड्डे, समस्त जनता को शिक्षा और स्वास्थ्य सेवा, युवकों को रोजगार, देश के सभी भागों में पर्यावरण सुरक्षा—ऐसे अनेक महत्त्वाकांक्षी प्रकल्प प्रारंभ हुए। केवल छह माह में ही इनमें से अनेक प्रकल्प प्रारंभ होकर कार्यरत भी हो गए।

डॉ. महाथिर के राजनीतिक विरोधियों ने उनकी नीतियों से असहमति जताई, साथ ही उनके विकल्प भी सुझाए। विशेष बात यह थी कि समर्थन और विरोध दोनों की दिशा एक ही थी। दोनों का एकमेव ध्येय राष्ट्र का सर्वांगीण विकास ही था। सन् 1995 में की गई इस घोषणा की पूर्णता के लिए मलेशिया को 25 वर्ष प्रतीक्षा नहीं करनी पड़ी। केवल 10 वर्षों में ही उन्होंने लक्ष्य प्राप्त कर लिया। स्वास्थ्य सेवा, शिक्षा, उद्योग, आधारभूत सुविधाओं के संदर्भ में मलेशिया सन् 2005 में ही यूरोप के समकक्ष हो गया। सभी नागरिकों का साथ लेकर मलेशिया का आश्चर्यजनक विकास करनेवाले डॉ. महाथिर निवृत्त के कार्य की विरासत उनके बाद भी जारी रही। उनके उत्तराधिकारी डॉ. बडावी तथा वर्तमान प्रधानमंत्री दातो नजीब ने मलेशिया की विकास की दर और भी ऊँचा करने का प्रयास किया।

मलेशिया के विकास की कल्पना केवल आर्थिक विकास तक सीमित नहीं है। सामाजिक स्वास्थ्य, राजनीतिक परिपक्वता तथा प्राकृतिक संपत्ति की वृद्धि आदि भी उसके लक्ष्य हैं। मलेशिया के संविधान के अनुसार वहाँ के सभी धर्मों और वंशों के प्रतिनिधि का केंद्रीय मंत्रिमंडल में होना आवश्यक है। चुनाव में सरकारें बदलती हैं, मगर प्रत्येक सरकार में यह सर्वधर्म प्रतिनिधिक स्वरूप बना रहता है। यही कारण है कि सन् 1969 के बाद मलेशिया में वांशिक अथवा धार्मिक दंगे नहीं हुए। मलेशिया की राजधानी कुआलालम्पुर में हवाई जहाज से उतरते ही सर्वत्र स्वच्छता तथा सुंदर वृक्ष दिखाई देते हैं। सर्वसामान्यजनों से बातचीत करने पर प्रसन्नता अनुभव होती है।

दुनिया में मलेशिया जैसे अनेक उदाहरण हैं। 'आगामी अनेक वर्षों में यह

देश सुधर नहीं सकता' ऐसी भविष्यवाणी करनेवालों को भी अचंभित करने का काम इन देशों ने कर दिखाया है। अमेरिका जैसा विकसित देश भी इसका अपवाद नहीं है। काम के सिलसिले में मुझे अमेरिका की राजधानी वाशिंगटन जाने का अनेक बार अवसर मिलता है। जॉर्जटाउन वाशिंगटन का एक उपनगर है। वहाँ जाने का मोह अमेरिका आनेवाले को निश्चित ही होता है। इसका कारण है इस उपनगर की रचना। घने पेड़ों की छाँव में बनीं सड़कें, दोनों ओर बने सुंदर उद्यान, उनमें रंग-बिरंगे फूलों की क्यारियाँ, आसपास बने सुंदर बँगले, कोई भी इनसे प्रभावित हुए बिना नहीं रहता। पूर्व राष्ट्रपतियों सहित अमेरिका के बहुसंख्य लक्ष्मीपुत्रों ने यहीं अपने घर बनाकर स्थायी बसेरा बनाया है। उनके साथ ही वहाँ अनेक शिक्षा-शास्त्री, प्राध्यापक और वैज्ञानिक भी रहते हैं। जॉर्जटाउन विश्वविद्यालय में प्रवेश हेतु विद्यार्थियों में होड़ लगती है। लक्ष्मी व सरस्वती दोनों की कृपा प्राप्त जॉर्जटाउन में हमेशा आशावादी युवकों से भेंट होती है। प्रत्येक की किसी नवीन क्षेत्र में अभूतपूर्व कार्य कर दिखाने की अभिलाषा होती है। जॉर्जटाउन नाम का जादू जैसे सबके सिर चढ़कर बोलता है। इसी कारण इस उपनगर के संबंध में सहज ही यह कौतूहल जाग्रत् होता है कि पुराना जॉर्जटाउन कैसा रहा होगा? उसका काया-पलट कैसे हुआ होगा? यहाँ वह भी देखने को मिलता है।

जॉर्जटाउन के एक भाग में 100 वर्ष पुराना एक घर जैसा तब था वैसा ही सुरक्षित रखा गया है। लगभग वर्ष 1900 में बना यह घर मैंने देखा है। उसमें केवल दो कमरे हैं। भीतर के कमरे में एक बड़ा चूल्हा, झारे, चमचे और बरतन हैं, यानी वह है रसोईघर। वहाँ कोने में एक बड़ा संदूक रखा है, उसमें बिस्तर तथा दरियाँ रखी हुई हैं। पहले लोग इसी संदूक पर बैठा करते थे। घर में कोई कुरसी भी नहीं थी। बाहर का कमरा खाली ही है। सभी कामकाज जमीन पर बैठकर ही किया जाता था। आज का और तब का अमेरिका देखकर सभी को आश्चर्य होता है। भारत के देहातों में दिखाई देनेवाली यही स्थिति अमेरिका में भी थी। यह उनके द्वारा सुरक्षित रखे गए सौ साल पुराने घर से सिद्ध होता है। अपने भारत में आज भी ऐसे लाखों घर हैं। इस बात का दुःख हमें होता है। हम केवल 7-8 प्रतिशत भारतीयों का जीवन-स्तर सुधार पाए हैं। मगर इस संबंध में भी हम उतने गंभीर नहीं हैं। जार्जटाउन की सफलता केवल दारिद्र्य उन्मूलन तक सीमित नहीं है। हमें भी यदि भारत की काया पलट करनी है तो गरीबी का उन्मूलन कर शारीरिक और सामाजिक स्वास्थ्य निर्माण करने, गाँव-खेड़ों के युवकों में उनके भविष्य हेतु विश्वास निर्माण करने, पारिवारिक सौख्य निर्माण करने, समाज के विभिन्न घटकों में सहकारिता

का भाव निर्माण करने जैसे जीवन के प्रत्येक क्षेत्र में सफलता प्राप्त करनी होगी। यदि यह जॉर्जटाउन में संभव हो सकता है तो मुंबई, पुणे, नागपुर, इंदौर, जयपुर, चंडीगढ़ में भी ऐसा सर्वांगीण विकास संभव होना चाहिए।

ऐसा ही अनुभव स्वीडन के बारे में भी है। उसकी राजधानी स्टॉकहोम में स्कानसेन नामक एक पूरा गाँव ही संगृहित कर रखा गया है। अपनी स्वीडन यात्रा में मैं उसे देखने अवश्य जाता हूँ। पुराने जमाने के घर, शाला और चर्च की इमारतें, काँच बनाने का कारखाना, जो भी स्कानसेनी वस्तुएँ वहाँ जैसी थीं, उसी अवस्था में देखने को मिलती हैं। उन्हें देखकर ऐसा लगता है मानो हम भारत के ही किसी गाँव में आ गए हैं। कोकण, राजस्थान, सौराष्ट्र के ग्राम और स्कानसेन में कोई भी फर्क नहीं है। लेकिन स्कानसेन अब केवल संग्रहालय है। वहाँ की परिस्थितियाँ अब इतिहास बन चुकी हैं। शेष स्वीडन निवासी आज अत्याधुनिक जीवन जी रहे हैं। उन्हें कोई भी श्रम अथवा भागदौड़ नहीं करनी पड़ती। शिक्षा तथा चिकित्सा सेवा सरकार उपलब्ध कराती है। इसके लिए उन्हें कोई व्यय नहीं करना पड़ता। सफाई कर्मचारी से लेकर वरिष्ठ अधिकारियों तक सबको अच्छा वेतन मिलता है। किसानों को बड़े पैमानों पर सब्सिडी दी जाती है। अल्पसंख्यक लोग विशेष रूप से सुखी हैं। दुनिया के अनेक देशों से लोग स्वीडन में जाकर बसते हैं। वहाँ दंगे, हिंसाचार अथवा हड़तालें नहीं होतीं। सभी लोग स्वप्रेरणा से अनुशासित हैं। कभी कोई गाड़ी आगे निकालने के लिए दूसरी गाड़ियों का जाम नहीं लगवाता, न ही कोई सिग्नल तोड़ता है। कोई भी न तो सड़क पर थूकता है न ही कचरा करता है। स्वीडिश लोग मितभाषी हैं। पड़ोसियों से दोस्ती नहीं करते। मगर संकट के समय किसी की भी मदद के लिए सदैव तत्पर रहते हैं। स्वीडन ने अपने विकास की व्याख्या सामाजिक, सांस्कृतिक, राजनीतिक और आर्थिक उत्कर्ष के रूप में की है। यह देखकर स्वाभाविक रूप से मन में यह विचार आता है कि इतनी कम कालावधि में सर्वसमावेशक तथा सर्वांगीण विकास करना स्वीडन के लिए कैसे संभव हो सका, अर्थात् इसका श्रेय यदि किसी को दिया जा सकता है तो वह विकास की राह दिखानेवाले नेतृत्व को तथा उस पर चलनेवाली संपूर्ण जनता को।

वास्तविकता यह है कि जॉर्जटाउन अथवा स्टॉकहोम की भाँति भारतीय शहरों का भी कायाकल्प सहज संभव है। फिर भी ऐसा नहीं हो रहा तो क्यों? असफलता के लिए स्पष्टीकरण देने में हमारे नेता निपुण हैं। शत्रु राष्ट्रों का उपद्रव, भौगोलिक परिस्थितियों के कारण विकास संभव नहीं हो सका, ऐसे स्पष्टीकरण असफल राजनीतिज्ञों द्वारा दिए जाते हैं। मगर ये स्पष्टीकरण कितने आधारहीन हैं

यह हमें दुनिया के अन्य देशों के उदाहरण देखकर पता चलता है। एशिया महाद्वीप के सुदूर पश्चिम में स्थित तुर्किस्तान का कुछ भाग यूरोप में है। इस्तंबूल शहर एशिया और यूरोप इन दो महाद्वीपों को जोड़ता है। यूरोप का भाग पहले से ही विकसित तो एशिया का भाग अनेक वर्ष तक सामाजिक और आर्थिक रूप से पिछड़ा ही रहा है। भारत की ही भाँति यहाँ भी बहुभाषा-भाषी लोग हैं। 13 देशों से यह घिरा हुआ है। उनमें से कई तुर्किस्तान के कट्टर शत्रु हैं। चीन, पाकिस्तान तथा कभी-कभी बँगलादेश भी जैसे हमें परेशान करते रहते हैं, उसी प्रकार सीरिया, ग्रीस, आर्मेनिया आदि राष्ट्र भी तुर्किस्तान को परेशान करते रहते हैं। इसलिए वहाँ सेना की प्रबलता है। इस्तंबूल के धनिकों के साथ सेना की साठगाँठ है। ऐसी परिस्थिति में तुर्किस्तान के नागरिकों ने 'न्याय तथा विकास पार्टी' नामक नए दल को सत्ता सौंपी। सेना ने इस नवीन दल को सत्ता से बेदखल करने के लिए अनेक षड्यंत्र किए। मगर दल के नेता रेसीप अर्दोगान मजबूत थे। अपनी आलोचना से वे न तो घबराए न ही अपने निश्चय से टले। आंतरिक और विदेशी शक्तियों से विचलित हुए बगैर उन्होंने सामान्यजनों के विकास का स्वप्न देखा। दुर्गम क्षेत्र में स्थित गाँवों का विकास होना चाहिए। उन्हें मुख्य प्रवाह में लाया जाना चाहिए। सर्वसामान्य जनता का जीवन स्तर यूरोपियन लोगों के समकक्ष लाया जाना चाहिए तथा 15-20 वर्ष में यूरोपीय संगठन में प्रवेश मिलना चाहिए, इसी लक्ष्य को सामने रखकर उन्होंने काम प्रारंभ किया। ठोस कार्य योजना तैयार की।

रेसीप अर्दोगान ने पहले अत्याधुनिक तकनीक से शोधकार्य किया। उन्हें पता चला की सामान्य जनता के लिए न्याय तथा विकास इन दो चीजों का महत्त्व सर्वाधिक है। इसलिए उन्होंने अपनी पार्टी का नाम न्याय तथा विकास पार्टी रखा। तुर्किस्तान के एशियाई क्षेत्र में अनातोलिया सर्वाधिक पिछड़ा प्रदेश है। वहाँ के छोटे उद्योगपति, व्यापारी, विद्यार्थी सबका आत्मविश्वास तथा आर्थिक आय बढ़े इस उद्‌देश्य से उन्होंने समाज के कमजोर वर्गों के लिए लाभकारी उदारीकरण किया। तुलनात्मक दृष्टि से कहें तो, अपने यहाँ विदेशी मुद्रा, आयात-निर्यात और बड़े उद्योग मुक्त अर्थनीति के केंद्र हैं। मगर भारतीय किसान मात्र कृषि उपज मंडी संबंधी कानूनों, सहकारी क्षेत्र की झोलबंदी तथा निवेश के अभाव के कारण गरीब बना हुआ है। अर्दोगान ने तुर्की के किसानों तथा छोटे उद्योगपतियों के लिए हानिकारक प्रतिबंध हटा दिए। उनके विकास के लिए आर्थिक निवेश किया। ग्रामीण स्त्रियों के लिए पारंपरिक वेष में शहरी शिक्षा प्राप्त करना संभव बनाया। सीरिया, आर्मेनिया, ग्रीस आदि सभी शत्रु देशों के साथ समझौते कर वैमनस्य खत्म किया और रक्षा

पर होनेवाले व्यय की बची राशि ग्रामीण विकास पर खर्च की। देश का एक नई दिशा में सफर शुरू हुआ, उन्हें दिशा मिल गई और विकास के इस नए सुर में सभी नागरिकों ने भी अपना सुर मिलाया।

इस सूची में और एक देश की प्रशंसा करनी होगी—वह है इजरायल। यह राष्ट्र सन् 1948 के बाद उदित हुआ। उसके पश्चात् भी पड़ोसी देशों के साथ उसे अनेक युद्ध लड़ने पड़े। कभी-कभी तो इजरायल ने भी दूसरों पर युद्ध लादे। युद्ध भूमि पर ही निवास करनेवाले नागरिक इस देश में हैं; ऐसा कहें तो भी अतिशयोक्ति नहीं होगी। फिर भौगोलिक परिस्थिति भी अनुकूल नहीं। उपजाऊ भूमि का अभाव, पानी का अकाल, अरब देशों से बैर होने से ईंधन की भी कमी, ऐसी प्रतिकूल परिस्थिति में भी इजरायल ने कृषि और औद्योगिक क्षेत्रों में विकास कर पिछले 60 वर्षों में अधिकांश नागरिकों को विकास की मूलधारा में समाविष्ट कर लिया है।

कहावत है कि कभी भारत में घरों पर सोने के कवेलु हुआ करते थे। यहाँ की संपत्ति, उपजाऊ जमीन और अनुकूल वातावरण सारी दुनिया के लिए ईर्ष्या का कारण थे। यही कारण है कि विदेशी आक्रमणकारियों ने इसे बार-बार लूटा। मगर यह इतिहास है। स्वतंत्रता प्राप्ति के पश्चात्, भौगोलिक स्थिति अनुकूल होने, पर्याप्त संसाधन होते हुए और किसी भी प्रकार के मानव संसाधनों की कमी न होने के बावजूद विकास के क्षेत्र में दुनिया के अनेक देशों से हम आज भी बहुत पीछे हैं, इसका क्या कारण है? स्वतंत्रता प्राप्ति के समय एक नवजात शिशु के समान रहे इस देश की आयु आज 65 वर्ष से अधिक है। उदार अर्थव्यवस्था स्वीकार किए भी हमें 20 वर्ष हो चुके हैं। हमारे गणित क्यों गलत हो रहे हैं? क्यों जनता को योग्य दिशा देने में हमारे राजनीतिज्ञ असफल हुए हैं? क्या शासकीय व्यवस्थाओं की त्रुटियाँ, कमियाँ, निष्क्रियता, जनता के दबाव का अभाव, इसके लिए जिम्मेदार हैं?

इन सबके बारे में आत्मचिंतन करने पर एक बात तीव्रता से महसूस होती है—वह यह कि हमें किस दिशा में आगे बढ़ना है, यह अभी भी स्पष्ट नहीं है। पारतंत्र्य के दिनों में असंभव प्रतीत होनेवाला स्वतंत्रता का एकमात्र ध्येय सभी भारतीय नागरिकों के समक्ष था। इस ध्येय की प्राप्ति के लिए सारा देश एक दिल से, एकजुटता से, एक दिशा में आगे बढ़ रहा था। उस संघर्ष में हमें स्वतंत्रता की प्राप्ति हुई।

उसके बाद अपने देश के विकास का स्वप्न प्रत्येक की आँखों में था। उसके लिए दिशा निर्धारित करने का प्रयत्न भी हुआ। पंडित नेहरू ने बाँधों, इस्पात

संयंत्रों तथा उच्च अभियांत्रिकी शिक्षा संस्थानों के निर्माण पर जोर दिया। इंदिरा गांधी ने छोटे-छोटे गाँव तक बैंकों का जाल फैलाया। हरित क्रांति का मार्ग दिखाया। राजीव गांधी ने कंप्यूटर और यातायात के क्षेत्र में क्रांति की। देश आधुनिकता की दिशा में तेजी से आगे बढ़ा। नरसिंहराव के कार्यकाल में मुक्त अर्थव्यवस्था लागू की गई। जीवनावश्यक वस्तुओं का अभाव कम हुआ। अटल बिहारी वाजपेयी ने ग्राम सड़क योजना के माध्यम से गाँवों को आपस में जोड़ा। शहरों को मंडियों से जोड़ा। डॉ. मनमोहन सिंह ने भी रोजगार योजना, किसानों की कर्ज माफी, ग्रामीण विकास की योजनाएँ बनाईं। प्रत्येक प्रधानमंत्री के कार्यकाल में प्रयत्न किए जाने पर भी आज 6 दशकों के बाद भी देश में गिनती के लोग संपन्न हैं। बाकी सारे विपन्न। ऐसी परिस्थिति क्यों है? इस सीधे और सरल प्रश्न का उत्तर खोजना हमारे लिए टेढ़ी खीर साबित हो रहा है। हमें उसी का उत्तर खोजना होगा।

हम बहुत विकसित हो गए हैं, आधुनिक हो गए हैं, ऐसा हम समझते हैं। यह केवल विशिष्ट वर्ग की जीवनशैली के कारण। मुट्ठी-भर धनिकों का संपत्ति प्रदर्शन, उनकी बड़ाई, उपभोगवाद, ऐश-आराम, इसके कारण अपना देश बहुत विकसित हो रहा है, ऐसा कृत्रिम चित्र खड़ा हो रहा है। दिल्ली, मुंबई, पुणे, नागपुर, इंदौर, बेंगलुरु में दिखाने का प्रयत्न किया जाता है। बाजार-हाट का बदला स्वरूप, चमचमाते मॉल्स के रूप में दिखाई देता है। विदेशी ब्रांडस् का प्रदर्शन करते फैशन, पति-पत्नी-बच्चों के लिए अलग-अलग गाड़ियाँ, विदेशों में शिक्षा प्राप्ति के लिए बच्चों को भेजने की होड़, डिस्को-डांडिया और लाखों रुपयों की दही हाँडियाँ लगाकर आधुनिक पद्धति से मनाए जानेवाले त्योहार, अपनी सामाजिक प्रतिष्ठा और दर्जा बनाए रखने के लिए करनी पड़ रही कसरत, उसके लिए सिर पर चढ़ता कर्ज का बोझा, आर्थिक स्रोत जुटाने के लिए, विनियोग और झटपट धन कमाने के लिए शेयर मार्केट जैसे विकल्प या शॉर्टकट्स, बाद में आयकर अधिकारियों से लेकर बैंक प्रबंधकों तक को पटाने के लिए की जानेवाली भागदौड़ और उसके कारण होनेवाले भ्रष्ट व्यवहार, यह सब विशाल महासागर से भटक रही दिशाहीन नौका की तरह है। विकास का संबंध विचारों से तथा सकारात्मक कृति से है, केवल संपत्ति से नहीं, यह हम भूल जाते हैं।

केवल धनप्राप्ति से जीवन का ध्येय प्राप्त हो गया ऐसा मानना जीवन के बारे में अतिशय संकुचित विचार करने जैसा है। अपने यहाँ, सॉफ्टवेयर, बायोटेक कुछ मात्रा में सौर शक्ति जैसे आधुनिक क्षेत्रों में कुछ युवकों ने शैक्षणिक संस्थाएँ खड़ी कीं, इसके पीछे उनका उद्देश्य हम स्वयं और दूसरों के लिए कुछ अच्छा

कार्य करें यह था। ऐसे सकारात्मक कार्य से उन्हें समाधान मिला। आनंद मिला। सेवा क्षेत्र में बाबा आमटे, अन्ना हजारे, पांडुरंग शास्त्री आठवले, अभय बंग, तो उद्योग क्षेत्र में नंदन निलकेणी, किरण मजूमदार जैसे अनेक उदाहरण याद आते हैं। मगर 115 करोड़ के भारतवर्ष में ऐसे व्यक्ति बिरले ही हैं। अधिकांश लोगों को धन संचय बढ़ाने में ही समाधान मिलता है। मगर उन्हें संतुष्टि कभी भी नहीं मिलती। संपत्ति और महत्त्वाकांक्षाओं की मर्यादाएँ नहीं होतीं। यदि हम इसे भूल जाएँ तो हम उसके पीछे अंधे होकर दौड़ते रहते हैं। अपनी दिशा भूल जाते हैं। जब समाज के बहुसंख्य लोग सकारात्मक विचार करना छोडकर संपत्ति और लालसाओं के पीछे दौड़ने लगते हैं, तब उनके हाथ तो कुछ आता नहीं सारा समाज भी दिशाहीन हो जाता है।

वैश्वीकरण की प्रक्रिया में अपना स्थान और सहभाग जाँचने के उद्देश्य से 'स्ट्रेटेजिक फोरसाइट ग्रुप' के अध्ययनकर्ताओं ने 'भारत का भविष्य' इस विषय पर 2002 में प्रतिवेदन बनाना प्रारंभ किया। उनके द्वारा किए गए अध्ययन के अनुसार 2001 में लगभग 10 करोड़ लोग रोटी, कपड़ा, मकान की मूलभूत आवश्यकताओं की पूर्ति करने में सक्षम थे। उनमें कुछ दुपहिया वाहन रखने, कभी-कभार छुट्टियाँ मनाने के लिए बाहर जाने जैसी थोड़ी बहुत मौज-मस्ती करने में भी सक्षम थे। दूसरे वर्ग के 80 करोड़ लोग अपनी मूलभूत आवश्यकताओं की पूर्ति करने में भी सक्षम नहीं थे। पिछले दशक में हमें कुछ हद तक गरीबी हटाने में सफलता मिली है। मगर जनसंख्या में वृद्धि के कारण गरीबों की संख्या में कमी नहीं आ सकी है। यही स्थिति आज भी बनी हुई है। यह जानकारी वर्तमान अध्ययन के आँकड़ों से स्पष्ट होती है। आज सन् 2010 में भारत की जनसंख्या 115 करोड़ है। इसमें से 35 करोड़ लोग उच्च अथवा मध्यमवर्गीय हैं। 80 करोड़ लोग दरिद्रता का जीवन जी रहे हैं। सन् 2025 में भारत की जनसंख्या 140 करोड़ होगी। उसमें से 60 करोड़ लोग सुखमय जीवन जीने में सक्षम होंगे तो 80करोड़ लोगों का जीवन कष्टमय बना रहेगा। इस प्रकार 80 करोड़ लोगों के निर्धन रहते देश की प्रगति असंभव है। आज भले ही उच्च मध्यमवर्गीय लोगों की संख्या 35 करोड़ हो, मगर उनमें से 30 करोड़ लोग अभी भी हाशिए पर हैं। माह के अंत में उनके हाथ तंग होते हैं, बच्चों की पढ़ाई पूरी होने के बाद नौकरी के लिए उन्हें दर-दर भटकना पड़ता है, परेशान होना पड़ता है, अपनी परेशानियों को भुलाने के लिए वे सिनेमा देखकर उसके नायक के संघर्ष के साथ खुद की तुलना करते हैं।

भारत में लगभग 35 करोड़ मध्यम वर्गीय जनसंख्या बताई जाती है। वास्तव

में हमारे यहाँ तीन वर्ग हैं। गाड़ीवाले, बाइकवाले और बैलगाड़ीवाले। इनमें से केवल 5 करोड़ गाड़ीवाले हैं। 30 करोड़ बाइकवाले और शेष 80 करोड़ बैलगाड़ीवाले हैं। हकीकत तो यह है कि इनमें से अधिकांश के नसीब में बैलगाड़ी भी नहीं है। पिछले 10 वर्षों में हमारे देश में समृद्धि आई है ऐसा कहा जाता है। क्योंकि सन् 2001 की 2–3 करोड़ गाड़ीवालों तथा 15 करोड़ बाइकवालों की संख्या आज दो गुनी हुई है। मगर बैलगाड़ी अर्थव्यवस्था के जंजाल में जकड़े 80 करोड़ की स्थिति आज भी वही है।

सन् 2001 में स्ट्रेट्रेजिक फोरसाइट ग्रुप ने जब भारतीय अर्थव्यवस्था के संबंध में अपना प्रतिवेदन प्रस्तुत किया, तब ग्रामीण क्षेत्र में परिवर्तन के लिए अनेक सुझाव दिए थे। पिछले 10 वर्षों में अनेक बड़े उद्योग समूहों ने कृषि के क्षेत्र में अपनी उपस्थिति दर्ज कराई है। इनमें से कुछ लोगों ने ईमानदारी से किसानों को अच्छा मूल्य मिले इसलिए अनाज के संग्रहण हेतु उच्च स्तर के गोदाम तथा शहरी ग्राहकों के साथ सीधे संपर्क हेतु योजनाएँ भी दीं। मगर यह बहुत कम मात्रा में ही हुआ।

सामान्य किसान आज भी गरीब ही बना हुआ है। भारत के 20 करोड़ किसानों और कृषि मजदूरों में से मुश्किल से 20 लाख किसानों के पास ट्रैक्टर हैं। कुल 8–10 करोड़ दुग्ध उत्पादकों में से मुश्किल से 8 हजार के पास दूध निकालने के आधुनिक यंत्र हैं। गाँवों में रहनेवाले लोगों के कष्ट देखकर, भारत को आर्थिक महाशक्ति कहनेवाले लोगों को शर्म आनी चाहिए। महाराष्ट्र में पहले मुख्य रूप से ठाणे, रत्नागिरी, रायगढ़, पुणे और सतारा जिले के लोग नौकरी हेतु शहरों में आ बसते थे। मगर वर्तमान में तथाकथित आर्थिक महाशक्ति के पर्व में लातूर, नांदेड़, सोलापुर, परभणी, जालना, बीड़, उस्मानाबाद जिलों से भी शहरों की तरफ आने का क्रम बढ़ने लगा है। इन्हीं जिलों में उग्रवादी संगठनों की जड़ें भी मजबूत हो रही हैं।

अर्थात् गाँवों के किसान उमड़ रहे हैं बड़े शहरों की ओर तो शहर का उच्च वर्ग उमड़ रहा है वीजा प्राप्त करने के लिए अमेरिका, इंग्लैड या ऑस्ट्रेलिया के दूतावासों की ओर। जो ग्रामीण शहर नहीं जा पाते अथवा शहर के जिस अशिक्षित वर्ग को विदेशी दूतावास घास नहीं डालते वे शामिल हो जाते हैं गुंडों की टोली में या फिर उग्रवादी संगठनों में। प्रत्येक व्यक्ति की अपनी अलग दिशा है। ऐसी परिस्थिति में भारत राष्ट्र की दिशा क्या हो? क्या इस दिशा की खोज करना तत्काल जरूरी नहीं है?

महाराष्ट्र के सेवानिवृत्त अतिरिक्त पुलिस महानिरीक्षक और क्रीड़ा मनोविशेषज्ञ श्री भीष्मराज बाम द्वारा नासिक में पुरुषोत्तम अकादमी की स्थापना की गई है। इस संस्था के युवा कार्यकर्ताओं तथा उत्तर प्रदेश, बिहार, तमिलनाडु और अन्य प्रांतों के कुछ स्वयंसेवी संगठनों की मदद से हमने एक सर्वेक्षण किया। हजारों किसानों से मिलकर उनकी समस्याएँ समझीं, सामान्य रूप से किसानों में सरकारी तंत्र के प्रति अत्यधिक भय के उदाहरण ही हमें देखने को मिले। हमारे युवा कार्यकर्ता शर्ट-पैंट पहनकर जब किसानों के पास सर्वेक्षण हेतु जाते तो किसान, आजिजी से उनसे कहते, 'साहब, मैंने ये 100 रुपए जमा किए हैं, भले ही ये सब ले लीजिए मगर कृपा करके हमारी जानकारी सरकार को मत दीजिए।' यह इस बात का सबूत है कि उनका शासनकर्ताओं पर रत्तीभर भी विश्वास नहीं है। शासकीय योजनाओं की उन्हें जानकारी नहीं है और उनका लाभ कैसे लेना चाहिए यह भी वे नहीं जानते। दूसरी ओर संबंधित अधिकारी भी अनेक स्थानों पर अपने कर्तव्य से विमुख ही दिखाई देते हैं। यह परिस्थिति भी लोगों को अराजकता की ओर प्रवृत्त करती है। यही कारण है कि महाराष्ट्र में गड़चिरोली, अमरावती तथा उसके समीप के झारखंड, छत्तीसगढ़, आंध्रप्रदेश जैसे राज्यों में नक्सलवादी गतिविधियों में वृद्धि हो रही है। 'सरकार हमारी दुश्मन है। सरकारी अधिकारी हमें लूटने के लिए ही आते हैं, इसलिए उन्हें मार डालना चाहिए, हमें दरिद्र बनाए रखने का उनसे बदला लेना चाहिए।' ऐसी भावनाएँ उभारकर ही नक्सलवादी आंदोलन आज बड़े पैमाने पर देश के मध्यभाग को खोखला कर रहा है। इसकी गंभीरता हम अभी भी नहीं समझ रहे हैं। नक्सलवादी आंदोलन खत्म करना प्रशासकीय तंत्र के लिए कठिन हो रहा है। उनके पुनर्वास के लिए शासन के साथ ही स्वयंसेवी संगठनों के प्रयास भी कम पड़ रहे हैं।

उदार अर्थव्यवस्था के माध्यम से भौतिक प्रगति करते समय उसमें सर्वसमावेशकता को शामिल करना हम भूल गए हैं। मॉल, रुपयों की फिजूलखर्ची से मनाए जानेवाले तड़क-भड़कवाले उत्सव, मौज-मस्ती के लिए की जानेवाली विदेश यात्राएँ, यह सब केवल 5 से 7 प्रतिशत लोगों के लिए हैं। इन लोगों की प्रगति देखकर हम आर्थिक महाशक्ति बनने के मार्ग पर स्वयं के आगे बढ़ने की खुशफहमी पाले हुए हैं। हमारे उच्चवर्ग के लोग इतने ढोंगी और संवेदनाहीन हो गए हैं यह देखकर हमें घृणा होती है। यही परिस्थिति शाह के कार्यकाल में इरान में, अफ्रीकी और लैटिन अमेरिकी देशों में भी थी। मुट्ठीभर लोगों की संपन्नता को राष्ट्रीय प्रगति का आकर्षक नाम दे दिया गया था। इन सब देशों में क्रांति हुई।

दक्षिण अफ्रीका में आखरी दौर में वह रक्तहीन थी। मगर पिछले अनेक वर्षों के संघर्ष में हजारों लोगों ने इसमें अपनी बलि दी है। ईरान के शाह को देश छोड़कर भागना पड़ा, उनको किसी ने भी राजनैतिक शरण नहीं दी। अमेरिका ने भी उनसे मुँह फेर लिया। अनेक अफ्रीकी देशों में बड़े पैमाने पर रक्तपात हुआ। इस अनुभव से यदि हमारे शासकों ने सबक नहीं लिया तो एक दिन हमारा भी यही हश्र हो सकता है।

प्रश्न केवल अमीरी अथवा गरीबी का नहीं है। गाँवों से युवक केवल धन के लिए शहरों में नहीं आते, उन्हें साहुकारों, जमींदारों, ठेकेदारों के चंगुल से मुक्ति की दरकार होती है। जातिभेद के चंगुल से छुटकारे की तड़प होती है। भारत को विदेशी दासता से तो मुक्ति मिल गई, मगर हम आज भी शोषण की अर्थव्यवस्था में जकड़े हुए हैं। उससे जब हमें मुक्ति मिलेगी तभी हमारा देश सही अर्थों में स्वतंत्र हो सकेगा।

शोषण की अर्थव्यवस्था के शीर्ष पर शासक होते हैं। पुलिस, आयकर, आबकारी, सीमा शुल्क आदि विभागों में वांछित स्थान पर तबादले हेतु लाखों रुपयों की रिश्वत शासकों को दी जाती है। जो पुलिस अधिकारी अथवा आयकर अधिकारी रिश्वत देता है वह जनता से उसकी वसूली भी करता है। इससे भ्रष्टाचार का उद्गम होता है। समाज के शीर्ष से प्रारंभ होनेवाला भ्रष्टाचार धीरे-धीरे निचले स्तर पर भी फैलता जाता है। जब सामान्यजन को सरकारी तंत्र से काम पड़ता है तो उसे प्रत्येक काम के एवज में दाम चुकाने पड़ते हैं। इतना ही नहीं, विद्यालय, अस्पताल, व्यापार आदि दैनिक जीवनोपयोगी सेवाओं में भी नागरिकों का जमकर शोषण होता है।

भ्रष्टाचार के लिए हम शासकीय तंत्र को दोष देते हैं, मगर निजी उद्योग भी दूध के धुले नहीं हैं। निजी बैंक, बीमा योजना, दवा व्यवसाय ऐसे सभी क्षेत्रों में सामान्यजनों की छीछालेदर होती है। हमारे शासक और संपन्न लोग शराबी पतियों जैसा व्यवहार करते हैं। बेकार और नशाखोर पति अपनी पत्नी को मजदूरी करने भेजता है और उसकी कमाई पर ऐश करता है। उसी प्रकार शासक और संपन्न लोग सामान्यजनों का शोषण कर स्वयं मलाई खाते हैं। विरोध करें तो दमन भी किया जाता है। इस शोषण की अर्थव्यवस्था के कारण ही अधिकांश लोग आज भी दरिद्रता के शिकार हैं। उन्हें स्वतंत्रता कब नसीब होगी?

चीन, कोरिया, ताइवान, सिंगापुर, मलेशिया, तुर्की, मैक्सिको में भी विकासशील अवस्था में शोषण की राजनीति चल रही थी। आमजन को लूटकर वहाँ भी मुट्ठीभर

लोगों के घर भरे जा रहे थे। उस समय वे भारत से बहुत पीछे थे।

40 वर्ष पूर्व इनमें से कई देशों में दरिद्रता की और अस्वच्छता की पराकाष्ठा थी। ताइवान की सड़कों पर बिजली नहीं थी तो हांगकांग में एक भी शौचालय नहीं था। उस समय की उनकी प्रति व्यक्ति आय भारत से बहुत कम थी। बाद में धीरे-धीरे उनके शासक जागृत हुए। शोषण की अर्थव्यवस्था को त्यागकर उन्होंने गरीब और श्रमजीवी नागरिकों को सामर्थ्यवान बनानेवाली सर्वसमावेशक अर्थव्यवस्था को अपनाया। काला धन जमा करनेवालों का मुँह काला किया। लोकहित के बजाय स्वार्थ की राजनीति करनेवाले नेताओं को सार्वजनिक जीवन से निकाला। आज इन देशों की प्रति व्यक्ति आय हमसे 20-25 गुना अधिक है। हमारे सामान्य परिवारों का मासिक जीवननिर्वाह 10 हजार रुपयों में होता है तो वहाँ के सामान्यजनों की मासिक आय 2 लाख रुपए है। ठेठ ग्रामीण किसान भी संपन्न हुए हैं। अब वहाँ के गरीब और सामान्यजनों का विकास तेजी से हो रहा है। हम केवल विदेशों में रहनेवाले भारतीयों की सफलता देखकर प्रसन्न हो रहे हैं।

राष्ट्रीय आय की वृद्धि की वार्षिक दर को ही पहले विकास समझा जाता था। ये बातें सामान्यजनों की समझ से परे होने के कारण वे भी विकास की प्रक्रिया में अपने स्थान, दायित्व और दिशा से अनजान बने रहते थे। मगर बाद के दिनों में यानी लगभग 20 साल पूर्व इस व्याख्या को बदल दिया गया और मनुष्य की कार्यक्षमता को महत्त्व दिया गया। पाकिस्तान के दिवंगत अर्थशास्त्री डॉ. मेहबूब अल हक के नेतृत्व में राष्ट्रसंघ ने विश्व बैंक के पाश्चात्य अर्थशास्त्रियों को वैचारिक चुनौती दी। उसमें डॉ. मेहबूब अल हक के विचारों की जीत हुई। इसमें मनुष्य के स्वास्थ्य, शिक्षा, जीवनदर, आय जैसे तत्त्वों को प्रमुख रूप से विचार में लिया गया था। अब इन बातों को मान्यता मिल चुकी है। इसलिए प्रत्येक राष्ट्र में विकास की संकल्पना में इन तत्त्वों का भी समावेश किया जाता है। इसे ही अध्ययनकर्ता मानव विकास निर्देशांक कहते हैं। उसी के आधार पर राष्ट्रसंघ मानवीय विकास का प्रतिवेदन तैयार करता है। इसी से राष्ट्रों की क्रमवारी निर्धारित की जाती है। अब तक इस क्रमवारी में भारत का अथवा जिसने दुनिया को मेहबूब अल हक जैसा अर्थशास्त्री दिया उस पाकिस्तान का क्रम भी 120 के पहले नहीं आ सका है। भारतीय उप महाद्वीप के लगभग सभी देश इस क्रमवारी में अंतिम 50-60 में आते हैं। दुनिया की प्रमुख 20 आर्थिक शक्तियों में भारत का नाम है। प्रतिवर्ष इन 20 शीर्ष राष्ट्रों की शिखर परिषद् होती है। उसमें भारतीय प्रधानमंत्री को सम्मान दिया जाता है। एक ओर इन 20 आर्थिक शक्तियों में हमारी गणना

होती है तो दूसरी ओर मानव विकास निर्देशांक के आधार पर हम पहले 120 राष्ट्रों में भी स्थान नहीं बना पाते। इस प्रचंड विरोधाभास के चलते ही वर्तमान समय में भारत के लोग दरिद्रता में जी रहे हैं। देश और देशवासियों के बीच का यह अंतर बहुत खतरनाक है। हमारे अर्थशास्त्री यदि इस प्रश्न की ओर ध्यान देंगे तो इसका भी हल निकाला जा सकता है, मगर पहले उन्हें हमारे आमजनों के बारे में विचार करने की फुरसत तो मिले!

आगामी कुछ वर्षों में विकास की धारणा में परिवर्तन होगा। इसके लिए भूटान जैसे छोटे राष्ट्र ने अग्रणी भूमिका निभाई है। विकास के द्वारा मानव को आनंद मिलना चाहिए इस विचार को इसमें प्रमुखता देने का प्रयास किया गया है। राष्ट्रीय आय, मनुष्य विकास के साथ ही समाज में आनंददायी वातावरण को भी महत्त्व दिया जाना चाहिए, यह विचार जड़ें जमाने लगा है। अनेक अंतरराष्ट्रीय नेता भूटान के इस विचार से सहमत हैं। सन् 2009 में फ्रांस के राष्ट्रपति निकोलाई सारकोजी ने विश्व के 25-30 अर्थशास्त्रियों की समिति का गठन किया था, जिसके अध्यक्ष नोबेल पुरस्कार विजेता अर्थशास्त्री स्टीगलीट्स थे। नोबेल पुरस्कार प्राप्त भारतीय अर्थशास्त्री डॉ. अमर्त्य सेन भी इस समिति के सदस्य थे। समिति ने अपना प्रतिवेदन फ्रांस के राष्ट्रपति को दे दिया है। इस प्रतिवेदन पर होनेवाली चर्चा से भी विकास की नई धारणा का उदय होगा।

विकास माने केवल आर्थिक संपन्नता, संचार के आधुनिक माध्यम, बाजार, चौड़ी सड़कें, यही समझा गया तो यह छलावा होगा। मनुष्य का स्वास्थ्य, मानसिक स्वास्थ्य-प्रकृति से तालमेल बनाकर प्राकृतिक संसाधनों का संयमित उपयोग, समाज स्वास्थ्य—मानवों के आपसी संबंध, समाज में विविध धर्मों और वंशों के लोगों की एकता, साहित्य, संगीत, कला जैसे सभी क्षेत्रों में सर्वसमावेशक प्रगति से मन में निर्माण होनेवाला उल्लास जैसी विकास की व्याख्या अब सर्वमान्य होती जा रही है। भारत इन सब में समृद्ध है। मगर हम आँख पर पट्टी बाँधे केवल आर्थिक समृद्धि के पीछे ही भाग रहे हैं। और वह भी मुट्ठीभर लोगों के फायदे के लिए। समाज के निचले तबके के लोगों का जीवन भी सब प्रकार से सुखी और संपन्न हो, जब हम यह समझेंगे तभी भारत में वास्तविक सूर्योदय होगा।

प्रत्येक व्यक्ति के विचारों के अनुसार विकास प्रक्रिया अथवा उसकी व्याख्या अलग हो सकती है, मगर उसका ध्येय सर्व समावेशक ही होना चाहिए, यह हमें ध्यान में रखना होगा। भारतीय प्रधानमंत्री श्री मनमोहन सिंह इस सर्वसमावेशक प्रगति के प्रवर्तक माने जाते हैं। वे किसी जिले में चुनावी सभा में भाषण दे रहे

हों अथवा जी–20 के अंतरराष्ट्रीय मंच पर अपनी भूमिका प्रतिपादित कर रहे हों, सभी मंचों पर वे सर्वसमावेशक विकास की अपनी धारणा को सर्वमान्य बनाने के लिए आग्रही होते हैं। डॉ. मनमोहन सिंह की इस धारणा को सभी दलों के नेताओं ने भी समर्थन दिया है। इसका अर्थ है कि समझते सब हैं पर मानते नहीं। सर्वसमावेशक विकास की इस धारणा को अमल में लाकर भारतीय नागरिकों की उन्नति करना यह हमारे देश के समक्ष आज की सबसे बड़ी चुनौती है। उच्च वर्ग से लेकर सर्वाधिक पिछड़े व्यक्ति तक सबको एक साथ एक दिशा में आगे बढ़ने की आवश्यकता है। उसी को गांधीजी के शब्दों में अंत्योदय कहा जाएगा। यह विचार सबसे पहले उन्होंने ही प्रतिपादित किया था। उसका महत्त्व वे जानते थे। भारत के अंतिम नागरिक के आँसू पोंछे जाएँगे, तभी हमारा देश सच्चे अर्थों में स्वतंत्र कहलाएगा, यह उन्होंने ही कहा था।

दुर्भाग्य से स्वतंत्रता के तत्काल बाद उनकी हत्या हो गई और उनके आंदोलन के अन्य लोग राजनीतिक सत्ता की खींचतान में लग गए। देश को दिशा दिखानेवाला मार्गदर्शक नहीं रहा। महात्मा गांधी के विचारों के विरोधी तथा उनसे असहमत लोग भी सर्वसमावेशक प्रगति ही चाहते थे। उनकी दिशा भी एक ही थी। वीर सावरकर भी आधुनिकता और विज्ञानवाद को महत्त्व देते थे। वे सौ साल आगे देखनेवाले दृष्टा थे। वास्तविक रूप से महात्मा गांधी का अंत्योदय और वीर सावरकर की विज्ञाननिष्ठा दोनों को मिलाकर अपने देश की आम जनता को सुखी, संतुष्ट और आनंदित बनाया जा सकता है। तुर्की, स्वीडन, मलेशिया, इजरायल के नेता भले ही अंत्योदय अथवा विज्ञान निष्ठा—इन शब्दों से परिचित न हों, मगर उन्होंने इन दोनों कल्पनाओं का संगम किया है। इस कारण वहाँ के नागरिकों के लिए डेढ़ कमरों के घरों से निकलकर डेढ़ एकड़ के बँगले में जाना संभव हो सका। हमारे खेतों का बँटना जारी रहा। हमारा किसान वर्षा पर निर्भर बना रहा, तो इजरायल ने रेगिस्तान में भी वर्ष में 3 फसलें लेने की तकनीक खोज निकाली। हमारा मजदूर रेलवे के दूसरे दरजे के डिब्बे में किसी प्रकार लटककर यात्रा करता रहा, तो हांगकांग–मलेशिया के मजदूरों को आरामदायक बस सेवा उपलब्ध हो गई। इसके विपरीत जब स्वीडन के उद्योगपति और तुर्की के मंत्री रेलवे के दूसरे दरजे में यात्रा करते हैं, तो भारत के राजनेता और उद्योगपति कारों का काफिला लेकर चलते हैं।

भारतीयों में बड़ी मात्रा में कार्यकुशलता है। अपने देश में विविध क्षेत्रों में विशेषज्ञ भी भरपूर हैं। चंद्रयान भेजकर चंद्रमा पर पानी खोजने तक में हमें सफलता मिली है। विदर्भ के खेतों में, राजस्थान के रेगिस्तान में, विशाल जनसंख्या के लिए

भरपूर पानी का संग्रह करने की तकनीक विकसित करने की क्षमता हमारे वैज्ञानिकों के पास है। हम पर 150 साल राज करनेवाले ब्रिटेन के उद्योगपतियों को भरपूर मूल्य देकर उनकी कंपनियाँ अधिगृहित करनेवाले उद्योगपति हमारे पास हैं, मगर सरकार की सोच यही है कि किसानों के कर्जे माफ करने अथवा उसके लिए केवल कर्ज मेले आयोजित करने से समस्याएँ हल हो जाएँगी। यदि आर्थिक ढाँचे में परिवर्तन नहीं हुआ तो कुछ ही वर्षों में किसान फिर से कर्जे की कैंची में फँस जाएगा। वास्तव में किसानों की उपज को अधिक मूल्य दिलाने, उत्पादन बढ़ाने के लिए उसे आधुनिक तकनीकि तथा व्यवस्थापन कौशल्य का प्रशिक्षण देने, गाँवों में रास्ते, बिजली, पानी उपलब्ध कराने की आवश्यकता है। किसानों का बिचौलियों द्वारा किया जानेवाला शोषण रोकने के लिए कृषि उपजमंडियों का निर्माण तथा सहकारिता कानून में परिवर्तन जरूरी है। किसानों को उनकी फसलों के उचित संग्रहण की सुविधा उपलब्ध कराने, उनका माल खराब न हो, सुरक्षित तरीके से शहरों में भेजा जा सके इसके लिए वातानुकूलित आधुनिक गोदामों का निर्माण गाँव-गाँव में करना आवश्यक है। यह दृश्य साकार करने के लिए उद्यमियों को भी बड़ी जिम्मेदारी उठानी पड़ेगी। गाँवों की ओर देखने की दृष्टि बदलनी होगी। गाँव यानी केवल किसानों पर राजनैतिक दबाव डालकर उनकी जमीनें सस्ते में हासिल करने की भावना बदलनी पड़ेगी। किसान, व्यापारी और उद्योगपति यदि वास्तविक रूप में भागीदारी करेंगे तो देश का भविष्य निश्चित ही उज्ज्वल हो सकेगा। इस मार्ग से यदि हमें प्रगति करने की वास्तविक इच्छा होगी तो हमें हमारा वर्तमान रास्ता बदलना पड़ेगा। आर्थिक प्रगति के साथ ही सामान्यजनों को न्याय भी सुलभ हो सके, इसकी व्यवस्था करनी पड़ेगी।

जापान, कोरिया और चीन के उद्योग समूहों का कार्य अलग प्रकार से चलता है। वहाँ के उद्योगपति जब बाहर के उद्योग-धंधे खरीदते हैं तो आपस में स्पर्धा नहीं करते और कम-से-कम कीमत देते हैं। स्वयं के देश में जब किसानों से जमीनें खरीदते हैं तो प्रामाणिकता से अच्छी कीमत देते हैं। किसानों के बच्चों को शिक्षा, उनको आधुनिक व्यवसायों में नौकरियाँ उपलब्ध कराते हैं। यूरोप में मजदूरों को भरपूर वेतन और सुविधाएँ मिलती हैं। प्रबंधक और मजदूरों के वेतन में बहुत कम अंतर होता है। यह बहुत पहले से नहीं चला आ रहा। 100-150 वर्ष पहले यूरोप और अमेरिका में भी मजदूरों का शोषण होता था। छोटे बच्चों से 12-15 घंटे काम कराया जाता था। मालिक को भरपूर मुनाफा और मजदूर को क्षणभर का आराम नहीं ऐसी अवस्था थी। पिछले 50-60 वर्ष में वहाँ की स्थिति बहुत

बदली है। कामगारों को भरपूर वेतन और सुविधाएँ और बदले में कामगारों द्वारा भरपूर उत्पादन ऐसा नया समीकरण तैयार हुआ है। ऐसी नई अर्थव्यवस्था तैयार करने के लिए विषमता सहन न करने की मानसिकता तथा सुलभ और सस्ती न्याय व्यवस्था का होना आवश्यक है।

उद्योगपतियों ने यदि स्वयं के मुनाफे में कटौती कर मजदूरों का वेतन बढ़ाया, छोटे उद्योगों और किसानों से प्राप्त होनेवाले माल का अच्छा मूल्य दिया, थोड़ी दूरदर्शिता दिखाकर अच्छी गुणवत्ता का माल तैयार किया तो अंततोगत्वा इसमें उनका ही लाभ होगा। मजदूर उत्पादन बढ़ाएँगे। माल का स्तर अच्छा होने से बिक्री बढ़ेगी। निर्यात बढ़ेगा। समाज के सभी वर्गों का जीवन स्तर सुधरेगा। इस प्रकार विकास का चक्र चलता रहेगा।

विकसित राष्ट्रों में भी भ्रष्टाचार है, मगर वहाँ का प्रत्येक मंत्री, सांसद, विधायक, पार्षद काले धन के गहरे कीचड़ में आकंठ डूबा हुआ नहीं है। जिन्होंने उसमें डुबकी लगाई उसे बाहर का रास्ता दिखाया गया है। बड़े-बड़े प्रकल्पों को स्वीकृत करते समय जान-पहचान और हित संबंधों को मर्यादित लाभ भी दिलाया जाता है। मगर कार्य की गुणवत्ता से कोई समझौता नहीं होता। रास्ते का कार्य होने पर उसमें गड्ढे नहीं होंगे, पुल नहीं गिरेंगे, कार्य सुरक्षित रूप से और निर्धारित अवधि में पूर्ण होगा, इस पर सत्ताधारियों की नजर तथा अंकुश होता है। अर्थनीति के सूत्र राजनीति में होते हैं। यदि सत्ताधारी और निजी हित संबंधों की साँठ-गाँठ का जनता ने विरोध किया तो किसी भी देश का कायापलट हो सकता है। अंत्योदय का साकार होना भी संभव है।

अथाह समुद्र की ओर देखने पर हमें याद आता है कि प्राचीन काल में नाविक किनारे के समानांतर सफर करते थे। अथाह समुद्र में कहीं वह भटक न जाए यह चिंता ही इसका कारण थी। यूरोप के साहसी नाविक भी भारत की खोज के लिए निकलते समय इसी कारण अफ्रीका का चक्कर लगाकर दूर के रास्ते से आते थे। अनेक सदियों से चली आ रही जमीन के समानांतर चलने की नाविकों की इस परंपरा को कुछ नाविकों ने पंद्रहवीं शताब्दी में तोड़ा। इसमें से एक का नाम था क्रिस्टोफर कोलंबस। उसने किनारे के समानांतर चलने के स्थान पर समकोणी मार्ग से अपना जहाज चलाया और अमेरिका की खोज की। इस खोज से दुनिया का इतिहास बदल गया। पिछले 3-4 सौ वर्ष के इतिहास के मूल में कोलबंस द्वारा लिया गया नई दिशा की खोज करने का निर्णय ही है।

अपना देश निश्चित रूप से महान् है। यह बात आज तक सतत रूप से

सिद्ध होती ही रही है, मगर दुर्भाग्य से आजादी के बाद अपने ही लोगों ने, विशेष रूप से प्रत्येक क्षेत्र के हमारे नेताओं ने ही उसकी महत्ता को कम करने का प्रयास किया है। परिवर्तन की हवाओं पर ध्यान दिया तो एक नई दिशा हमें निश्चित ही मिलेगी। उस दिशा के मिलते ही आर्थिक, राजनीतिक, सामाजिक, धार्मिक, शैक्षणिक ऐसे सभी क्षेत्रों में परिवर्तन होगा। इस सफर के प्रारंभ होते ही 8–10 वर्ष में संपूर्ण समाज का कायापलट हो सकेगा। अमेरिका, जर्मनी, जापान, तुर्की, मलेशिया, कोरिया, इजरायल के लोग यह परिवर्तन कर सकते हैं तो हम भी कर सकते हैं। इनसान आखिर इनसान होता है फिर वह अंकारा का हो या अकोला का, कियोतो का हो अथवा कसारा का, सिओल का हो अथवा सोलापुर का।

भारत भी स्वयं की और दुनिया की किस्मत आगामी अनेक शताब्दियों के लिए बदल सकता है। संपूर्ण भारतीय उपमहाद्वीप की अर्थव्यवस्था को नियंत्रित करनेवाले पाटलिपुत्र (आज का पटना) और दुनिया को अर्थशास्त्र की शिक्षा देनेवाले महान् अर्थशास्त्री चाणक्य की विरासत हमारे पास है। मेहनत करने की हमारी क्षमता का लोहा सारी दुनिया मानती है। हमारे पूर्वजों ने हमेशा इनसानियत की सीख दी है। वेदों में भी प्रकृति के संतुलन को बनाए रखने के महत्त्व को प्रतिपादित किया गया है। नई दिशा की खोज करते समय सर्वसमावेशक मुद्दों को प्राधान्य देते हुए उन्हें प्रत्यक्ष रूप से आचरण में लाना होगा। सर्वसमावेशक विकास की कृतिशील भावना का जब उदय होगा तभी सर्वांगीण प्रगति का स्वप्न साकार होगा। यह स्वप्न दलगत राजनीति से ऊपर होना आवश्यक है। सभी दलों द्वारा सर्वमान्य कार्यक्रम स्वीकार किया जाना चाहिए। चुनाव में सत्ता परिवर्तन होने पर भी हमारी दिशा नहीं बदलेगी इस बात की आश्वस्ति जनता द्वारा सभी दलों से ली जानी चाहिए। आवश्यकता होने पर नेताओं से सफाई भी माँगी जानी चाहिए।

हमारे नेता भले ही राष्ट्रसंघ अथवा जी–20 की बैठकों में विश्व बिरादरी के नेताओं के साथ बैठने लगे हों, मगर नेताओं का महत्त्व बढ़ने मात्र से देश का विकास नहीं होता। सामान्य जनता जब जीवन से निराश नहीं होगी, सबकी आवश्यकताएँ पूरी होंगी, अपने बच्चों के रोजगार के लिए वे निश्चिंत होंगे, पानी, बिजली, शौचालय सबको सुलभ होंगे, तभी हमारा विकास हुआ है यह हम समझेंगे। यह विकास पिछड़े जिलों में जब ठोस रूप से आकार लेगा, शहरों में प्रतिवर्ष कम–से–कम 10–15 प्रतिशत झुग्गी झोंपड़ियाँ कम होंगी, तभी हम सही मार्ग पर चल पड़े हैं यह कहा जा सकेगा।

जब हिंदू–मुसलमान, उत्तर भारतीय–दक्षिण भारतीय यह भेद खत्म होगा,

उसी प्रकार किसानों से विद्यार्थियों तक सभी की आत्महत्याएँ बंद होंगी, तभी हम यह दावा कर सकेंगे की हम इनसानियत को समझते हैं। जब हम गरीबों के आँसू पोंछेंगे, एक स्वास्थ्यवर्धक समाज का निर्माण करेंगे और ऊँची इमारतें बनाने के लिए प्रकृति पर आक्रमण पूर्णतया बंद करेंगे, तभी अंत्योदय के मार्ग पर हमारा सफर प्रारंभ होगा।

क्या सचमुच एक नई दिशा में हमारा शीघ्र प्रयाण संभव है? यह कैसे संभव है? एक रात मैं कश्मीर में आतंकवादियों के साथ बात कर रहा था। उनमें से एक ने मुझसे कहा, ''भारत में यदि सचमुच न्याय प्रतिस्थापित होगा, विद्यार्थियों को चिकित्सा और अभियांत्रिकी महाविद्यालयों में बगैर पैसे के प्रवेश मिलेगा, दुर्गम स्थानों पर रोजगार होंगे और लोगों में आशावाद का निर्माण होगा तो हमारे ही गुट के अनेक लोग पाकिस्तान की ओर पीठ कर देंगे तथा हिंसा त्यागकर हमसे अलग हो जाएँगे। इतना ही नहीं, बहुसंख्य नक्सलवादी और अपराधिक तत्त्व भी अपना रास्ता बदल देंगे। भारत यानी प्रामाणिक न्याय, भारत यानी भ्रष्टाचार मुक्त समाज, भारत यानी सिद्धांतों पर आधारित, भारत यानी युवकों का स्फूर्ति स्थान, भारत यानी भाई-भतीजावाद का धिक्कार करनेवाला समाज, भारत यानी आशावाद—क्या ऐसे समीकरणों का भारत आप बना सकते हैं? यह चुनौती अगर आपने स्वीकार की तो हमारा बेड़ा गर्क होने में देर नहीं लगेगी, यह मैं स्वयं ही आपको बता रहा हूँ।''

मैं सन्न रह गया, नि:शब्द हो गया, उस आतंकवादी ने आगे कहा, ''हमारा रास्ता सही नहीं है यह मैं जानता हूँ, मगर अब हम उलझ गए हैं, मैं दिशाहीन हूँ। मेरे सब साथी भी दिशाहीन हैं, मगर आपकी दिशा कौन-सी है?'' उसके शब्द मुझे आज भी याद आते हैं तो मैं चौंककर नींद से जाग जाता हूँ। मैं स्वयं से ही यह पूछता हूँ—'हे मेरे भारत देश, प्रिय देश! मैं उस रात, उस अशिक्षित बंदूकधारी युवक को क्यों उत्तर नहीं दे सका?' क्या हमें वास्तव में नए समीकरण तैयार करने की जरूरत है? क्या हमें तत्काल एक नई दिशा की खोज करने की जरूरत है? सर्वांगीण प्रगति का ध्येय कैसे साध्य होगा? सच्चे अर्थों में अंत्योदय कैसे आएगा?

□

सिंहासन

नाइजीरिया के पूर्व राष्ट्रपति जनरल ओलूसेगून ओबासांजो से मेरा एक अंतरराष्ट्रीय परिषद् में परिचय हुआ था। विनोदी स्वभाव, बातों में हास्य विनोद का पुट, सामनेवाला व्यक्ति छोटा हो या बड़ा उससे खुलकर बात करने की सरलता और खुलापन उनमें है। दुनियाभर की गतिविधियों पर चर्चा करना उन्हें अच्छा लगता है। परिचय होने के बाद कुछ समय हम पत्र व्यवहार द्वारा एक-दूसरे के संपर्क में रहे। सोनिया गांधी ने जब दिल्ली में राजीव गांधी स्मृति अंतरराष्ट्रीय शांति सम्मेलन का आयोजन कर उसकी आयोजना समिति में मुझे विशिष्ट दायित्व सौंपा तब, दुनियाभर के नेताओं के साथ ही मैंने जनरल ओबासांजो को भी सम्मेलन में आमंत्रित किया। हमारा निमंत्रण उन्होंने सहर्ष स्वीकार किया। राजीव गांधी प्रतिष्ठान के अतिथि के रूप में 4 दिन वे दिल्ली में रहे। ओबासांजो की राजनैतिक पहचान यह है कि उन्होंने सेना को सत्ता से हटाकर नाइजीरिया में लोकतंत्र स्थापित किया और अंतरराष्ट्रीय स्तर पर उसे नई पहचान दी। इस कार्य की पूर्णता की संतुष्टि मिलने के बाद राजनीति से निवृत्ति लेकर राजधानी से दूर एक गाँव में जाकर वे खेती और ग्राम विकास के कार्य में जुट गए। कुछ वर्षों बाद वे पुनः देश के राष्ट्रपति चुने गए और कार्यकाल पूर्ण होने के बाद पुनः पहले की तरह गाँव में जाकर बस गए। मगर उसके बाद भी अंतरराष्ट्रीय राजनीति पर उनकी नजर बनी हुई है। अफ्रीका महाद्वीप में एकता स्थापना हेतु उन्होंने अफ्रीकी लीडरशीप फोरम की स्थापना की। दुनिया के विभिन्न देशों के नेताओं के साथ वे अफ्रीकी नेताओं का संवाद आयोजित करते हैं। उसमें विचारों का आदान-प्रदान होता है।

लगभग 14-15 वर्ष पूर्व जनरल ओबासांजो ने मुझे मिलने के लिए सिंगापुर बुलाया। अफ्रीकी नेताओं का प्रतिनिधि मंडल लेकर वे वहाँ आए थे। विभिन्न देशों के वर्तमान अथवा पूर्व राष्ट्रपति, प्रधानमंत्री अथवा मंत्री, ऐसे 25-30 लोगों का उस

प्रतिनिधि मंडल में समावेश था। सिंगापुर जैसे छोटे राष्ट्र ने इतनी तेजी से अपना विकास कैसे किया इसी का अध्ययन इस दौरे का उद्देश्य था। आधुनिक मंडल का संवाद होना था। जनरल ओबासांजो ने मुझे भी साथ रहने का आग्रह किया। इस प्रकार हम सब उनके यहाँ पहुँचे।

लू कुआन यू का पूर्व एशिया में बड़ा दबदबा है। प्रभावशाली व्यक्तित्व, ओजस्वी वक्तृत्व, उससे झलकनेवाली उनकी विद्वत्ता, इससे सामनेवाला व्यक्ति प्रभावित हुए बिना नहीं रहता। पिछली शताब्दी के सर्वोच्च एशियाई नेतृत्व में उनकी गणना की जाती है। सिंगापुर पहले मलेशिया का ही एक प्रांत था। लगभग 50 वर्ष पूर्व उसे आजादी मिली, तब दुनिया के एक दरिद्री देश के रूप में उसकी पहचान थी। ली कुआन यू तब वामपंथी विचारों के नेता थे। सिंगापुर की स्वतंत्रता के बाद वे उसके पहले प्रधानमंत्री बने। बाद में वे वामपंथी से दक्षिणपंथी बने। उनकी नीतियों के कारण सिंगापुर में समृद्धि आई। अमेरिका से दोस्ती हुई। समाज में अनुशासन आया। अति पिछड़े वर्ग के लोगों को ऊँची और सुंदर इमारतों में घर मिले। उनके लिए स्वास्थ्य तथा शिक्षा सुलभ कराई गई, रास्ते में थूकने या गंदगी करने की प्रवृत्ति को रोकने के लिए कड़े कानून बनाए गए। स्कूल बस अथवा रास्ते में बच्चे ने गंदगी की तो पुलिस उनके पालकों को वहाँ लाकर उनसे उसे साफ करवाती है। पालक कितने ही बड़े पद पर क्यों ना हों, इस सजा से उन्हें मुक्ति नहीं मिलती। राजनीतिक नेता अथवा सरकारी अधिकारी को यह सजा मिलने पर उसकी अधिक बदनामी होती है। काम-चोरी की वहाँ बिलकुल भी छूट नहीं है।

अनुशासित, मेधावी विद्यार्थी, मेहनती मजदूर और सामाजिक दृष्टिकोण रखनेवाले नागरिकों को ली ने प्रोत्साहित किया। आज भी सिंगापुरवासियों पर ली का बहुत प्रभाव है। उनके राजनीति से निवृत्ति लेने के बाद भी उनकी विरासत चलानेवाले नेताओं ने अपने काम की देखरेख के लिए उन्हें पालक मंत्री नियुक्त कर रखा है। सिंगापुर जैसे छोटे से देश ने इतनी तेजी से दुनिया के नक्शे पर प्रगतिशील राष्ट्र के रूप में अपनी पहचान बनाई, इसका श्रेय उनको ही है। ली के अनुभव जानने के लिए तथा उनसे कुछ सीखने के लिए दुनियाभर से अनेक लोग आज भी उनके पास आते हैं।

अनौपचारिक वातावरण में हमारी चर्चा प्रारंभ हुई। एक अफ्रीकी नेता ने ली से प्रश्न किया, ''हमारे देश बहुत पिछड़े हुए हैं। मगर यही स्थिति 25-30 वर्ष पूर्व सिंगापुर की भी थी, यह आज की यहाँ की स्थिति देखकर किसी को सच नहीं लगेगा। सिंगापुर यह प्रगति कैसे कर सका? सिंगापुर से हम क्या सीख सकते हैं?''

इस संबंध में अपना मत व्यक्त करते हुए ली ने कहा, "राष्ट्र बड़ा हो या छोटा, एक वंशी हो या विविध धर्मी, समुद्र के किनारे हो या पहाड़ों की गोद में, दुनिया के सभी राष्ट्रों की प्रगति और वहाँ बसे नागरिकों का भविष्य केवल एक बात पर निर्भर करता है, वह बात है वहाँ का सिंहासन! क्या सिंहासन पर बैठनेवाले व्यक्ति पर आपका अंकुश है? क्या सिंहासन में सीढ़ियाँ हैं? हमारे यहाँ उच्च पद पर नियुक्ति अथवा चुनाव हेतु क्षमता अथवा पात्रता जाँचने के भी निकष होते हैं। केवल लोकप्रियता के आधार पर आप प्रधानमंत्री नहीं बन सकते। उसके लिए निर्धारित योग्यता आपमें होना आवश्यक है। मंत्रिमंडल में आने के लिए भी जरूरी योग्यता तथा पर्याप्त अनुभव का होना आवश्यक है।"

ली के साथी एक सांसद ने चर्चा के दौरान कुछ जानकारी दी। सिंगापुर में कोई भी मंत्री अथवा सांसद फोन करके शासकीय अधिकारी को मौखिक आदेश नहीं दे सकता। यदि कोई ऐसा करता है तो कानून के अनुसार उस मंत्री अथवा सांसद को न केवल अपने पद से हाथ धोना पड़ता है वरन् कुछ माह का कारावास भी भोगना पड़ता है। उन्हें अपनी सूचनाएँ लिखित में ही देनी होती हैं। सिंगापुर में इन कानूनों का कड़ाई से पालन किया जाता है। इस देश की आर्थिक समृद्धि में वहाँ के प्रशासन का भी महत्त्वपूर्ण योगदान है। भारत में ऐसे कानून हैं क्या? यदि हों भी तो उनका पालन हो पाता है क्या? इस बात का विचार ही हमें अंतर्मुखी होने को बाध्य करता है।

सत्ता कई बार सामाजिक और आर्थिक विकास के सूत्रों को नियंत्रित करने का प्रयास करती है। इसीलिए हमारे यहाँ सिंहासन को अनावश्यक महत्त्व दिया जाता है। इसी के परिणामस्वरूप राजनेताओं में कर्तव्य भावना बिसारने की प्रवृत्ति बढ़ती है। स्वयं के नैतिक कर्तव्य को भी वे समाज पर उपकार समझने लगते हैं। उनमें समाज के एक विशिष्ट वर्ग के लिए ही काम करने की प्रवृत्ति का निर्माण होता है। भ्रष्टाचार बढ़ता है। उसकी आँच समाज के दूसरे घटकों तक पहुँचकर संपूर्ण व्यवस्था को चरमरा देती है। जनता की समस्याएँ हल नहीं होतीं। इन दुष्परिणामों से दुनियाभर के देश बहुत पहले ही परिचित हो चुके हैं। इसका अनुभव विविध देशों में सफर के दौरान हमें अकसर होता है।

विश्व की राजनीति के एक प्रभावशाली व्यक्तित्व, ब्रिटेन के पूर्व प्रधान-मंत्री टोनी ब्लेअर, अपनी मुँहजोरी के लिए प्रसिद्ध थे। इराक युद्ध में अमेरिका को समर्थन देने के कारण उनकी प्रतिमा कलुषित हुई। प्रारंभ के कुछ वर्ष तो ब्रिटिश जनता गाफिल रही। मगर बाद में सत्तारूढ़ लेबर पार्टी के मंत्रियों और सांसदों ने

उनका विरोध प्रारंभ किया और उन्हें अनिवार्य निवृत्ति लेनी पड़ी। जिस दिन वे पदच्युत हुए, उस दिन सपरिवार रेलवे स्टेशन जाकर साधारण रेलगाड़ी से अन्य सामान्य यात्रियों के साथ पंक्ति में खड़े रहकर अपने घर लौटे। आजकल वे रेलवे से ही सफर कर रहे हैं। एक बार वे रेलगाड़ी में बैठकर हिथ्रो एअरपोर्ट जा रहे थे। उनके पास टिकट के लिए छुट्टे पैसे नहीं थे। साथी प्रवासियों ने उन्हें टिकट के लिए कुछ सिक्के दिए तब कहीं वे समय पर हिथ्रो एअरपोर्ट पहुँच सके। एक पूर्व प्रधानमंत्री इतना सादगीपूर्ण जीवन जीता है इस पर ही हमें आश्चर्य होता है। मगर भारत के अलावा अन्य देशों के राजनेता कितना सादगीपूर्ण जीवन जीते हैं इसके अनेकों उदाहरण हमें मिलते हैं।

इजरायल के राष्ट्रपति तथा नोबेल पुरस्कार विजेता कूटनीतिज्ञ सिमॉन पेरेस ने मुझे जुलाई 2010 में अपने घर चाय के लिए आमंत्रित किया था। उनका आधिकारिक निवास स्थान एक छोटा-सा बँगला है। अपने राष्ट्रपति भवन का कोई कोना भी उससे बड़ा होगा। निर्धारित समय से पूर्व पहुँचकर मैं निचले माले के कमरे में बैठा था। वहाँ दो साधारण सोफे लगे थे। मेरे वहाँ पहुँचने पर वे खड़े हुए तथा पास की कुरसी पर बैठने हेतु मुझे संकेत किया। चर्चा के दौरान उन्होंने मुझसे मिखाईल गोर्बाचेव द्वारा लिखे गए एक लेख के बारे में पूछा। मैंने वह लेख पढ़ा नहीं था। राष्ट्रपति पेरेस तत्काल उठ खड़े हुए और अपनी मेज के पास जाकर फाइल में उसे खोजने लगे। उन्होंने किसी भी नौकर अथवा सचिव को इस हेतु फरमान जारी नहीं किया। इजरायल में प्रधानमंत्री का अधिकृत घर नहीं है। वह तथा अन्य मंत्री अपने स्वयं के छोटे-छोटे फ्लैट्स में रहते हैं। केवल रक्षा मंत्री एहुद बराक धनवान होने के कारण तेल अबीब के पिंकास मार्ग पर एक आलीशान भवन के फ्लैट में रहते हैं। इसलिए अन्य राजनेता उनकी चुटकी भी लेते हैं। उन्हीं के भवन में एक कृषि वैज्ञानिक भी रहते हैं। लोग कृषि वैज्ञानिक के धनवान होने पर उसकी प्रशंसा करते हैं, मगर रक्षा मंत्री बराक के धनवान होने पर उनका तिरस्कार करते हैं।

एक बार मैंने तेल अबीब से हेफा तक ढाई घंटे की यात्रा एक राजनीतिक दल के अध्यक्ष तथा अनेक वर्ष मंत्री रहे डॉ. एफ्रेम स्ने के साथ गाड़ी में की। हेफा में मुझे कुछ अन्य नेताओं से भी मिलना था। मुझे डॉ. स्ने ने कहा, ''देखो, तुम हमारे देश में मेहमान हो, तुम्हारी अन्य मुलाकातों में तुम्हारे साथ मेरा रहना उचित नहीं। तुम मुझे रेलवे स्टेशन पर छोड़कर गाड़ी अपने पास रख लेना।'' उन्होंने मुझे सोचने का अवसर ही नहीं दिया। हेफा रेलवे स्टेशन पर उतरकर डॉ. स्ने दूसरे दरजे का टिकट निकालकर रेल से वापस तेल अबीब लौट गए। इजरायल बड़ा देश बन गया,

क्योंकि वहाँ की जनता ने अपने नेताओं को छोटा बनाए रखा है। जो देश बड़ा वहाँ का नेता छोटा। जहाँ नेता बड़ा वहाँ का समाज छोटा। यही समीकरण सारी दुनिया में देखने को मिलता है।

स्वीडन में कुछ वर्ष पूर्व श्रीमती मोना सलीन सोशल डेमोक्रेटिक पार्टी की नेता निर्वाचित हुईं। प्रधानमंत्री पद के लिए उनके नाम की घोषणा की गई। मगर शपथ विधि के पूर्व एक छोटी-सी घटना घट गई। हमारे लिए भले ही वह सामान्य हो मगर वहाँ अनुशासन को अधिक महत्त्व दिया जाता है। स्वीडन में मंत्री और सांसदों के पास दो क्रेडिट कार्ड होते हैं। उनमें से एक निजी और दूसरा सरकारी होता है। सरकारी कार्ड का उपयोग केवल राजकीय और शासकीय कार्य के लिए ही किया जा सकता है। मोना सलीन एक सुपर मार्केट में अपने घर के लिए किराने का सामान खरीदने गई थीं। स्वीडन में पूर्व, वर्तमान और भावी प्रधानमंत्री अथवा केंद्रीय मंत्री भी स्वयं बाजार जाकर घर का सामान खरीदते हैं। उसे स्वयं हाथगाड़ी पर रखकर अपनी कार तक धकेलते हुए ले जाते हैं। गाड़ी में सामान रखते हैं और गाड़ी स्वयं चलाकर घर ले जाते हैं। यह उनके नित्य प्रतिदिन की जीवनशैली है।

उस दिन मोना सैलीन ने अपने बच्चे के लिए 100 डॉलर का एक डायपर खरीदा। बिल चुकाते समय उन्होंने गलती से अपना सरकारी क्रेडिट कार्ड दे दिया। दुकान के कैशियर ने तत्काल सरकारी अधिकारियों को फोन कर सूचित किया कि मोना सलीन ने व्यक्तिगत खरीदी के लिए सरकारी क्रेडिट कार्ड का उपयोग किया है। वास्तव में मोनाजी दूसरे दिन सरकारी क्रेडिट कार्ड के पैसे चुकाने ही वाली थीं। उनका इरादा बेईमानी का कतई नहीं था। मगर स्वीडन में नियमों-कानूनों का पालन करने का सख्त अनुशासन होने के कारण इस घटना से बड़ा हड़कंप मच गया। प्रधानमंत्री बननेवाले व्यक्ति द्वारा गलत क्रेडिट कार्ड का प्रयोग उसके पद को शोभा नहीं देता ऐसा जनमत तैयार हो गया और मोना सलीन को अपनी पार्टी के नेता पद और प्रधानमंत्री की दावेदारी दोनों से हाथ धोना पड़ा।

स्वीडन की जनता का सिंहासन पर अंकुश है। यही प्रवृत्ति यूरोप के अन्य देशों के नागरिकों में भी है। स्विट्जरलैंड भी इसमें विशेष उल्लेखनीय है। मुझे स्मरण आ रही है वहाँ की एक घटना। मेरे एक स्विज मित्र को इयूरीक हवाई अड्डे से ट्रेन द्वारा राजधानी बर्न ले जाने की जिम्मेदारी एक महिला को दी गई थी। उसके पास 3-4 बैग थे। सौजन्यतावश मेरे मित्र ने दो बैग हाथ में उठाए और दोनों ट्रेन के दूसरे दरजे के डिब्बे में चढ़ गए। उस महिला को दरवाजे के पास एक आरक्षित खाली सीट मिली जिस पर वह बैठ गई। मेरा मित्र सीट न होने से पास ही खड़ा था।

थोड़ी देर में टिकट निरीक्षक आया। उसने उस महिला से कहा, ''यह अपंगों के लिए आरक्षित सीट है, आप यहाँ गलत बैठी हैं।'' उसने तत्काल माफी माँगी और भीड़ में खड़े अन्य यात्रियों के साथ खड़ी हो गई। इस महिला को डिब्बे के लगभग सभी यात्री पहचानते थे। उसका नाम था मिशेलिन काल्मी रे, स्विट्ज़रलैंड की तत्कालीन राष्ट्रपति और विदेश मंत्री। भारत में जैसे सोनिया गांधी, पाकिस्तान में बेनजीर भुट्टो अथवा पुराने जमाने में इंग्लैंड में मार्गरेट थ्रेचर का जैसा आभामंडल था, वैसा ही स्विट्ज़रलैंड में मिशेलिन काल्मी रे का है। मगर उस देश में सिंहासन के व्यर्थ चोचलों को पूरा करने की प्रवृत्ति नहीं है। राजनेता भी अपनी मर्यादाओं का पालन करते हैं, यह उनके द्वारा राष्ट्रपति पद पर रहते हुए भी प्रदर्शित सादगी से स्पष्ट होता है। उनके साथ जा रहा मेरा मित्र जिन डेनियल रुख उस देश का वरिष्ठ राजदूत था, उसी ने मुझे यह घटना बताई थी।

हमारे देश में कभी गलती से भी यदि ऐसी घटना घटती है तो उस पर कोई भी विश्वास नहीं करेगा ऐसी परिस्थिति है।

स्विट्ज़रलैंड के पूर्व राष्ट्रपति और अनेक वर्षों तक वित्त मंत्री पद पर कार्यरत प्रसिद्ध अर्थशास्त्री जोसेफ डाइस से एक बार मैंने भेंट की इच्छा व्यक्त की। भारत में जैसे डॉ. मनमोहन सिंह हैं वैसे ही वहाँ डॉ. जोसेफ डाइस। हमारे प्रधानमंत्री डॉ. मनमोहन सिंह से वे लगभग 10-12 वर्ष छोटे हैं, मगर दोनों में कई समानताएँ हैं। दोनों ने अपना जीवन अर्थशास्त्र के प्राध्यापक के रूप में प्रारंभ किया। डॉ. सिंह ने शासकीय सेवा को पसंद किया तो डॉ. डाइस राजनीति में उतरे। बाद में दोनों ही अपने-अपने देशों के प्रमुख बने। स्विट्ज़रलैंड में प्रधानमंत्री और राष्ट्रपति एक ही व्यक्ति होता है। दोनों नेताओं ने सत्ता में आने पर मुक्त अर्थव्यवस्था को प्रोत्साहन दिया। डॉ. डाइस आयु में कम होने पर भी डॉ. सिंह के प्रधानमंत्री बनने के पूर्व ही राजनीति से संन्यास लेकर पुन: एक छोटे विश्वविद्यालय में अर्थशास्त्र का अध्यापन शुरू कर चुके थे। यह कार्य करते हुए वे आज भी यूरोप के अन्य निवृत्त नेताओं की भाँति अंतरराष्ट्रीय घटनाक्रम में रुचि लेते हैं। कुछ उद्योग समूहों को सलाह भी देते हैं।

स्विट्ज़रलैंड में कोई भी सुरक्षा अधिकारी, सचिव अथवा अन्य अधिकारी मंत्रियों के साथ कार्यालय के बाहर सफर पर नहीं निकलता। निवृत्त राष्ट्रपतियों के बारे में तो पूछिए ही मत, वे तो सामान्यजनों की भाँति नौकरियाँ करते हुए परिवार का भरण-पोषण करते हैं। बस अथवा ट्रेन के सामान्य दूसरे दरजे में बैठकर सफर करते हैं। स्वयं का सामान स्वयं उठाकर सड़क पार करते हैं। उनकी तरफ कोई भी

ध्यान नहीं देता। डॉ. डाइस के कारण मैं इस सबसे परिचित हो सका। हमारी भेंट जेनेवा रेलवे स्टेशन पर निर्धारित हुई थी।

जेनेवा विश्व प्रसिद्ध शहर है। संयुक्त राष्ट्रसंघ की यह दूसरी राजधानी भी है। पहली राजधानी न्यूयॉर्क है। वहाँ राष्ट्रसंघ के महासचिव, सुरक्षा परिषद् और अन्य राजनीतिक संगठन कार्य करते हैं। जेनेवा में राष्ट्रसंघ के आर्थिक और सामाजिक संगठनों के प्रमुख कार्यालय हैं। विश्व व्यापार संगठन (WTO), विश्व स्वास्थ्य संगठन (WHO), मानव अधिकार परिषद्, अंतरराष्ट्रीय श्रम संगठन, रेड क्रॉस आदि भी जेनेवा में ही हैं। वैश्विक निरस्त्रीकरण के लिए भी जेनेवा में ही काम हो रहा है। राष्ट्रसंघ की राजधानी होने से दुनिया के प्रत्येक देश के दूतावास भी यहीं हैं। शहर के बीच एक बहुत बड़ा सरोवर है। इस सरोवर के बीच एक बहुत बड़ा फव्वारा है जो बहुत ही रमणीय है। इतने बड़े और महत्त्पूर्ण शहर का रेलवे स्टेशन बहुत ही सामान्य है। मुंबई का छत्रपति शिवाजी टर्मिनस भी उसकी तुलना में सुंदर कहा जा सकता है। जेनेवा रेलवे स्टेशन के समीप ही एक बड़ा होटल है। किराया कम होने से सरकारी अधिकारी इस होटल में ठहरते हैं। स्टेशन के आस-पास भी रेस्टोरेंट हैं। गरमियों में रेस्टोरेंट के आगे का भाग खुला रहता है। लोग सूरज की धूप सेंकते हुए शीतल पेय, बियर अथवा कॉफी का आनंद लेते हैं। रेलवे स्टेशन के समीप के रेस्टोरेंट सस्ते होने से वहाँ हमेशा भीड़ रहती है। दोपहर में तो बिलकुल भी जगह नहीं मिलती। स्टेशन से थोड़ी दूर तक चलकर जाने पर महँगे होटल दिखाई देते हैं। वहाँ विदेशी मेहमान ठहरते हैं। प्राध्यापक डाइस मध्यमवर्गीय होने से हम साधारण होटल खोज रहे थे। आखिर स्टेशन के समीप ही एक रेस्टोरेंट हमें मिल गया। हमने वेटर को ऑर्डर दिया। उन्हें विशेष तवज्जो न देते हुए बैरा भी ऑर्डर लेकर चला गया। बाद में हम दोनों ने विस्तार से बातचीत की। इस सारे घटनाक्रम को देखकर मन में हमारे और उनके देश के सिंहासनारूढ़ व्यक्तियों की तुलना हुए बिना नहीं रहती।

लंदन में निवास के समय मैं हमेशा, सांसद, पूर्वमंत्री और नेताओं के साथ साधारण वाहन अथवा बस से सफर करता हूँ। जिनमें आमजन जाते हैं उन्हीं होटलों में हम भी जाते हैं। कई बार बिल भी अपना-अपना देते हैं। यूरोप के अन्य देशों में भी यही देखने में आता है। स्टॉकहोम में एक अंतरराष्ट्रीय संगठन के शोध विभाग के प्रमुख के रूप में मैंने दो वर्ष कार्य किया था। उस दौरान स्वीडन के मंत्री तथा अन्य वरिष्ठ अधिकारियों से संपर्क होता रहता था। कुछ लोग विशिष्ट भारतीय भोजन के लिए मेरे घर आया करते थे। उसी से शिक्षा मंत्री कार्ल थाम के साथ मेरा

स्नेह बढ़ा, उनकी पत्नी विदेश मंत्रालय में वरिष्ठ अधिकारी थीं। मैं जब उनके घर जाता तो उनकी रसोई में खड़े रहकर उनसे बातचीत होती। मंत्री कार्ल और उनकी पत्नी कारीन स्वयं भोजन तैयार करते थे। भोजन के बाद हम सब अपने बरतन धोकर डिश वॉशर में रखते थे। यह नित्य की परिपाटी थी। मेरे घर पर भी जब कभी स्वीडन के मंत्री अथवा विदेश सचिव भोजन पर आते थे, स्वयं अपनी प्लेटें और कटोरियाँ धोकर रखते थे। बाद में एक बार नार्वे में रहते समय राजधानी ऑस्लो में प्रसिद्ध राजनीतिक विश्लेषक डॉ. स्टाईन टनेसन के घर जाने का अवसर मिला। वहाँ वरिष्ठ केंद्रीय मंत्री एरिक सोल्हेम भी मौजूद थे। हमारी बातचीत लंबी चली। इस कारण मुझे अगले कार्यक्रम के लिए देर हो गई, इसलिए मैं टैक्सी से निकला। उस समय मंत्रीजी ने मुझसे टैक्सी में लिफ्ट माँगी। वैसे वे पैदल चलकर जानेवाले थे, मगर उन्हें भी देर हो गई थी। उन्हें मंत्रालय के समीप छोड़कर मैं आगे गया।

इजरायल में सरकारी भवन में जाना आसान नहीं है। कड़ी सुरक्षा व्यवस्था होती है, क्योंकि आतंकवादी हमले का भय हमेशा बना रहता है। इसलिए भवन में प्रवेश के समय अनेक जाँचें और पूछताछ की जाती है। इसमें कम-से-कम आधा घंटा खर्च होता है। इसकी तुलना में दिल्ली में गृहमंत्री अथवा विदेशी मंत्री से मिलना हो तो केवल 5 मिनट में प्रवेश मिलता है। राष्ट्रपति भवन में भी देर नहीं लगती। आदर का व्यवहार होता है। इजरायल के सुरक्षा अधिकारी आगंतुकों की ओर संशय से देखते हैं। इसलिए वहाँ के मंत्री और सांसद अपना समय बचाने के लिए मुझसे कार्यालय के बाहर ही किसी छोटे कैफे में मिलने आ जाते हैं। तुर्की में भी स्वयं राष्ट्रपति और प्रधानमंत्री को छोड़ शेष सारे मंत्री और सांसद बाहर छोटे कैफे में अकेले मिलने आ जाते हैं। उनके साथ कभी भी तामझाम नहीं होता।

प्रतिवर्ष सितंबर माह में राष्ट्रसंघ का वार्षिक अधिवेशन होता है। उस समय सभी 190 देशों के प्रमुख न्यूयॉर्क आते हैं। उस समय एक मजेदार बात देखने को मिलती है। कनाडा, न्यूजीलैंड, ऑस्ट्रेलिया, जर्मनी, फ्रांस, ब्रिटेन, फिनलैंड आदि विकसित देशों के राजप्रमुख तुलनात्मक रूप से साधारण होटलों में ठहरते हैं। मगर गरीब, अविकसित अथवा नवधनाढ्य राष्ट्रों के प्रमुख मंत्री, राजदूत अपना लाव-लश्कर साथ लेकर महँगे होटल में ठहरते हैं। अपना बड़प्पन दिखाने के लिए करदाताओं की गाढ़े पसीने की कमाई को इस प्रकार खर्च करना कितना उचित है? इसका विचार प्रत्येक देश के नेताओं तथा नागरिकों द्वारा किया जाना आवश्यक है।

दुनिया के सुखी देशों और दरिद्री देशों के बीच जो मुख्य अंतर होता है उसका जिम्मेदार वहाँ का सिंहासन होता है। यह सिंहासन लोकतंत्र में जनता का

होता है तो सैन्य शासन अथवा राजशाही में तानाशाह का। उसपर विराजमान व्यक्ति अथवा सत्ता के हाथ में सारे सत्तासूत्र होते हैं और वही उस क्षेत्र का भविष्य निर्माता होता है। मगर उस पर नियंत्रण रखकर उसके माध्यम से अपना भला करवाना यह निश्चित ही उसके आस-पास की जनता और उसकी क्षमता पर निर्भर होता है।

विकास की तीव्र इच्छा रखनेवाले देश के लोग स्वत: स्फूर्त होकर राजनेताओं पर अंकुश रख सकते हैं, क्योंकि उनकी मानसिकता प्रगल्भ हो जाती है। सरकारी अधिकारियों से सवाल पूछने का साहस भी उनमें अपने आप आता है। मगर जब हमारी संवेदनाएँ निर्जीव हो जाती हैं, राजनेताओं की बेलगाम सत्ता के समक्ष हम नतमस्तक हो जाते हैं, हमारी संस्कृति भी पेज थ्री में रस लेने लगती है। सिने अभिनेताओं और उद्योगपतियों के फैशन और चोंचलों पर ही सबका ध्यान केंद्रित हो जाता है। देश के लाखों गरीबों, अपंगों और बीमारों के लिए सहानुभूति का भाव खत्म हो जाता है। ऐसे वातावरण में हम सर्वांगीण विकास कर ही नहीं सकते। ऐसे देशों पर फिर छोटे-मोटे देश भी आतंकवादी हमले करने से नहीं घबराते। अंडरवर्ल्ड का आतंक बढ़ जाता है।

आज हमारे यहाँ जो स्थिति है वही कभी यूरोप में भी थी। दो हजार वर्ष पूर्व रोमन साम्राज्य में राजनैतिक नेता उन्मत्त बन गए थे। वहाँ के धनाढ्य लोग भी मदमस्त हो गए थे। उच्च वर्ग के लोग विशिष्ट रंग के कपड़े पहनकर निकलते थे। उन्हें देखकर गरीब और सामान्यजनों को उनके समक्ष झुकना पड़ता था। कुछ क्रूर सत्ताधारी तो मनुष्यों, कैदियों और प्राणियों को आपस में लड़ाकर स्वयं का मनोरंजन करते थे। धनवान लोग महलों में रहते थे, उनकी दावतें होती थीं। समाज का विभाजन हमारी जाति व्यवस्था की तरह ही था। हालाँकि उसे जाति व्यवस्था कहा नहीं जाता था। मगर एक विशिष्ट समाज के चोंचले पूरे करने के लिए बाकी समाज से श्रम कराने की रोमन साम्राज्य की व्यवस्था को देखकर हमें हमारे समाज की परिस्थिति का भी अनायास स्मरण हो आता है। मगर उस महान् बलशाली रोमन साम्राज्य का हश्र क्या हुआ? डाकुओं और गुंडों की टोलियों ने और आतंकवादियों ने बार-बार हमले कर साम्राज्य की जड़ें हिला दीं। पहले ये हमले दुर्गम क्षेत्र में हुए, मगर बाद में प्रमुख सत्ता केंद्र भी इन हमलावरों के चंगुल से बचा नहीं रहा। अय्याशी में मदमस्त रहे रोम, और आज की फाइव स्टार मॉल संस्कृति के उपभोगवाद में कोई बहुत फर्क नहीं है। रोमन साम्राज्य के दुर्गम इलाकों में गुंडों और आतंकवादियों ने हमले किए थे। हमारे यहाँ भी कश्मीर, नागालैंड, मणिपुर, असम और अब छत्तीसगढ़, झारखंड, तेलंगाना में क्या हो रहा है? आखिर रोम के शासक बच नहीं

सके। रोमन साम्राज्य खत्म हो गया। लगभग एक हजार वर्ष के लिए यूरोप में अँधेरा छा गया। वहाँ कोई प्रगति नहीं हो सकी।

अठारवीं सदी में फ्रांस में भी यही हुआ। श्रेष्ठीवर्ग ने पेरिस में अपना एक विशिष्ट समूह बना लिया। उसमें बाहरी व्यक्ति को प्रवेश मिलना बहुत कठिन था। थोड़े-बहुत अंतर से 'पेज थ्री' जैसी दावतों की ही तरह पेरिस के राजनेताओं के भी अच्छे दिन चल रहे थे। वे आपस में ही मेल-मिलाप, लेन-देन, रिश्ते-नाते, शादी-ब्याह करने में मग्न थे। उनको धर्म-गुरुओं का भी सहयोग था। वे भी उसमें शामिल थे। जैसे राजनेताओं तथा उनके उद्योगपति मित्रों की एक दुनिया थी वैसे ही धर्म-गुरुओं का भी वैभवशाली विश्व था। सन् 1789 में इन सबका पानी उतर गया। गरीबों ने एकजुट होकर इस उन्मत्त श्रेष्ठीवर्ग को तबियत से धोया। सड़क पर शूल खड़ा किया गया। स्वयं राजा और रानी दोनों को सूली पर चढ़ाया गया। फ्रांस में भीषण रक्तपात हुआ।

बाद में फ्रेंच, अंग्रेज और डच लोगों ने अपने देश में जनतंत्र स्थापित किया। किंतु एशिया तथा अफ्रीका के लोगों को बंदूक के सहारे गुलाम बनाया। वहाँ के स्थानीय लोगों को दूसरे दरजे का नागरिक बना दिया। भारत में हमने अंग्रेजी राज देखा ही है। वही स्थिति सारे एशिया व अफ्रीका में भी थी। अंत में उत्तर अफ्रीकी उपनिवेशों के बीच विवाद हुआ। उनमें हथियारों की होड़ भी चल ही रही थी, इस सबकी परिणति विश्वयुद्ध के रूप में हुई।

जब-जब शासक मदमस्त होते हैं, सामान्यजनों का शोषण करते हैं, स्वयं दावतें खाते हैं और जनता को भूखा रखते हैं, स्वार्थी धनिकों और ढोंगी धर्म-गुरुओं से गठबंधन करते हैं, तब ऐसे शासकों को एक दिन अपने कर्म की सजा भुगतनी ही पड़ती है, मगर कभी-कभी उनके साथ सारा देश भी गर्त में चला जाता है। यह इतिहास हमें बताता है।

पाश्चात्य देशों का इतिहास कपट, षड्यंत्र और भ्रष्टाचार से भरा है। मगर दूसरे विश्वयुद्ध के पश्चात् वे जाग्रत् हुए। लगभग ढाई हजार वर्ष की अपनी परंपराएँ उन्होंने त्याग दीं। इससे स्पष्ट होता है कि अपना सामाजिक दृष्टिकोण और राजनीति का आधार बदला जा सकता है। भले ही उसके पीछे सैकड़ों वर्षों की परंपरा हो, मगर फिर भी यदि हम परिवर्तन करने का निश्चय कर लें तो अल्पावधि में ही सामाजिक मनःस्थिति में आमूलचूल परिवर्तन लाया जा सकता है। जिन अंग्रेज शासकों ने भारत सहित अनेक देशों पर राज किया, जिन जर्मन, फ्रेंच व डच देशों ने अपने उपनिवेश स्थापित किए, उन अंग्रेज, फ्रेंच और डच राज-शक्तियों को

आज वहाँ की जनता ही अधिक महत्त्व नहीं देती। इन सभी देशों में सिंहासन की सीढ़ियाँ चढ़ना बहुत कठिन होता है और उसपर बैठने के बाद भी जनाभिमुख व्यवहार करना आवश्यक होता है।

जो परिवर्तन यूरोप में 3,000 वर्ष में हुआ, वह अन्य स्थानों पर भी हो सकता है। यदि ऐसा हुआ तो शासक जनता के दबाव में रहेंगे। वे सामान्यजनों का गलत फायदा नहीं उठा सकेंगे। यदि हमने इन सत्ताधीशों को अमर्यादित अधिकार सौंप दिए तो वे निश्चित रूप से अपनी मर्यादा छोड़कर हमारे ही गले घोंटने में किंचित भी नहीं हिचकिचाएँगे। जनता के भोलेपन को भी अपनी राजनीतिक स्वार्थसिद्धि के लिए भुनाने का अवसर ये राजनेता नहीं छोड़ते। मुंबई के एक सांसद मेरे मित्र हैं। एक बार जून माह में मैं उनसे मिलने गया था। बाहर विद्यार्थियों की लंबी कतार लगी थी। सांसद महोदय सबको चिट्ठी दे रहे थे। मैंने उनसे प्रश्न किया, "आप यदि सबको सिफारिशी चिट्ठी देंगे तो फिर वास्तव में होशियार विद्यार्थियों को प्रवेश कैसे मिलेगा?" इस पर सांसद महोदय ने कहा, "अरे, सब प्राचार्यों को पता है कि मैंने जिन विद्यार्थियों को चिट्ठी दी है उनमें मेरी विशेष रुचि नहीं है। मगर उनमें से अधिकांश अच्छे नंबर लिए होते हैं, इसलिए उन्हें योग्यता के आधार पर प्रवेश मिल ही जाता है। मगर वे समझते हैं कि मेरी चिट्ठी के कारण प्रवेश मिला है। फिर वे मेरा मुफ्त में प्रचार करते हैं। चुनाव में मेरे पोस्टर्स लगाते हैं। यदि मुझे सचमुच किसी की मदद करनी होती है तो मैं प्राचार्य को फोन पर निवेदन करता हूँ। वे मना नहीं करते। मगर मैं ऐसा कभी-कभार ही करता हूँ।"

दुनिया के विकसित देशों में यदि राजनीतिक नेता द्वारा कोई सिफारिश की जाती है तो उसका परिणाम अच्छा नहीं होता। राजनीतिक नेता का कार्य समाज का निर्माण तथा उसके लिए उपयुक्त कानून बनाना होता है। उन्हें महाविद्यालय में प्रवेश, निर्माण के ठेके, पुलिस अधिकारियों की नियुक्तियाँ, ऐसे कार्यों में हस्तक्षेप का अधिकार विकसित राष्ट्र कतई नहीं देते। यह केवल यूरोप, अमेरिका में ही नहीं होता, अरब देशों, तुर्की, मलेशिया, इंडोनेशिया, सिंगापुर में भी यही देखने को मिलता है।

यदि हमें भारतीय राज्य प्रणाली में बदलाव लाना है, तो नागरिकों को अपनी मानसिकता बदलनी होगी। छोटे-मोटे कामों के लिए राजनीतिक नेताओं तथा अन्य वरिष्ठजनों की चमचागिरी बंद करनी होगी। विद्यालयों के कार्यक्रम से लेकर साहित्य सम्मेलन तक राजनैतिक नेताओं को मुख्य अतिथि के रूप में बुलाने की वास्तव में जरूरत है क्या? विकसित देशों में ऐसे कार्यक्रमों में लेखक, कवि,

वैज्ञानिक, विशेषज्ञ आदि को बुलाकर उनका मार्गदर्शन प्राप्त किया जाता है। विशेषकर शिक्षाशास्त्री और प्राध्यापकों को खूब सम्मान मिलता है। हम एक ओर राजनीतिक नेताओं को भ्रष्टाचारी कहकर उनकी आलोचना करते हैं, वहीं, बार-बार उनके पास जाकर उनकी कीमत भी बढ़ाते हैं।

हमारी राजनीतिक चाटुकारिता के पीछे भी हमारा ही स्वार्थ है। पहले टेलीफोन आसानी से मिलता नहीं था और खराब होने पर ठीक होने में भी समय लगता था। उस समय मैं महानगर टेलीफोन निगम में सलाहकार था। उन दिनों प्रतिदिन अनेक लोग मुझसे संपर्क कर उनके फोन को जल्दी ठीक करने हेतु मैं प्रबंधन पर दबाव डालने का कार्य करूँ, ऐसी अपेक्षा करते थे। मैं उनसे सवाल करता, "क्या आपने शिकायत दर्ज की है? फिर भी यदि 2-3 दिन तक उसका निराकरण नहीं हुआ है तो क्या उसके लिए कनिष्ठ अभियंता से संपर्क किया है? इसके बावजूद यदि आपकी समस्या का निराकरण न हो तो फिर मुझे बताना।" मेरे पास आनेवाले सभी अर्थात् शत-प्रतिशत लोगों ने प्राथमिक शिकायत तक दर्ज नहीं की हुई होती थी। केवल एक व्यक्ति की शिकायत वास्तविक थी, जिसे प्रबंधन के ध्यान में लाए जाने पर सुधारा गया। बाकी सारे लोग शॉर्टकट्सवाले थे।

यदि अपना काम थोड़ा कष्ट उठाकर हम स्वयं ही करने लगेंगे और नेताओं तथा अधिकारियों के पीछे दौड़ना बंद कर उनसे स्पष्टीकरण माँग सकें ऐसा आत्मविश्वास निर्माण कर लेंगे तो यकीन मानिए पूरा नहीं तो लगभग 30-40 प्रतिशत भ्रष्टाचार और शोषण अवश्य कम हो जाएगा।

नेताओं को लोकाभिमुख व्यवहार करने के लिए बाध्य करना सहज संभव है। हमें चुनावी घोषणा-पत्र का ध्यानपूर्वक अध्ययन करना चाहिए। उसे सँभाल कर रखते हुए प्रतिवर्ष जन प्रतिनिधि को पत्र लिखकर उनके द्वारा न किए गए कार्यों के लिए नम्रतापूर्वक स्पष्टीकरण प्राप्त करना चाहिए। इसके लिए किसी संगठन की आवश्यकता नहीं। उलटे संगठनों के नेताओं को कैसे चुप किया जाता है यह भ्रष्ट नेता अच्छी तरह जानते हैं। प्रत्येक जन-प्रतिनिधि को यदि उसके जिले से प्रतिवर्ष हजारों पत्र और ई-मेल आने लगेंगे, तो वह भी कुछ उत्तर देने को बाध्य हो जाएगा। जन प्रतिनिधि का कार्य किसी विशिष्ट विभाग में सुधार लाना तथा विधायिका में कानून बनाने की प्रक्रिया में भाग लेना होता है। आपके बेटे को नौकरी दिलाना अथवा आपके भाई का तबादला करवाना उसका काम नहीं है। जब हम विधायकों और सांसदों के पास अपने स्वयं के व्यक्तिगत काम लेकर जाना बंद कर देंगे तभी हम उनसे सार्वजनिक कामों के लिए स्पष्टीकरण प्राप्त करने की हिम्मत जुटा

सकेंगे। इसके लिए हमें राजनीतिक नेताओं में नहीं राजनीति में रुचि लेनी पड़ेगी।

यदि पत्रों की बौछार करने पर भी कोई जन प्रतिनिधि प्रतिसाद न दे रहा हो तथा अपने ही मायाजाल में मस्त हो, तो 'राईट टू इंफर्मेशन एक्ट' (RTI) का उपयोग कर उसके माध्यम से उसके कार्य की जानकारी प्राप्त की जा सकती है। उससे भी आगे जाकर 4–5 होशियार युवकों को मिलकर जन प्रतिनिधियों का मूल्य मापन करनेवाली वेबसाईट बनानी चाहिए और उस पर—समस्त जन प्रतिनिधि संसद् अथवा राज्य विधानसभा में कितने दिन उपस्थित रहते हैं? क्या प्रश्न करते हैं? कितने भाषण देते हैं? निधि का उपयोग कैसे करते हैं? देश के विकास के लिए कौन–सी योजनाओं को आगे बढ़ाते हैं? इसका विवरण रखना चाहिए। प्रत्येक जनप्रतिनिधि के बारे में यह जानकारी प्रचारित की जानी चाहिए। यह जानकारी संसद् के कार्यालय से प्राप्त हो सकती है, यदि न मिले तो सूचना के अधिकार के अंतर्गत प्राप्त की जा सकती है। यदि वह वेबसाईट निष्पक्षता और नैतिकतापूर्वक चलाई जाती है तो कोई भी राजनीतिक नेता उसमें अवरोध उत्पन्न करने का साहस नहीं करेगा। कुछ निवृत्त न्यायाधीश, पुलिस अधिकारी वरिष्ठ, संपादक आदि का व्यवस्थापन मंडल इस उपक्रम से जुड़ा होगा तो बहुत ही अच्छा रहेगा।

सिंहासन पर अंकुश रखना जनता के हाथ में है और सर्व सामान्य नागरिकों के लिए भी यह सहज संभव है। मगर नेताओं के पास स्वयं के निजी काम लेकर जाना बंद करना हमारा कर्तव्य है और उनसे वैधानिक और सार्वजनिक कार्य का विवरण माँगना हमारा अधिकार। जन प्रतिनिधियों को सकारात्मक सुझाव देना भी हमारा कर्तव्य है। मैं जब–जब भी नई योजनाओं के बारे में प्रस्ताव लेकर विभिन्न दलों के नेताओं के पास गया हूँ तब उनमें से अधिकांश ने मेरा स्वागत ही किया है। इनमें से कई लोगों का ध्यान केवल स्वयं के व्यक्तिगत लाभ पर था, उनकी मेरे सुझावों में रुचि नहीं थी। मगर सभी एक जैसे नहीं हैं। राजनीति में सकारात्मक और नकारात्मक दोनों प्रवृत्ति के लोग हैं।

जिन नेताओं में सकारात्मक कार्य करने की इच्छा होती है, उन्हें इसके लिए हर बार हाईकमान की अनुमति लेने की आवश्यकता महसूस नहीं होती। विधान मंडलों की कार्यवाही में सक्रिय और सकारात्मक सहभाग उनका कर्तव्य है। पिछली बेंचों पर बैठनेवाले जन प्रतिनिधि भी अच्छे भाषण देकर और नवीन कल्पनाएँ प्रस्तुत कर ध्यान आकर्षित कर सकते हैं। इसके लिए अपने क्षेत्र की गतिविधियों का अध्ययन करना जरूरी है। विश्वविद्यालयों के अनेक विद्यार्थी, विधायकों के लिए शोध कार्य करने के लिए खुशी–खुशी तैयार होंगे। अनेक विद्यार्थी इस कार्य के लिए

उनसे वेतन भी नहीं माँगेंगे। मगर इसके लिए नेताओं को दलाली से ज्यादा शोध को महत्त्व देना होगा।

यदि राजनीति में दूरगामी परिणाम हों ऐसी आपकी इच्छा है तो जनता के अहिंसक आंदोलन के माध्यम से यह संभव है। इसके लिए किसी नवीन समिति की आवश्यकता नहीं है। गोस्वामी समिति, इंद्रजीत गुप्ता समिति, विधि आयोग और अन्य नामांकित विशेषज्ञों तथा संस्थाओं द्वारा अनेक अध्ययन पूर्ण प्रस्ताव पिछले 20 वर्षों में प्रस्तुत किए गए हैं। पूर्व में प्रस्तुत उन प्रस्तावों को लागू करने के लिए यदि जन आंदोलन प्रारंभ होता है तो भी भारत का सिंहासन मजबूत हो सकेगा। चुनाव और धन इसकी नाल जिस दिन कटेगी उस दिन भारत का पुनर्जन्म होगा। कभी-कभी इस विषय पर चर्चा होती है, परिसंवाद होते हैं। जैसे आतंकवाद का मुकाबला करने के संबंध में जनता में एक मत है उसी प्रकार चुनाव प्रक्रिया और राज्य प्रणाली को स्वच्छ बनाने के लिए अनेक स्तरों पर राष्ट्रीय अभियान प्रारंभ करने के लिए भी देश भर में एकमत होना चाहिए।

कुछ लोग चाहते हैं कि भारत में अध्यक्षीय शासन प्रणाली हो। फिलीपीन्स में अध्यक्षीय शासन प्रणाली के रहते भी मार्कास ने देश को लूटा। अफ्रीका के अनेक देशों में भी अध्यक्षीय शासन प्रणाली है, मगर उसका उपयोग भी वहाँ लूटमार के लिए हो रहा है। अध्यक्षीय शासन प्रणाली हो या संसदीय प्रणाली, जब तक सिंहासन जनता के समक्ष नत मस्तक नहीं होगा तब तक सत्ताधीश जनता को लूटते ही रहेंगे। यह स्वाभाविक है। केवल कानून अथवा शासन प्रणाली बदलने से कुछ नहीं होगा। सत्ता की तरफ देखने का अपना दृष्टिकोण और नेताओं की तरफ देखने की अपनी मानसिकता हमें बदलनी होगी।

कुछ लोगों का मत है कि सत्ता का उपभोग कितने वर्ष हो इसकी मर्यादा होनी चाहिए। अमेरिका में राष्ट्रपति पद पर कोई व्यक्ति अधिकतम दो कार्यकाल अर्थात 8 वर्ष ही रह सकता है। ब्रिटेन में ऐसा प्रतिबंध नहीं है। जर्मनी में भी नहीं है। मगर अमेरिका में भ्रष्टाचार ब्रिटेन अथवा जर्मनी से बहुत अधिक है। रूस में भी पारी पर मर्यादा है। मगर मास्को और माफिया राज में बहुत फर्क नहीं है।

कोस्टारिका व मैक्सिको लैटिन अमेरिका के दो पड़ोसी देश हैं। दोनों का इतिहास, वंश, भोजन पद्धति समान है। दोनों देशों में ईसाई धर्म का प्रभुत्व है। दोनों देशों में सर्वोच्च राजनीतिक पद पर केवल एक पारी की मर्यादा है। मगर राजनीतिक व्यवस्था में फर्क है। वह यह कि कोस्टारिका के नेताओं का सोचना है कि, राजनीति देश और दुनिया का भला करने का अवसर है। इसलिए वे अच्छे कार्य करते हैं।

मगर मैक्सिको के लोग उसे धन कमाने का अवसर मानते हैं, इसलिए सत्ता पर काबिज होते ही वे देश को भूलकर स्वयं की झोली भरने में लग जाते हैं।

क्या हम चुनाव के पूर्व राजनीतिक दलों के घोषणा-पत्रों को पढ़ते हैं? क्या उसके लिए जनप्रतिनिधियों के पास जाना कटाक्षपूर्वक टालते हैं? जिन राजनैतिक नेताओं के संबंधी अपार धन संपदा के मालिक बनते हैं क्या उनकी न्यायिक जाँच की माँग हम करते हैं? जो नेता अपने बच्चों और परिवारजनों को केवल 2-3 वर्ष के राजनैतिक अनुभव के आधार पर पार्टी का टिकट दिलवाते हैं, क्या उनका बहिष्कार करते हैं? जो राजनेता दूरभाष पर अनधिकृत रूप से निर्देश देते हैं क्या उनका विरोध करते हैं? इस प्रश्नों के यदि हम प्रामाणिकतापूर्वक उत्तर देंगे तो हमें पता चल जाएगा कि यदि वांछित परिवर्तन हम स्वयं ही करेंगे तो दरिद्रता से पीड़ित सिंगूर का अथवा गरीब शिंगणापुर का सिंगापुर बनना सहज संभव है। जो सचमुच गुणवान विद्यार्थी हैं, उनका बगैर किसी की मदद के बराक ओबामा की तरह उच्च पद पर पहुँचना संभव है। सामान्यजनों की समस्याएँ सुलझाने के लिए, सरकार के पास आवश्यक संसाधन होना संभव है। केवल 10-15 वर्षों में जैसा अनेक देशों ने किया, वैसा ही अपने देश का कायापलट करना भी संभव है।

जुलाई 2009 में मैं घर में आराम कर रहा था। तभी फोन की घंटी बजी, दूसरी तरफ युरोपियन संसद् में विपक्ष के नेता और संसद् के अध्यक्ष पद के उम्मीदवार ग्रॅहम् वाटसन थे। उनके स्वर में प्रसन्नता झलक रही थी। उन्होंने कहा, ''तुम्हें दिल का दौरा पड़ा है ऐसा पता चला। मगर मैं संसद् अध्यक्षीय चुनाव में व्यस्त होने से तुमसे संपर्क नहीं कर सका। मगर मुझे तुम्हारी चिंता लगी हुई थी। कल ही मैंने अपनी उम्मीदवारी वापस ली और आज तुम्हें फोन कर रहा हूँ।'' मैं संभ्रम में था। वे शांत स्वर में बोल रहे थे। मैंने चुनाव के बारे में पूछा तो उन्होंने कहा, ''पोलैंड के नेता जर्सी बझेक अध्यक्ष पद के लिए मेरे विरुद्ध खड़े थे। उनके जीतने पर पूर्वी और पश्चिमी यूरोप की मिलन प्रक्रिया तेज होगी। यूरोप के युवकों के भविष्य के लिए यही उपयुक्त है।'' मैंने प्रश्न किया, ''ग्रॅहम्, क्या आप अब फिर से विपक्ष के नेता बनेंगे?'' उन्होंने उत्तर दिया, ''मैं पिछली बेंच पर बैठूँगा। हमारी पार्टी को मेरे वारिस के रूप में बहुत कर्तृत्ववान नेता मिला है। उनका निर्वाचन हमारी पार्टी के नेता के रूप में होगा। इसमें सभी का भला है। यूरोप का सिंहासन मजबूत होगा। नया अध्यक्ष और नया विपक्षी नेता चुने जाने से नई सोच को अवसर मिलेगा। एक व्यक्ति का नेतृत्व क्षणभंगुर होता है। राजनीतिक प्रणाली शाश्वत होती है, इसलिए उसका मूल्याधारित होना आवश्यक होता है। और सुनो,

इस्तीफा देने के बाद अब मैं तुमसे गप्पें मार सकता हूँ, अपनी दोस्ती का आनंद उठा सकता हूँ।''

ग्रॅहम वाटसन् का निर्णय यह केवल उनकी व्यक्तिगत महानता नहीं थी। जहाँ सिंहासन की सीढ़ियाँ होती हैं, वहाँ शासक उन सीढ़ियों को चढ़ते हैं और उपयुक्त समय पर उतर भी जाते हैं।

हमें भी ऐसे ही सिंहासन की आवश्यकता है जिसमें सीढ़ियाँ हों। उन सीढ़ियों को चढ़ने के लिए पारिवारिक पृष्ठभूमि की नहीं, वरन् कार्यकुशलता की आवश्यकता हो। उस सिंहासन पर बैठनेवाले के सिर पर घूमता अंकुश हो। सिंहासन पर बैठकर यदि कोई लोभ अथवा कपट करे तो ऐसे नेता पर छोड़ने के लिए जनता के हाथ में सुदर्शन चक्र हो। हमें सिंगापुर अथवा स्वीडन के नेताओं से भी सबक सीखने की आवश्यकता नहीं है। हम यदि अपने हृदय में झाँककर ईमानदारी से अपनी आदतों के संबंध में चिंतन करें और आत्मविश्वासपूर्वक सिंहासन के बारे में अपने दृष्टिकोण में परिवर्तन करें तो हमारा भविष्य निश्चित ही उज्ज्वल होगा।

□

आँख मिचौली

यह संभवत: सन् 2005 की घटना है। हम कुछ मित्र अपने परिवारों के साथ विदेश यात्रा पर गए थे। कुछ विश्व प्रसिद्ध स्थानों को देखने का हमारा कार्यक्रम था। ऐसे ही एक स्थान पर जाते समय पास के नगर में हमारा परिवार एक दिन पूर्व पहुँच गया। शेष सारे मित्रगण दूसरे दिन सबेरे पहुँचनेवाले थे। वह दिन खाली था, इसलिए हम नगर में घूमने निकले थे। मगर सड़क पर वाहन नहीं मिल रहा था। प्रत्येक टैक्सी खराब हालत में दिखाई दे रही थी। उनके चालक भी खराब कपड़ों, अस्तव्यस्त बालों और डरावने चेहरोंवाले दिखाई दे रहे थे। बहुत प्रयास के बाद हमें ठीक-ठाक टैक्सी मिली। हम उसमें बैठ तो गए मगर मन में एक अनाम भय समाया हुआ था। संपूर्ण नगर में सन्नाटा पसरा था। दरिद्रता, गलिच्छता, सड़क पर डिब्बे और कपड़े अस्तव्यस्त बिखरे दिखाई दे रहे थे। कुछ घरों के बाहर हताश तरुण बैठे दिखाई दे रहे थे। अनेक घर उजाड़ अवस्था में थे।

प्यास लगने पर हमने टैक्सी को एक दुकान के समक्ष रोका। नीचे उतरते ही असहनीय दुर्गंध नाक में घुसी। उस उग्र दुर्गंध से घबराकर हम बिना कुछ लिए फिर टैक्सी में बैठ गए। आखिर मुझसे रहा नहीं गया, मैंने चालक से नगर की इस दुरावस्था के बारे में पूछा। उसने हताशापूर्ण उत्तर दिया, "क्या करें साहब? यहाँ अत्यंत दरिद्रता है। रोजगार नहीं, उदर निर्वाह के साधन नहीं। पेट की खातिर अनेक लोग अब मवालीगिरी और गुंड़ागर्दी करने लगे हैं। यहाँ जुए के अड्डे बढ़ रहे हैं। यही गुंडे उन्हें चलाते हैं।" यह सुनकर हम आश्चर्यचकित रह गए। हमें दु:ख भी हुआ। दो घंटे बाद हम वापस होटल में लौटे, तब कहीं हमारी जान में जान आई। मगर इस नगर का दृश्य मन से ओझल नहीं हो रहा था। कौतूहलवश मैंने पत्रकार तथा समाज शास्त्र के अभ्यासी मित्रों से नगर की स्थिति के बारे में बात की। उनके द्वारा दी गई जानकारी दिल दहलानेवाली थी। ऐसे दरिद्रता से

ग्रसित अनेक नगर इस देश में हैं। कुछ जिले तो पूर्णतया सूखे से पीड़ित हैं। सरकार का इस ओर कोई ध्यान नहीं है। इसी बात का फायदा उठाकर कुछ कट्टरपंथी विचारों के पॅटेकोस्टल-इवॅजिलेकल ईसाई धर्मप्रचारकों ने यहाँ अपनी जड़ें जमा ली हैं, प्रलोभन देकर धर्म परिवर्तन का कार्य जोरों से चल रहा है। गरीबी से ग्रस्त लोग इस मोहजाल के शिकार हो रहे हैं। इस धर्मांतरण के कार्य के लिए बाद में उन्हें और भी सहयोग मिलता है। इस कारण लोगों की गरीबी और असहायता का लाभ उठाने वाली संकुचित मनोवृत्ति का धर्म इस देश में तेजी से फैल रहा है।

मैं उस स्थान पर गया था तब विश्व को आर्थिक मंदी का झटका नहीं लगा था। मगर परिस्थिति भयावह थी। सन् 2008 में मंदी की शुरुआत हुई और फिर दरिद्रता से ग्रस्त गाँवों की संख्या तेजी से बढ़ने लगी। मैं जिस देश का वर्णन कर रहा हूँ उसका नाम है संयुक्त राज्य अमेरिका। हम जिस स्थान पर गए थे वह था उस नगर से कुछ दूरी पर स्थित विश्व प्रसिद्ध जलप्रपात नियागरा।

दुनिया के सबसे धनवान और शक्तिशाली देश अमेरिका की इस परिस्थिति पर अनायास कोई भी विश्वास नहीं करेगा। क्योंकि हम न्ययॉर्क, न्यू जर्सी, बोस्टन, लॉस एंजिल्स, सॅन डिएगो, शिकागो और टेक्सास जैसे शहरों और उसमें रहनेवाले अपने रिश्तेदारों से मिलते हैं, हॉलीवुड की फिल्में देखते हैं। लासवेगास देख आते हैं। वहाँ की प्रगति और जगमगाहट देखकर हमारी आँखे चुंधिया जाती हैं। छोटे बच्चे आँख मिचौली खेलते हैं, उसी प्रकार हम भी फिर आँखें बंद कर अमेरिका के पीछे भागने लगते हैं।

अमेरिका के मूल में ही विषमता है उसके दो भाग हैं। पहला है अमीर, सुखी और स्वतंत्र समाज। इस समाज में माइक्रोसॉफ्ट, गुगल, अमेझॉन जैसे व्यवसाय जन्म लेते हैं। तो दूसरा भाग है दुरावस्था से ग्रसित और धीरे-धीरे विस्तारित हो रहा दरिद्री समाज! अमेरिका में आज भी 70 प्रतिशत लोग सुस्थिति में हैं। शेष 25-30 प्रतिशत लोग अत्यंत बुरी अवस्था में हैं। अमेरिका के पिछले राष्ट्रपति चुनाव में यदि जॉन मैकेन और सारा पॉलिन की जोड़ी चुनाव जीत गई होती तो कट्टरवादी दक्षिणपंथी ईसाई लॉबी मजबूत हो जाती। अमेरिका में इस समय पॅटेकोस्टल व इवॅजिलिकल ईसाई मत खूब लोकप्रिय हो रहा है। उसके अनुयायी मानते हैं कि बाईबिल में लिखे अनुसार दुनिया का अंत होनेवाला है। एक महायुद्ध होगा और दुनिया भर में ईसाई का राज हो जाएगा। इस युद्ध के अंत में ईसा मसीह का भूतल पर पुनरागमन होगा। इस क्षण को अतिशीघ्र साकार करने के लिए वे

इज़रायल के जेरुसलेम में केंद्रित विश्वयुद्ध के शीघ्र होने की कामना करते हैं। इसके बारे में सारी जानकारी इस पंथ की वेबसाईट तथा उनके टेलीविजन कार्यक्रमों में उपलब्ध होती है। ये लोग रिपब्लिकन पार्टी के लिए कार्य करते हैं। सारा पॉलिन जैसी नेत्रियाँ इन्हें प्रोत्सहित करती हैं यदि वे उपराष्ट्रपति बन जातीं तो उन्होंने मध्यपूर्व में शीघ्र ही युद्ध प्रारंभ करने की भावना को ही सींचा होता। जार्ज बुश ने इराक पर हमला किया। मैकेन और पॉलिन की जोड़ी ने इरान, यमन, सीरिया जैसे अनेक देशों पर हमलों की योजना पर विचार तो किया ही होता। इससे दुनिया में कलह बढ़ती। इस पंथ के लोगों को तीसरा और आखिरी विश्वयुद्ध आवश्यक लगता है। उसके पीछे निश्चित ही उनका स्वार्थ है। मगर अमेरिका की जनता ने बराक ओबामा को निर्वाचित कर अमेरिका को एक खतरनाक रास्ते पर चलने से रोक दिया। 2012 के चुनावों में यदि किसी कारण से ओबामा हार जाते हैं और कट्टरपंथी ईसाइयों को प्रोत्साहन देनेवाले रिपब्लिकन सत्ता में आते हैं, तो आनेवाले दशक में विश्वयुद्ध और उसके कारण दुनिया के सर्वनाश की आशंका नकारी नहीं जा सकती। जो देश अमेरिका के पीछे आँख मूँदकर जाएँगे, उन देशों में भी ऐसी ही विषमता फैलकर धार्मिक, जातीय, वांशिक अथवा अन्य कारणों से विस्फोटक स्थिति के निर्माण का खतरा है।

इस आँख मिचौली में उपभोगवाद की भी बड़ी हिस्सेदारी है। कृत्रिमता और दिखावा यह जैसे हमारे जीवन का स्थायीभाव बन गया है। बड़े-बड़े मॉल्स, फैशन की जगमगाहट, विलासिता की वस्तुओं के पीछे हम जी-जान से भाग रहे हैं। ऐसा नहीं है कि मनुष्य जमीन, वाहन, सुख-सुविधाओं की अभिलाषा छोड़ दे। सुखों का मोह तो नैसर्गिक है। हमें जिस वस्तु की जरूरत है उसके लिए प्रयास करना उचित है। मगर केवल वह वस्तु दूसरे के पास है, इसलिए उसकी प्राप्ति के लिए दौड़-धूप करना खतरनाक है। यह आँख मिचौली खेलने में हम इतने मग्न हो गए हैं कि हम किसका, कितना और क्यों पीछा कर रहे हैं, यही भूल गए हैं। इससे हम स्वयं का और साथ में समाज का स्वास्थ्य भी बिगाड़ रहे हैं।

आँख मिचौली के इस खेल में सबसे बड़ा ढोंग होता है मित्रता का विचार। किससे कितनी मित्रता करनी है यह उसके घर का पता देखकर निश्चित किया जाता है। मुंबई की भाषा में बात करें, तो यदि आप पेडर रोड, बांद्रा, जुहू में रहते हैं तो आप मित्रता के पात्र हैं और यदि आपका घर मीरा रोड अथवा डोंबिवली में है तो आप मित्रता के काबिल नहीं। अपने बेटे के मित्र के पिता डॉक्टर, उद्योगपति, शासकीय अधिकारी अथवा अनिवासी भारतीय होंगे तो वह अच्छा।

यह मित्र फिर झगड़ालू स्वार्थी अथवा बुद्धू हो तो भी चलता है। इसके विपरीत यदि उसके पिता, क्लर्क, सफाई कर्मचारी अथवा फेरीवाले हों तो हम बेटे को समझाएँगे, ''अरे उससे ज्यादा मित्रता मत रखना बेटा! झोंपड़पट्टी का लड़का है वह, तेरा मोबाइल न चुरा ले कहीं। उससे सावधान रहना।'' फिर वह भले ही स्नेहपूर्ण मदद के लिए सदैव तत्पर तथा मेहनती हो, तो भी हमें अपने बेटे के मित्र के रूप में वह पसंद नहीं होता।

नौकरी के लिए साक्षात्कार के समय आप किस विद्यालय में पढ़े हैं यह देखकर आपकी परीक्षा की जाती है। यदि गलती से आप किसी सरस्वती विद्या मंदिर से बहुत अच्छे अंकों से पास हुए होंगे तो सूची में आपका नाम आखरी क्रमांक पर लिखा जाएगा। इसके विपरीत किसी कैंपियन या चैंपियन स्कूल के विद्यार्थी हों तो आपका हार्दिक स्वागत। पासपोर्ट पर लगी मोहरों की संख्या, कपड़ों के ब्रांड व गाड़ी के मॉडल, ये भी मैत्री के कारण के रूप में समाज में मान्यता प्राप्त किए हुए हैं। इस मित्रता से हमें क्या लाभ हो सकता है यही समाज में मित्रता का प्रमुख आधार बन गया है। अनेक बार जब रिश्तेदार, पड़ोसी अथवा अन्य परिचित मुझे मिलते हैं तो थोड़ी बातचीत के बाद धीरे से, 'हम मिलकर कोई व्यवसाय करें' ऐसा सुझाव देते हैं। अनेक बार मैं उनसे ठीक से परिचित भी नहीं होता। मेरे मना करने पर वे नाराज हो जाते हैं। अनेक लोग मित्रता द्वारा अपना क्या लाभ हो सकता है यही खोजते रहते हैं। इसका प्रमाण मुंबई–पुणे के नवधनाढ्यों में ज्यादा मिलता है, मगर अन्य स्थानों पर भी खतरे की घंटियाँ घनघनाने लगी हैं, क्योंकि आँख मिचौली के इस खेल में शामिल होनेवाले खिलाड़ियों की संख्या तेजी से बढ़ती जा रही है।

वैभव के प्रदर्शन का अपना पहला आधार है आलीशान घर, आलीशान गाड़ियाँ, मोबाइल के नए–नए मॉडल और आधुनिक फैशन के नाम पर पहने जानेवाले छोटे से छोटे स्कर्ट। ऐसे ही परिवारों में लड़कों को सॉफ्टवेअर इंजीनियर बनकर, सॅन फ्रांसिस्को में बसने तो लड़कियों को सुंदर कपड़े परिधान पहन कर विश्व सुंदरी, व्योमबाला, फैशन डिजाइन, जैसे व्यवसायों में जाने की प्रेरणा दी जाती है और किसी बड़े बाप के बेटे को फाँसने की सीख भी दी जाती है। इसमें से यदि कुछ संभव न हो सका तो शेयर बाजार से पैसा कमाना और इसके लिए बेटे–बेटियों को भी शेयर बाजार का चस्का लगाना, यह हमारे जीवन का ध्येय बन गया है। सॅनदिएगो में रहनेवाले चचेरे भाई के ममेरे भाई ने बड़ा मकान लिया है। इसलिए हमारे पास भी वैसा ही घर हो, यह इच्छा हमारे मन में भी जन्म लेती है।

सामने रहनेवाले कपूर ने युवावस्था में ही होंडा सिटी खरीद ली, इसलिए हमें भी टोयोटा करोला खरीदने का मोह होता है। यदि यह संभव नहीं हो सका तो कम-से-कम टाटा नैनो की बुकिंग तो हो ही जाती है। मेहता परिवार पेरिस हो आया, इसलिए हम कर्ज निकालकर लंदन चले जाते हैं। वहाँ जाकर होटल में खाना नहीं पुसाता तो भूखे रहते हैं। मैडम तुसाद के म्यूजियम में भारतीय अभिनेता के मोम के पुतले के साथ फोटो खिंचवाते हैं। जिस प्रकार हम चचरे भाई के ममरे भाई के अथवा कपूर या मेहता के पीछे दौड़ते हैं वैसे ही गाँव-खेरों के युवक आँखें बंद कर हमारे पीछे भागते हैं। मुंबई में आते हैं। झोंपड़पट्टी में रहते हैं, पैसे के लिए कुछ भी करते हैं, जरूरत पड़ी तो पाकेटमारी भी करते हैं, मगर गाँव जाते समय जींस की पैंट और मोबाइल फोन ले जाना नहीं भूलते। धीरे-धीरे उसके गाँव में युवक नहीं बचते, उद्योग नहीं आते, दुर्दशा हो जाती है। अमेरिका के नियागरा गाँव की तरह। हमें सब प्रकार से अमेरिका का अनुकरण करना चाहिए और आंतरिक समस्याएँ सुलझाना छोड़कर महाशक्ति बनने पर ध्यान केंद्रित करना चाहिए, ऐसा विचार हमारे यहाँ बड़े पैमाने पर स्थापित हो रहा है। उस मायाजाल के ही यह 'साइडइफेक्ट' हो रहे हैं। बाल्यावस्था से प्रौढ़ावस्था में प्रवेश करने पर हमारा आँख मिचौली खेलना बंद होता है।

मगर तब तक बहुत देर हो जाती है। आँख खोलकर कुछ भी करना हमारे लिए संभव नहीं रहता। इसलिए फिर सीधे ताश पत्तों का जुआ खेलना शुरू हो जाता है। पिज्जा, बर्गर और चिप्स इन विदेशी खाद्य-पदार्थों की बड़ी लहर हमारे देश में आई हुई है। होटल में प्रभाव जमाने के लिए उसका ऑर्डर दिया जाता है। इन खाद्य पदार्थों ने हमें कितना मोहित कर रखा है। शेखी मारने की मानसिकता हम में कितनी जड़ें जमा चुकी है इसका अनुभव मुझे पुणे जैसे मराठी संस्कृति तथा परंपराओं के पालन के लिए प्रसिद्ध शहर में हुआ। वहाँ मैं आग्रहपूर्वक मराठी पद्धति का भोजन करता हूँ। एक बार इसी प्रकार के भोजन के लिए प्रसिद्ध एक होटल में जाने पर वेटर ने मुझसे कहा, ''साहब आप बड़े आदमी हैं, हमारे यहाँ हम पिज्जा भी बनाते हैं। मैं आपके लिए वह लाता हूँ। आपको थालीपीठ (उपले) परोसना आपकी अवमानना होगी।'' मैं हक्का-बक्का रह गया। थालीपीठ, झुणकाभाकर, अनारदाने की उसल, बटाटा पोहे जैसे स्वादिष्ट पदार्थ स्थानीय होने पर भी महाराष्ट्र के अन्य शहरों में नहीं मिलते। सब ओर पिज्जा और बर्गर का जमाना है। स्वयं को उच्चवर्ग का समझनेवाले और उसी अनुसार जीवन जीनेवाले तथाकथित आधुनिक मराठी लोग उसके लिए मेकडोनाल्ड जाने लगे हैं। विकसित

देशों में स्थिति इससे उलट है। अमेरिका में जिसके पास समय नहीं है, या जिनकी आय कम है, ऐसे लोग पिज्जा या बर्गर खाते हैं। अमेरिका में सुशिक्षित और सुखी लोग ऐसे पदार्थ खाना टालते हैं। वे लोग पारंपरिक अमेरिकी पद्धति का अथवा इतालवी, चीनी या भारतीय पद्धति का भोजन करते हैं। ऐसा क्यों? विदेशियों का अनुकरण करने में हमें गर्व महसूस होता है। मगर वास्तव में उनका जीवन कैसा है इसकी कल्पना भी स्वयं की आँखें बंद रखनेवाले हमारे लोगों को नहीं होती।

अपने घर आनेवाले विदेशी मेहमानों को अपना पारंपारिक पद्धति का भोजन परोसने की प्रथा का पालन मेरे अधिकांश यूरोपीय मित्र करते हैं। पिछले 30 वर्षों में मैं जब-जब भी यूरोप गया, मुझे यही अनुभव हुआ। विद्यार्थी मित्रों को छोड़ दें तो अन्य किसी के घर भी मुझे पिज्जा-बर्गर वगैरह नहीं परोसे गए। हमारे यहाँ जैसे पुरन पोली (मीठी रोटी) होती है वैसे ही स्वीडन में ब्ल्यूबेरी पुडिंग होता है। हमारे यहाँ जैसे बैंगन का भुरता होता है वैसे ही स्विट्जरलैंड में मेजबान और मेहमान मिलकर बनाते हैं फोंण्ड्यू।

यूरोप के प्रत्येक परिवार में राष्ट्रीय छापवाला सैकड़ों वर्ष पुराना पारंपरिक भोजन मिलता है। तुर्की, इजरायल और अरब देशों में तो पारंपरिक पदार्थों की भरमार होती है। तुर्की में राष्ट्रपति, प्रधानमंत्री, केंद्रीय मंत्री आदि वरिष्ठजनों की ओर से मुझे भोजन का निमंत्रण होता है तब तो लगभग 50-60 प्रकार के स्टार्टर्स तथा 20-30 प्रकार के डेजर्ट्स ये सब स्थानीय पदार्थ होते हैं। उसमें आइस्क्रीम, केक अथवा पाश्चात्य प्रकार नहीं होते।

चीन में भी यही अनुभव मिलता है। बीजिंग में मेहमानों को पेंकिंगडक नाम की खास बतख पकाकर खिलाई जाती है। मैं शाकाहारी होने के कारण बतख का मांस नहीं खाता। मेजबान यह समझ नहीं पाते। एक बार उपमंत्री पद पर आसीन एक महाशय ने मेरे लिए पेंकिंगडक का भोजन आयोजित किया था। मैं शाकाहारी होने के कारण बतख का मांस नहीं खाता यह बात उन्हें समझ में नहीं आ रही थी। उनके राष्ट्रीय भोजन को नकारना उन्हें अपमान लगा। मेरे चीनी सचिव ने उन्हें प्रयत्नपूर्वक समझाया तब जाकर वे मेनू बदलने के लिए राजी हुए। मगर फिर भी मेनू पारंपरिक चीनी पद्धति का ही होगा यही उनका आग्रह था। इस पर कोई आपत्ति नहीं थी। उसके बाद हमारी भोजन बैठक बहुत सफल रही।

हम लोग खाने-पीने के मामले में पाश्चात्यों का अनुकरण करते हैं, यही पाकिस्तान, श्रीलंका और जिम्बाम्बे जैसे पिछड़े देशों में भी होता है। कई बार देश कितना विकसित है यह उच्चवर्ग की थाली देखकर भी पता चल जाता है।

आँख मिचौली जब व्यक्तिगत स्तर से वैश्विक स्तर पर पहुँचती है और एक देश दूसरे देश पर हावी होने का प्रयास करता है तब इस खेल का क्षयपूर्ण स्वरूप महाशक्ति की लालसा में दिखाई देता है। महाशक्ति के भ्रम के पीछे सभी शक्तियाँ भागती दिखाई देती हैं। सत्ता के बल पर कुछ देशों ने यश कमाया तो कुछ ने दुनियाभर में उपनिवेश स्थापित कर अपना वर्चस्व स्थापित किया। इसमें सामर्थ्य से ज्यादा कपट, षड्यंत्र, विश्वासघात इसका ही भाग अधिक था। दुनिया के संपन्न समझे जानेवाले देश यानी जर्मनी, स्विट्जरलैंड, जापान, कनाडा, ये महाशक्ति बनने के स्वप्न नहीं देखते। अमेरिका, रशिया, चीन जैसे देश यह स्वप्न देखते हैं। मगर इनमें से अधिकांश देश पहले से ही आंतरिक समस्याओं से जूझ रहे हैं। अमेरिका में दरिद्रता और विषमता बढ़ रही है। चीन में गरीबी का बहुत कुछ उन्मूलन हो गया है, मगर उन्हें प्रकृति का सहयोग नहीं मिलता। रशिया में तो गुंडों का साम्राज्य है। आज तक अनेक देशों ने महाशक्ति बनने का प्रयास किया, मगर वैश्विक महाशक्ति का पद विभूषित करने के बाद आज उनकी अवस्था क्या है? यह बात हमें भी समझ लेनी चाहिए।

महाशक्ति का विचार ईस्वी पूर्व तीसरी शती का अर्थात् 2300 वर्ष पूर्व का है। उस समय इसकी चर्चा में चीन के दार्शनिक प्रमुख थे। सुप्रसिद्ध चीनी दार्शनिक कन्फ्युशियस के दो शिष्य थे। एक का नाम था मेन्सियस। उनका विचार था कि भलाई इनसान का मूल धर्म है, इसलिए समाज की रचना मानवीय मूल्यों के आधार पर की जानी चाहिए। ये मूल्य हैं—स्वतंत्रता, मनुष्यता, न्याय और विश्वास। इस विचार के अनुसार सरकार के पास न्यूनतम शक्तियाँ होनी चाहिए। सरकार का कार्य केवल मनुष्य स्वभाव के सद्गुणों को बढ़ाने तक मर्यादित होना चाहिए, इसलिए किसी भी सरकार अथवा देश का महाशक्ति बनना समाज के लिए घातक है। प्रत्येक सत्ता मर्यादित होनी चाहिए। इसके विपरीत उनके दूसरे शिष्य शुंझी का विचार था कि मनुष्य स्वभावत: क्रूर और स्वार्थी होता है। यह मानव अनिष्ट विचारों का प्राणी है। उस पर नियंत्रण रखने के लिए सरकार अथवा वैसी ही कोई योजना होनी चाहिए। ऐसी सरकार सामर्थ्यवान होनी चाहिए। स्वदेश और विदेश में स्थित मानव समाज पर राज करने के लिए सरकार के पास सत्ता होनी चाहिए। मगर ऐसी सत्ता में कोई व्यक्ति सर्वोच्च पद पर होता है, उसका शुंझी ने विचार नहीं किया। सत्ताधारी व्यक्ति की क्रूरता शुंझी को स्वीकार्य थी। सामान्यजनों को काबू में करने के लिए हमें सत्ता की पूजा करनी चाहिए और अपने देश को महाशक्ति बनाने के लिए प्रयत्न करने चाहिए यह विचार शुंझी ने बोया।

लगभग 2000 वर्ष बीत गए, मगर इस विषय पर दुनिया में सैद्धांतिक चर्चा नहीं हुई। सोलहवीं सदी में यूरोप में यह चर्चा पुनः प्रारंभ हुई। सर थॉमस मूर, इस अंग्रेज विचारक ने 'यूटोपिया' नामक एक पुस्तक लिखी। उसमें उसने यह प्रतिपादित किया कि मनुष्य स्वभाव मूलतः अच्छा होकर लोभ, स्वार्थ और धन की मर्यादा को पहचान सकता है। इसलिए समाज न्याय, समता और मनुष्यता पर आधारित होना चाहिए। जिस समय सर मूर अपना यह मत प्रतिपादित कर रहे थे, लगभग उन्हीं दिनों इटली में एक अन्य विचारक निकोलॉय मैक्यावेली ने 'प्रिंस' नामक पुस्तक लिखी। मैक्यावेली पूर्व में मंत्री रह चुका था। इस पुस्तक के माध्यम से राजघराने को प्रसन्न करने का भी उसका प्रयास था। इसलिए उसने प्रिंस में यह प्रतिपादित किया कि प्रत्येक राजा को अमर्यादित शक्ति धारण करनी चाहिए और कालांतर में अपने राज्य को महाशक्ति में परिवर्तित करना चाहिए। यह पुस्तक उसने सेसार बोर्गिया नामक राजकुमार के कपट और शौर्य से प्रभावित होकर लिखी थी। बोर्गिया ने सत्ता का दुरुपयोग करते हुए अपने शत्रुओं को मारकर अपनी सत्ता का विस्तार किया था। निकोलॉय मैक्यावेली ने सभी शासकों को सेसार बोर्गिया का अनुसरण करने की प्रेरणा दी। पिछले 500 वर्षों में अनेक शासकों को उसका विचार पसंद आया, उन्होंने उसका अनुकरण किया और दुनिया को और स्वयं के समाज को भी अनेक बार युद्ध की खाई में धकेला। वास्तव में सेसार बोर्गिया अयशस्वी नेता था। उसके पिता पोप थे, तब उसकी दादागिरी चल गई मगर पिता की मृत्यु के बाद उसे भी नेस्तनाबूत कर दिया गया। उसका अंत एक शोकांतिका बन गया। निकोलॉय मैक्यावेली की पुस्तक एक अयशस्वी राजकुमार के जीवन पर लिखी गई थी, मगर फिर भी यूरोप के अनेक दार्शनिकों ने उसके विचार का समर्थन किया। इसके साथ ही हॉब्स द्वारा इसी सिद्धांत के आधार पर किए गए लेखन का भी अनेक लोगों पर प्रभाव हुआ। मैक्यावेली की भाँति हॉब्स ने भी यह मानकर की मनुष्य मूलतः बुरा है, अपना समाज रचना का विचार प्रतिपादित किया।

प्रसिद्ध फ्रेंच लेखक रूसो ने हॉब्स का विरोध किया। मनुष्य का नैसर्गिक स्वभाव अच्छा होता है और गलत सामाजिक रचना उसे क्रूर बनाती है। इसलिए समाज का निर्माण मनुष्यता के आधार पर होना चाहिए और ऐसे समाज द्वारा सत्ता की मर्यादाओं का पालन किया जाना चाहिए, ऐसा उनका मत था। रूसो के विचारों से प्रभावित होकर फ्रांस के राजा-रानी भी नहीं बच सके। मगर उसके बाद के 250 वर्षों में 'महाशक्ति' के विचार का भूत अभी भी अनेक राजनेताओं के सिर

चढ़कर बोल रहा है।

सोलहवीं से उन्नीसवीं सदी के दौरान दुनिया की सबसे प्रचंड महाशक्ति थी ऑस्ट्रियन-हंगेरियन साम्राज्य। इस साम्राज्य के राजकुमार की एक आतंकवादी युवक ने हत्या की, इसलिए प्रथम विश्वयुद्ध प्रारंभ हुआ। इस महाशक्ति की दुनिया में बड़ी धाक थी। अब ऑस्ट्रिया की राजधानी विएना और हंगरी की राजधानी बुडापेस्ट के केवल पुराने प्रासाद रह गए हैं। उस समय के सत्ताधारियों के अनेक वंशज आज कहीं कनिष्ठ नौकरियों में काम कर रहे हैं। हंगरी के सत्ताधारी अमेरिका के पीछे दौड़ रहे हैं। उनके राजदूतों की चिरौरी करते दिखाई देते हैं। जब ऑस्ट्रियन, हंगेरियन साम्राज्य का अस्त हुआ, तब जर्मन, ब्रिटिश और फ्रेंच महाशक्तियों का उदय हुआ। दुनियाभर में उनके उपनिवेश थे। दूसरे विश्वयुद्ध के पश्चात् इनमें से कुछ राष्ट्र तो भारत के किसी प्रांत के बराबर सिकुड़कर रह गए हैं। महाशक्ति बनकर भी कोई लाभ नहीं यह वहाँ की जनता और राज्यकर्ताओं की समझ में आ जाने से, अब उन्होंने ऐसे स्वप्न देखना बंद कर दिया है।

दूसरे विश्वयुद्ध के बाद अमेरिका और रशिया इन दो महाशक्तियों का जन्म हुआ। इनमें से रशिया यानी पूर्व के सोवियत यूनियन के टुकड़े हो गए। जब सोवियत यूनियन महाशक्ति था, तब तत्कालीन राष्ट्रपति मिखाईल गोर्बाचोव ने मुझे मॉस्को में निमंत्रित किया था। उन्होंने क्रेमलिन के सेंट जॉर्जेस हॉल में दुनियाभर के नेताओं के लिए एक देदीप्यमान कार्यक्रम का आयोजन किया था। तब उनसे केवल हाथ मिलाने के लिए दुनिया भर के देशों के प्रधानमंत्री, मंत्री, संसदीय अध्यक्षों के बीच धक्का-मुक्की हो रही थी। गोर्बाचेव की नजरों में आने के लिए विश्व के नेताओं में होड़ लग रही थी।

दो वर्ष बाद सोवियत यूनियन के विघटन के पश्चात् मिखाईल गोर्बाचेव ने एक प्रतिष्ठान की स्थापना की। उनका एक निजी गेस्ट हाउस भी था। मेरे लिए वे मास्को हवाई अड्डे पर गाड़ी भेजनेवाले थे। रहने की व्यवस्था उनके गेस्ट हाउस में ही की गई थी। मॉस्को हवाई अड्डे पर भारतीय दूतावास के अधिकारी भी आए थे। उन्होंने अपनी गाड़ी से मुझे वहाँ छोड़ने का आग्रह किया। उन्होंने कहा, ''कल रात येल्तसीन सरकार ने गोर्बाचेव की व्यक्तिगत गाड़ी को छोड़कर शेष सभी गाड़ियाँ जब्त कर ली हैं। इसलिए उनके सचिव ने हमें आपके लिए गाड़ी भिजवाने का निवेदन किया था।''

मेरी गोर्बाचेव से भेंट हुई तो वे चिंतित थे। उनका चेहरा अस्वस्थ दिख रहा था। कारण पूछने पर उन्होंने बताया, वे अमेरिका और यूरोप के देशों में व्याख्यान

देने जाते थे। उसके लिए उन्हें बहुत डॉलर मिलते थे। यदि वे उन्हें रशिया में लाते तो येल्तसीन सरकार द्वारा जब्ती का खतरा था, इसलिए उन्होंने अमेरिका में गोर्बाचेव प्रतिष्ठान की शाखा खोलकर अपनी राशि वहीं रख दी। मगर जिस अमेरिकन व्यक्ति पर उन्होंने विश्वास किया उसने उन्हें धोखा दिया और सारे डॉलर हड़प लिए। वह व्यक्ति एक अमेरिकी सीनेटर के नजदीक था और गोर्बाचेव समझते थे कि यह सीनेटर मेरा मित्र है।

महाशक्ति और महापुरुष, इनका मेरे द्वारा स्वयं देखा गया यह आँखों देखा हाल। अब अमेरिका एकमेव महाशक्ति है और दुनिया के कुछ अन्य देशों के विद्वानों पर अपने देश को महाशक्ति बनाने का जुनून सवार है।

अमेरिका ने दूसरे विश्वयुद्ध के बाद अपनी सत्ता की शुरुआत कुछ सिद्धांतों के आधार पर की। स्वतंत्रता, न्याय और विश्वास यानी अमेरिकन समाज—यह उनका सूत्र था। उसे तकनीक का सहयोग मिला। 20वीं सदी में सारे अनुसंधान अमेरिका में हुए। आइंस्टाइन और हरगोविंद खुराना जैसे वैज्ञानिक, सोरोस और सर्जीब्रीन जैसे शिल्पकार, अमर्त्य सेन जैसे अर्थशास्त्री अमेरिका में थे। मगर कुछ अमेरिकी शासक अपनी हद पार कर पाए। उन्होंने दूसरे देशों के आंतरिक मामलों में हस्तक्षेप प्रारंभ किया। आतंकवादियों को शह दी। लोकाभिमुख नेताओं की हत्या अथवा उन्हें पदच्युत करने को प्रोत्साहन दिया। पाकिस्तान व ईरान जैसे देशों में सत्ताधारियों की मदद की। जिन मूल्यों के लिए अमेरिका का सम्मान था उन्हीं मूल्यों को उन्होंने अपनी सत्ता की लालसा के लिए दफना दिया।

जॉर्ज बुश ने तो सन् 2000 में राष्ट्रपति बनने के बाद सत्ता की लालसा में अमेरिका का दीवाला निकाल दिया। वे सत्ता में आए तब अमेरिका का सरकारी कर्ज 4 हजार अरब डॉलर था। बुश ने जब सत्ता छोड़ी तब वह बढ़कर 10 हजार अरब डॉलर हो गया था। सन् 2000 में डॉलर की कीमत एक यूरो थी। वह घटकर सन् 2008 में एक यूरो डेढ़ डॉलर के बराबर हो गया। बैंकों ने बगैर देखेभाले कर्जे बाँटें जिससे अमेरिका की और साथ ही दुनिया की भी आर्थिक स्थिति का बंटाधार हो गया। अमेरिकी सजाज जागरूक हुआ और उसने बराक ओबामा जैसे सद्विवेक बुद्धि रखनेवाले नेता को राष्ट्रपति निर्वाचित किया, ओबामा के नेतृत्व के कारण और तंत्रज्ञान में उनके देश के प्रभुत्व के कारण अमेरिका एक देश के रूप में तो बचेगा, मगर एक महाशक्ति के रूप में उसका धीरे-धीरे अस्त हो जाएगा। आगामी 50 वर्ष के बाद लोग तुर्की, चीन, ब्राजील और शायद पोलैंड—इन महाशक्तियों के बारे में पढ़ रहे होंगे।

महाशक्ति एक मायाजाल है। दूर से देखने पर उसकी बहुत चाहत होती है, मगर प्रत्यक्ष में वहाँ कदम रखते ही चलनेवाला फिसल जाता है। महायुद्ध की चिंगारी भी सुलग जाती है। फिर धूर्तता, कपट, हिंसा आदि प्रकार होते हैं और अंत में विनाश हो जाता है। महाभारत हमारे भारत में लिखा गया, मगर उसे पढ़कर उसका अर्थ समझने की किसे फुरसत है?

इन दिनों चीन में एक नवीन विचार-प्रवाह चल रहा है। चीन-भारत की अनेक लोग तुलना करते हैं। दोनों देश एशिया महाद्वीप के हैं। दोनों के पास बड़ी जनसंख्या है। दोनों देश सत्रहवीं सदी तक अच्छे धनाढ्य थे। उसके बाद पाश्चात्य शासनकर्ताओं ने उनका शोषण किया। पिछले 20-25 वर्षों से दोनों ही अपनी गरीबी से बाहर आने के लिए प्रयत्नों की पराकाष्ठा कर रहे हैं। दुनिया में दोनों का सम्मान बढ़ रहा है।

चीनी लोग पैसे के पुजारी कहे जाते हैं। अपने यहाँ धन त्रयोदशी होती है वैसे ही उनके यहाँ नए साल की पाँचवीं तिथि को धन पूजा का दिन होता है। सामान्य चीनी आदमी कष्ट करते हुए धन कमाने में लगा रहता है। मगर पिछले कुछ महीनों से चीन में परिवर्तन हो रहे हैं। हमें आर्थिक लाभ प्राप्त करने में सफलता मिले अथवा असफलता, हम जो कार्य कर रहे हैं वह योग्य है अथवा अयोग्य, यह ध्यान में रखकर ही हमें कार्य करना चाहिए। यह विचार अब विचारकों के साथ उद्यमियों ने भी करना प्रारंभ कर दिया है। चीन में निजी क्षेत्र के सर्वाधिक धनवान उद्योगपतियों का एक संगठन है। उसका नाम है 'चायनाआंत्रप्युनर्स क्लब'। लीऊ डाँग हुआ उसके अध्यक्ष हैं। उन्होंने सितंबर, सन् 2009 में 'ग्रीन हेरॉल्ड' नामक एक वार्षिक पत्रिका प्रारंभ की। इस पत्रिका का प्रमुख उद्देश्य समाज को गलाकाट प्रतिस्पर्धा से दूर कर मानसिक शांति और नैतिक मूल्यों की दिशा में चलने के लिए प्रवृत्त करना है।

स्वयं लीऊ डाँग हुआ इस वार्षिक पत्रिका की अपनी प्रस्तावना में कहते हैं : "इन दिनों चीन में सभी बातें उनकी सफलता-असफलता के आधार पर तोली जाती हैं। इसमें देश की भयंकर हानि है, इसलिए इसके स्थान पर योग्य अयोग्य यह प्रश्न कर यदि समाज की दिशा, चीन की आर्थिक नीति और प्रत्येक नागरिक के व्यक्तिगत जीवन का निर्धारण किया गया तो ही चीन का भविष्य होगा। इसके लिए सकारात्मक प्रवृत्ति और निकोप वातावरण का अवलंब करना होगा। हो सकता है प्रारंभ में लोग नैतिकता के मार्ग पर चलनेवालों पर हँसें, उन्हें मूर्ख कहें। मगर समस्त मानवता के लिए यह आवश्यक है। इससे मानव संस्कृति की रक्षा

होगी। हम यथाशीघ्र अपनी आँखें खोलें और भौतिक सुखों के लिए आँखें बंद कर चल रही इस दौड़ को रोककर नैतिक मूल्यों पर विचार प्रारंभ करें।''

हमें यह ध्यान रखना होगा कि लिऊ डाँग हुआ कोई चिंतक नहीं हैं। वह एक उद्योगपति हैं। एक अन्य उद्योगपति फू गुओ याँग कहते हैं : ''चीन संकट में है, प्रत्येक चीनी व्यक्ति दोनों हाथों से जो मिलेगा उसे समेटने में मग्न है। प्रत्येक को पैसा, प्रसिद्धि और भौतिक सुखों की असीम भूख लगी है। मगर इससे चीन का सर्वनाश हो जाएगा, इसलिए हमें इस प्रवृत्ति को यथाशीघ्र रोकना होगा।''

हु जियाकी नामक उद्योगपति ने तो आठ लाख शब्दों का एक ग्रंथ लिखा है और लाभ तथा लालसा का त्याग कर प्रकृति का संतुलन, मानवीय मूल्य और सामाजिक समता के मार्ग पर चलने का आह्वान किया है। स्वयं के खर्चे से इस ग्रंथ की 24 हजार प्रतियाँ वे चीन और चीन के बाहर के विचारकों को भेजने में लगे हैं।

चीन के इस नवीन विचार-प्रवाह में उद्योगपतियों के साथ व्यवसायी, सामाजिक कार्यकर्ता, शिक्षक तथा प्रसिद्ध इतिहासवेत्ता भी अपना सहयोग दे रहे हैं। यह तो अभी शुरुआत है। चीन की सेना अभी भी पुरातनपंथी है। सेनाधिकारियों में सत्ता की लालसा है। सेना को आधुनिक बनाने के लिए वे उस पर खर्च बढ़ा रहे हैं। उसके लिए उन्हें राजनीतिक नेताओं का भी समर्थन हासिल है। मगर एक तानाशाही वाले देश में भी उसके विपरीत मार्ग का प्रवाह प्रारंभ हो गया है। 2300 वर्ष पूर्व सामाजिक रचना, सत्ता और लालसा के संबंध में शुंझी और मेन्सियस जैसे विद्वानों ने जो वाद-विवाद प्रारंभ किया था, आज उसकी प्रतिध्वनियाँ फिर सुनाई देनी लगी हैं। चीनी लोगों ने आँख मिचौली का खेल बंद कर अपनी आँखें खोल दी हैं, अब खुली चर्चा प्रारंभ कर रहे हैं।

अनेक राष्ट्रों में उद्योग, राजनीति, वृत्तपत्र संपादन के क्षेत्र में बड़े पदों से निवृत्त होनेवाले लोग राजधानी में बने नहीं रहते। सीधे अपना बिस्तर बाँधकर अपने गाँव चले जाते हैं। कोरिया के राष्ट्रपति रोहमून अपने कार्यकाल के बाद अपने गाँव लौट गए। वे रोज शाम को घूमने जाते तथा बच्चों से बातचीत करते थे। एक बार रोह को पता चला कि उनके राष्ट्रपति रहते उनकी पत्नी ने उन्हें बताए बगैर एक बड़ी राशि की रिश्वत ली थी और एक बड़े उद्योग समूह की उनका नाम लेकर मदद की थी। सात्विक प्रवृत्ति के रोहमून को यह पसंद नहीं आया। उन्हें शर्म महसूस हुई। उनका स्वयं का इस प्रकरण में जरा भी संबंध नहीं था। मगर अपनी पत्नी के गलत आचरण के लिए उन्होंने प्रायश्चित किया। एक दिन सुबह

घूमकर वापस लौटते समय वे एक ऊँची टेकरी पर गए और वहाँ से नीचे कूदकर उन्होंने आत्महत्या कर ली।

कोरिया आज एक विकसित देश है। वहाँ के किसान भुखमरी के कारण आत्महत्या नहीं करते, मगर पत्नी के रिश्वत लेने पर निवृत्त राष्ट्रपति जरूर आत्महत्या करते हैं। अर्थात् कोरिया, जापान, जर्मनी विकसित हैं। स्वयं का स्वार्थ देखनेवाले, विदेशों में घूमनेवाले, गरीबी से लाचार होकर आत्महत्या करनेवाले किसानों की तरफ से आँखें मूँदकर, धन संपन्न और सत्ता के कारण महान् बने हुए अपरिपक्व बड़े लोग जिस समाज में हैं वही समाज पिछड़ा रहता है। हमें विकसित बनना है या पिछड़े रहना है यह उस समाज के लोगों को स्वयं ही तय करना होगा।

कनाडा में मेरा एक मित्र है, उसका नाम है जिम बाल्सीली। ब्लेकबेरी फोन और दूरसंचार सेवा जिम ने बनाई है। उस सेवा के कम समय में ही लोकप्रिय होने के कारण चालीस वर्ष की आयु में ही जिम बाल्सीली अरबपति बन गए हैं। अरबपति बनने के बाद भी जिम ने अपने छोटे से गाँव वाटर लू को नहीं छोड़ा। उनके लिए न्यूयॉर्क अथवा टोरेंटो में जाकर बसना सहज संभव था। मगर उन्होंने वाटरलू जैसे छोटे स्थान पर बने रहकर ही अपना व्यवसाय बढ़ाया और गाँव को भी समृद्ध किया। वहाँ के विश्वविद्यालय को बड़ा दान देकर उन्होंने गाँव में ही युवा विद्यार्थियों को अंतरराष्ट्रीय संबंधों पर शोध और प्रशिक्षण देनेवाली संस्था की स्थापना की। साथ ही विशेषज्ञों के लिए अंतरराष्ट्रीय संबंधों पर शोध हेतु नवीन केंद्र स्थापित किया। इन दोनों संस्थाओं में कार्य करने के लिए उन्होंने दुनियाभर के विद्वानों को बुलवाया और छोटे से वाटरलू गाँव में रहकर अध्ययन, लेखन और शोधकार्य करने के लिए भरपूर वेतन देकर प्रोत्साहित किया। जिम के इस कार्य से प्रेरित होकर उनके भागीदार ने भौतिकशास्त्र में मौलिक अनुसंधान के लिए एक संस्था की स्थापना भी वाटरलू गाँव में की। दुनियाभर के अग्रण्य वैज्ञानिकों को उसने वहाँ बुलाया। जिम अथवा उसके सहयोगियों को अपने बच्चों के विवाह पर सदी के सबसे बड़े आयोजन करने की महत्त्वाकांक्षा नहीं है। उनकी महत्त्वाकांक्षा है उनका छोटा-सा गाँव दुनिया का श्रेष्ठ अनुसंधान केंद्र बने। इसके लिए वे अपना पैसा खर्च कर रहे हैं।

इजरायल में स्टेफ वर्थहाइमर सबसे प्रमुख उद्योगपति हैं। राष्ट्रीय उत्पादन का 10 प्रतिशत उत्पादन उनके उद्योग में होता है। विश्व प्रसिद्ध वॉरेन बफे भी अब उनके भागीदार बन गए हैं। स्टेफ चाहते तो राजधानी तेल अबीब अथवा यूरोप, अमेरिका में व्यवसाय कर सकते थे। मगर उन्होंने इजरायल के पिछडे उत्तर भाग

में उद्योग डाला। यह विभाग लेबनान की सीमा पर है। युद्ध होने पर स्टेफ के उद्योगों की सुरक्षा खतरे में होगी। मगर उनका देशप्रेम और पिछड़े क्षेत्र के युवकों को रोजगार उपलब्ध कराने की उनकी तड़प इतनी तीव्र है कि उसकी खातिर शत्रु के प्रक्षेपास्त्रों की भी वे परवाह नहीं करते। उनकी कंपनी में कई कार्य रोबोट ही करते हैं। इसके साथ उन्होंने टेफेन औद्योगिक केंद्र की भी स्थापना की है, जहाँ सुयोग्य युवा उद्यमियों को उद्योग स्थापना के लिए जमीन और अन्य सुविधाएँ सुलभ कराई जाती हैं। इतना ही नहीं, मनोरंजन के लिए उन्होंने वहाँ आर्टगैलरी तथा संग्रहालय भी बनाए हैं। उस औद्यौगिक केंद्र में स्टेफ ने औद्योगिक विद्यालय स्थापित किए हैं, जहाँ 14 से 18 वर्ष की आयु के विद्यार्थियों को उद्योग निर्माण का प्रशिक्षण दिया जाता है। संशोधन केंद्र में लगभग 1,800 इंजीनियर कार्य करते हैं। मैं जब टेफेन औद्योगिक केंद्र को देखने गया था तब स्टेफ स्वयं चार घंटे तक मेरे साथ प्रत्येक विभाग में गए थे। मगर किसी भी कामगार ने अपना कार्य छोड़कर उनकी तरफ नहीं देखा। न ही किसी चौकीदार ने बड़े साहब को सलाम ही ठोका।

ऑस्ट्रेलिया के उद्योगपति हैं स्टीह्व किलेलिया। इन्होंने एक अत्यंत यशस्वी सॉफ्टवेअर कंपनी बनाई। वे अरबपति बन गए। बाद में उनकी समझ में आया कि एक अरब क्या और दस अरब क्या, सब समान है। इसीलिए स्टीह्व अपनी संपत्ति अफ्रीका में भूख से मरनेवाले गरीब लोगों को जीवन दान देने के लिए खर्च कर रहे हैं। कृषि सुधार, जल आपूर्ति, आरोग्य योजना जैसे प्रकल्पों पर वह बड़े पैमाने पर धन व्यय करते हैं। उन्होंने कुछ करोड डॉलर 'विश्व शांति' विषय पर शोधकार्य हेतु खर्च किए हैं। उनके बच्चे साधारण नौकरियाँ करते हैं, वे भी उनके उद्योगों में नहीं, विद्यालयों तथा अन्य संस्थानों में।

जॉर्ज सोरोज की गणना दुनिया के सबसे अमीर लोगों में होती है। उन्होंने अपनी सारी संपत्ति दुनिया में व्यक्ति स्वातंत्र्य को बढ़ावा देने के लिए खर्च की है। इसके अतिरिक्त उन्होंने विश्व शांति के लिए कार्यरत 'इंटरनेशनल क्राइसिस ग्रुप' संस्था की स्थापना के लिए भी बड़े पैमाने पर आर्थिक सहायता दी है। इस ग्रुप में 150 शोधकर्ता कार्यरत हैं। दुनिया के जिस क्षेत्र में हिंसा हो रही हो उस क्षेत्र का वे अवलोकन करते हैं और प्रतिवर्ष लगभग 100 प्रतिवेदन प्रकाशित करते हैं।

वर्जिन अटलांटिक विमान सेवा के संस्थापक तथा वर्जिन म्यूजिक उद्योग समूह के प्रमुख रिचर्ड ब्रेन्सन, ने 'दी एल्डर्स' अर्थात् वरिष्ठजन नामक संस्था का निर्माण किया है। इसकी प्रेरणा उन्हें नेल्सन मंडेला से मिली। इस संस्था में दक्षिण अफ्रीका के नोबेल पुरस्कार विजेता बिशप डेस्मंड टुटू, अमेरिका के पूर्व राष्ट्रपति

जिमी कार्टर, भारत की सेवा संस्था की संस्थापिका इला भट्ट, संयुक्त राष्ट्रसंघ के पूर्व महासचिव कोफी अन्नान, आयरलैंड की पूर्व राष्ट्रपति मेरी रॉबिन्सन आदि प्रमुख हैं। अंतरराष्ट्रीय समस्याएँ सुलझाने के लिए वृद्ध व अनुभवी नेताओं का मार्गदर्शन मिले, यही इस संस्था की भूमिका है। रिचर्ड ब्रॅन्सन स्वयं के और मित्रों के खर्चे से इन वरिष्ठजनों की बैठकें आयोजित करते हैं और प्रसार माध्यमों द्वारा उनकी आवाज दुनिया भर में पहुँचाते हैं।

स्टिव किलेरिया, ने 'वैश्विक शांति निर्देशांक' की स्थापना की। वह प्रतिवर्ष लंदन के 'इकोनॉमिस्ट' अखबार को भरपूर अनुदान देते हैं। उस धन से दुनिया के सब देशों का अध्ययन किया जाता है और प्रत्येक देश में कितनी शांति है इसके अनेक निकष लगाकर जाँच की जाती है। प्रतिवर्ष मई माह में एक रिपोर्ट का प्रकाशन किया जाता है, जिसमें विश्व के सभी देशों की शांति के आधार पर उनका क्रम घोषित किया जाता है।

प्रसिद्ध उद्योगपति बिल गेट्स और वॉरेन बफे ने अपनी सारी संपत्ति सार्वजनिक कार्य के लिए समर्पित कर दी है। यह सर्वविदित है। रिचर्ड ब्रॅन्सन, स्टिव किलेरिया, जॉर्ज सोरोस, जिम बाल्सीली, ये उद्योगपति विश्व शांति के लिए अपना धन व्यय करते हैं। उसमें उनका स्वयं का, समाज का, देश का अथवा उनके उद्योग समूह का कोई स्वार्थ नहीं होता। वैश्विक स्तर पर विचार करने के लिए व्यापक इच्छा शक्ति और वैचारिक श्रेष्ठता आवश्यक होती है। ये लोग केवल पैसा इकठ्ठा करने में अथवा फिल्म अभिनेता-अभिनेत्रियों की पार्टियाँ और क्रिकेट मैचों के आयोजन में समय नष्ट नहीं करते। न ही अन्य उद्योगपतियों की भाँति प्रसिद्धि के पीछे भागते हैं। मगर सारे विश्व में शांति स्थापित हो इसके लिए वैज्ञानिक पद्धति से प्रयत्न करते हैं। इसलिए प्रसिद्धि स्वयं उनके पीछे भागती है। इस कार्य में बहुत धन की जरूरत नहीं होती, मगर विश्व स्तर पर विचार करने की क्षमता लगती है। जो उद्योगपति केवल आँखें मूँदकर भौतिक यश कमाने में लगे हैं, उनके लिए यह कर पाना संभव नहीं है।

भारत से प्रेम करनेवाले उद्योगपति हाँस एकदाल एक बहुराष्ट्रीय कंपनी के अध्यक्ष थे। लगभग 70 देशों में उनका कामकाज था। एक बार मेरे साथ कॉफी पीते समय फोन पर बोलते-बोलते उन्होंने न्यूजीलैंड की एक कंपनी को खरीद लिया। वे एक साधारण घर में रहते हैं। कभी भी 'पेज थ्री' पर आने का प्रयास नहीं करते। उनकी पत्नी सामान्य महिलाओं की भाँति नौकरी करती हैं। उनके बेटे ने बहुत प्रयासों से पिता की सिफारिश के बिना जैसे-तैसे नौकरी प्राप्त की है। मैंने

उनसे उनकी साधारण जीवनशैली के बारे में पूछा तो उन्होंने मुझे टॉलस्टॉय की लिखी एक कहानी सुनाई—एक किसान था। उसे किसी ने बताया कि पास के गाँव में जमीन बहुत उपजाऊ है। वहाँ तुमने जमीन ली तो अच्छी कमाई होगी। किसान ने वैसा ही किया। कुछ दिनों के पश्चात् उसे कुछ और गाँवों की जानकारी मिली। उसने वहाँ भी जमीनें खरीद लीं। वह और धनवान हो गया। ऐसा करते हुए वह एक गाँव में आ पहुँचा। वहाँ के पटेल ने उसे कहा कि सूर्यास्त तक तुम इस गाँव की परिक्रमा करके आओगे तो तुम्हारे द्वारा चक्कर लगाई गई सारी जमीन तुम्हें मुफ्त में मिल जाएगी। मगर चक्कर मारकर शाम के पूर्व गाँव में लौटना आवश्यक है। किसान दौड़ पड़ा। वह अधिक-से-अधिक जमीन प्राप्त करने के लिए बड़ा चक्कर लगाना चाहता था। दिन भर वह दौड़ता रहा। जैसे-जैसे शाम होने लगी वह गाँव पहुँचने के लिए तेजी से दौड़ने लगा। सूर्यास्त तक उसने बहुत लंबा चक्कर पूर्ण कर बहुत सारी जमीन प्राप्त कर ली। मगर जैसे ही उसकी परिक्रमा पूर्ण हुई वह थकान से गश खाकर गिर पड़ा और मर गया। गाँव के लोगों ने 6 × 2 फीट का गड्ढा खोदकर उसे उसमें दफन कर दिया। तब गाँव के पटेल ने कहा—वास्तव में उसे इतनी ही जमीन की आवश्यकता थी।

पूर्व में भारतीय उद्योगपति भी सामाजिक कार्यों के लिए अपनी संपत्ति व्यय करते थे। टाटा समूह ने मुंबई में कैंसर, भौतिक शास्त्र और समाज शास्त्र इन तीन विषयों में शोध कार्य के लिए संस्थाएँ स्थापित कीं। साथ ही अन्य कई संस्थाओं की भी मदद की। बिरला समूह ने पिलानी में अभियांत्रिकी शिक्षा संस्थान, मुंबई में क्रीड़ा केंद्र तथा अनेक अस्पताल और मंदिरों के लिए मदद की। मगर ये पुराने समय की बातें हैं। वर्तमान में बजाज उद्योग समूह सामाजिक कार्य कर रहा है। वे मुंबई विश्वविद्यालय में नवीन विभाग खोलने के लिए भरपूर मदद करते हैं, मगर जरा भी प्रचार नहीं करते। कंप्यूटर व्यवसाय की विप्रो तथा इंफोसिस कंपनियाँ भी शैक्षणिक संस्थाओं की मदद करती हैं। मगर केवल अपवाद हैं। पिछले 25-30 वर्षों में मानवीय समस्या पर शोध करनेवाली एक भी संस्था निजी क्षेत्र में नहीं बनी है। इसके बदले दावतों, क्रिकेट मैचों, फैशन शो आदि में—जहाँ प्रसिद्धि मिलती है, भरपूर पैसा खर्च किया जाता है।

मेरे यहाँ एक होशियार लड़की काम करती थी। उसे मॉडल यूनो कार्यक्रम के लिए विदेशी निमंत्रण मिला था। उसकी हैसियत उस सफर का खर्च उठाने की नहीं थी। इसलिए प्रायोजक प्राप्त करने के लिए वह अनेक कंपनियों के अधिकारियों से मिली। सबने उसे एक ही सलाह दी, यह मॉडल यूनो जैसा बेकार का फितूर

क्या ले बैठी हो? इसके स्थान पर अच्छा-सा डिस्को का कार्यक्रम आयोजित करो, हम उसको प्रायोजित करेंगे। समाज की बदलती मानसिकता ऐसे प्रतिनिधिक स्वरूप में दिखाई देती है।

मगर इसी समाज में रालेगण सिद्धी के श्री अन्ना हजारे जैसे समाज सुधारक दीप स्तंभ बने हुए हैं। अन्ना की प्रेरणा से गाँववालों ने श्रमदान के द्वारा किसी भी बाहरी मदद के बगैर गाँव का विकास किया है। विविध विकास योजनाओं से जो लाभ होता है, उसका 25 प्रतिशत लाभ कर्जा चुकाने के लिए खर्च किया जाता है। 25 प्रतिशत लाभ नई विकास योजनाओं की पूँजी के रूप में उपयोग में लाया जाता है, जबकि शेष 50 प्रतिशत लाभ जरूरतमंद लोगों में बाँटा जाता है। स्वाध्याय संगठन द्वारा योगेश्वर कृषि योजना चलाई जाती है। स्वाध्याय के किसान परती जमीन पर खेती करते हैं। वे भी रालेगण सिद्धी की ही भाँति श्रमदान द्वारा खेती करते हैं। पैदावार बेचकर जो मुनाफा कमाया जाता है उसे कुछ मात्रा में जरूरतमंदों में बाँटा जाता है, शेष नवीन विकास योजनाएँ चलाने में खर्च होता है। बिहार में अकालग्रस्त पाल भाऊ नामक गाँव में लोगों ने स्वयं मिलकर पानी पंचायत की स्थापना की है। लोग श्रमदान करके छोटे बाँध बनाते हैं और पानी इकठ्ठा कर उससे खेती करते हैं। इससे होनेवाले लाभ को अनेक छोटे बाँध बनाने अथवा जरूरतमंदों की मदद करने में खर्च किया जाता है। असम, मेघालय की खासी जमात के लोग खेती को सारे समाज का धन मानते हैं, वहाँ किसी भी किसान की व्यक्तिगत खेती नहीं होती। सब लोग एक ही प्रकार की फसल उगाते हैं और उसे बेचकर होनेवाला मुनाफा आपस में बाँट लेते हैं। भारत में अनेक स्थानों पर ऐसे प्रयोग हुए हैं। इससे गाँव सुजलाम, सुफलाम बने हैं। मगर ऐसे प्रयोग संख्या में बहुत ही कम हैं। भारत में 6 लाख गाँव हैं। इसलिए स्वावलंबन पर आधारित ऐसे दो-तीन लाख प्रयोग जब होंगे तभी सर्वत्र समृद्धि फैलेगी और अपना देश सच्चे अर्थों में महान् बनेगा।

इस सारे चिंतन में एक ही निष्कर्ष निकलता है, वह यह कि आँख मिचौली का खेल खेलते रहने के बजाय हमें आँखें खुली रखकर विचार करने की अधिक आवश्यकता है। यह खेल बंद करने के लिए हमें स्वयं अपने से शुरुआत करनी पड़ेगी। अपने विचार तथा आदतें बदलनी पड़ेंगी। व्यक्तिगत जीवन में गाड़ी-बँगला जैसी दिखावटी वस्तुओं की, तो राष्ट्रीय दृष्टिकोण से महाशक्ति बनने की महात्वाकांक्षा को छोड़ना पड़ेगा। पैसा एक अद्‌भत वस्तु है। हम यदि इसके पीछे भागते हैं तो वह हमसे दो कदम आगे भागता है। सत्ता की

भी यही स्थिति है। हम यदि सत्ता के पीछे भागे तो सत्ता दूर दिखाई देती है। हाथ नहीं आती। इसके लिए हमें सामाजिक हितों के लिए पोषक अनेक उदाहरणों का भी अनुकरण करना पड़ेगा।

परिवर्तन की शुरुआत स्वयं से करनेवाले लोगों के अनेक उदाहरण हमारे आस-पास ही होते हैं। यूरोप व कनाडा में उद्योगपति, मंत्री, संपादक, इनके बच्चे सर्व सामान्यजनों के बच्चों के साथ दोस्ती करते हैं। उनके साथ अपनी पटती है या नहीं केवल इतना ही वे देखते हैं। चीन में तो ऐसी प्रथा है कि अत्यंत ऊँचे स्तर के दो परिवारों का यदि साथ में भोजन है तो वे अपने साथ आए ड्राइवरों को भी अपने साथ भोजन के लिए बिठाते हैं। इन ड्राइवरों के बच्चे भी मेजबान के बच्चों के साथ खेलते हैं। हमारी तरह ड्राइवर के हाथ में सौ रुपए का नोट देकर वहाँ उसे दूसरी जगह खाने को नहीं भेजा जाता। ड्राइवर भी मालिक की सहृदयता का फायदा उठाकर तत्काल उसके कान में वेतन वृद्धि की फरमाइश नहीं करते।

महँगी ट्यूशन, अनिवासी भारतीयों के लिए बनाई गई फिल्में, बड़े होने पर पैसे के पीछे भागने की प्रवृत्ति, धनवान वधू अथवा वर खोजने के संस्कार यदि अभी से बच्चों में घर करने लगे तो भविष्य में उनकी मानसिकता संकुचित ही बनेगी। हम और हमारे समाज की सच्चे अर्थों में सर्वांगीण प्रगति होनी चाहिए, ऐसा यदि हम सोचते हैं तो—अस्मिता यानी क्या? प्रगति यानी क्या? ऐसे विषयों पर सामाजिक चर्चा करने की आवश्यकता है। मुक्त वातावरण में यह चर्चा होनी चाहिए। यदि समाज को और हमें उसका लाभ मिलनेवाला है तो उसमें से अच्छी बातें हमें ग्रहण करनी होंगी। 'सास भी कभी बहू थी' और 'बुगी-बुगी' की तरफ केवल मनोरंजन के साधन के रूप में देखना होगा। वरना कार्यक्रम में अपनी 12 साल की बेटी को मिनी स्कर्ट अथवा चोली पहनाकर स्टेज पर नचाने से हम बहुत प्रगतिशील हो गए हैं और वैश्वीकरण की बाजी जीतने में सक्षम हो गए हैं, ऐसा नहीं होता। हम 2-3 घर और गाड़ियाँ खरीदें इसके बजाए रेल और बस सेवा में सुधार हेतु सरकार पर दबाव डालें तो इससे अपना स्वयं का और समाज का भी भला होगा। यदि देशभर में मकानों और कारों की माँग कम होती है तो भ्रष्टाचार, प्रदूषण और बीमारियों में भी कमी आएगी और समाज सुखी होगा। विकसित देशों के धनाढ्य लोग अपनी संपत्ति समाज के हित में व्यय करते हैं। स्वयं के परिवार तथा अगली सात पीढ़ियों के लिए जमा करके कर नहीं रखते। दुनिया और समाज में सकारात्मक परिवर्तन के लिए अपनी संपत्ति का उपयोग करने में उन्हें प्रसन्नता होती है।

जीवन का मूल्यांकन यश-अपयश की तराजू पर करने के स्थान पर योग्य-अयोग्य की तुलना द्वारा होना चाहिए। हमारे लिए सुखी और समृद्ध जीवन जी पाना निश्चित रूप से उसी से संभव होगा। हम बँगला-गाड़ी के विश्व में आगे बढ़ने के भले ही कितने प्रयास करें, मगर रेस में निश्चित ही कोई मल्होत्रा, मलकानी या मालपानी हमारे आगे होगा। उससे हजार गुना टाटा और अंबानी बड़े होंगे। सोरेस और गेट्स उनसे भी बड़े होंगे। इस स्पर्धा का कोई अंत नहीं है। मगर यदि हम नैतिकता के आधार पर योग्य जीवन जिएँगे तो हमें जो समाधान मिलेगा उसे हमसे कोई छीन नहीं सकेगा। किसी भी स्पर्धा में हम पीछे नहीं रहेंगे। नैतिकता का मार्ग गरीबी का मार्ग नहीं है। उलटे इस मार्ग पर चलनेवाले लोग बहुत धनवान हुए हैं।

आँख मिचौली के खेल में प्रश्न अमीरी-गरीबी का, ठाठ से या सादेपन से रहने का, मकान-गाड़ी खरीदने का अथवा बस से सफर करने का नहीं है। यदि प्रश्न है तो वह है, जाग्रत् सद्विवेक बुद्धि का, प्रश्न है संवेदनशीलता का, प्रश्न है अपनी जरूरतों की मर्यादा पहचानने का। हमें जिस बात की जरूरत है वह हमें प्राप्त करनी चाहिए। मगर जिसकी हमें जरूरत नहीं है उसका हठ आँख मूँदकर करना स्वयं को अधोगति की तरफ ले जाने जैसा है।

यह सब एक रात में नहीं होगा। उसके लिए दीर्घकालीन नियोजन करना पड़ेगा। सबसे पहले हमारी शिक्षा पद्धति में परिवर्तन होना चाहिए। कृषि विज्ञान, लघु उद्योग, समाज शास्त्र, इन विषयों का नियमित रूप से अभ्यास तथा अवलंबन होना चाहिए। लोकाभिमुख तंत्रज्ञान में अनुसंधान किए जाने की जरूरत है। हमें कंप्यूटर वैज्ञानिक चाहिए, मगर बड़ी अमेरिकी कंपनियों की गुलामी करने के लिए नहीं। भारतीय कृषकों को बाजारों-मंडियों से जोड़नेवाले, नई तकनीकी से परिचित कराकर उत्पादकता बढ़ानेवाले, माल का मूल्य, प्रति एकड़ उत्पादन और गुणवत्ता बढ़ानेवाले विशेषज्ञों की हमें आवश्यकता है। इसके लिए सक्षम शैक्षणिक संस्थाएँ हमें खड़ी करनी होंगी। भारत के पास आर्थिक क्षमता है। मगर आँखों पर पट्टी बाँधे हुए लोगों के पास वह दृष्टि नहीं है। हमारे समाज में अभी भी सद्विवेक बुद्धि जागृत है। संकट के समय उसका प्रदर्शन होता है। भूकंप के आने पर, बाढ़ के आने पर, आतंकवादी हमला होने पर राजनीतिक नेता अदृश्य हो जाते हैं। सामान्य लोग स्वयं की जान जोखिम में डालकर एक-दूसरे की मदद करते हैं। वयोवृद्ध, महिला और बच्चों को सुरक्षित स्थान पर ले जाते हैं। बच्चों की चिंता करते हैं। अभी भी समय नहीं गया है। समाज में अनेक भले लोग हैं, मगर हमारे

सामने सबसे बड़ी चुनौती है, अपनी विचार पद्धति को बदलने की।

गौतम बुद्ध को कोशल गाँव से एक अनुयायी मिलने आया था। उसने बुद्ध से प्रश्न किया, ''योग्य मार्ग यानी क्या?'' बुद्ध ने उत्तर दिया, ''मैंने जो कुछ कहा उस पर केवल मैंने कहा इसलिए विश्वास मत करो। केवल इसलिए उस पर विश्वास मत करना। केवल संभव है, इसलिए वह ठीक है यह भी मत समझना। केवल व्यावहारिक ज्ञान है, इसलिए भी उसे मत स्वीकारना। जो तुम्हारी सद्‌विवेक बुद्धि को योग्य प्रतीत होता है, उसी पर तुम विश्वास करो और उसका आचरण करो। आँखों पर बँधी पट्टियों को निकाल दो और मन चक्षुओं का प्रयोग करो। यही उचित है।''

□

मानवता के शत्रु

सन् 1995 में आतंकवादी घटनाओं तथा लगातार हो रही हिंसा के कारण कश्मीर की जनता बुरी तरह प्रभावित थी। 'पीस इनिशिएटिव' नामक अंतरराष्ट्रीय संस्था के तत्वावधान में एक प्रतिनिधि मंडल कश्मीर घाटी की स्थिति के अध्ययन के लिए वहाँ भेजा गया था। वहाँ पहुँचने पर हमें दहकते कश्मीर के दर्शन हुए। घर-घर में जैसें आतंकवादी बसे हुए हों ऐसा प्रतीत हो रहा था। चारों ओर से गोलीबारी की आवाजें सुनाई दे रही थीं। सुरक्षा जवान मुस्तैदी से काम कर रहे थे। झड़पों की घटनाएँ हमारे आस-पास ही घटित होती दिखाई दे रही थीं।

नगीन सरोवर के एक नौका सदन में हमारा मुकाम था। उस समय आतंकवादियों के चंगुल में फँसे एक युवक ने मुझसे मिलने की इच्छा जताई। मैं भी ऐसे युवकों को समझना चाहता ही था। सुरक्षा दलों के साथ झड़पों में अपनी जान जाएगी, यह ये आतंकवादी जानते थे। आज नहीं तो कल मौत आनी ही है। मगर मरने के पूर्व, किन परिस्थितियों में वे इस दुश्चक्र में फँसे थे, यह किसी जिम्मेदार व्यक्ति को पता चलना चाहिए, यही भावना उस युवक की आँखों में मुझे दिखाई दे रही थी। उसने मुझे अपनी कहानी सुनाना प्रारंभ किया—

"मैं पहले एक सरकारी नौकरी में अच्छे पद पर कार्यरत था। अच्छा खिलाड़ी होने के कारण गाँव में तथा मित्रों में लोकप्रिय भी था। शायद इसीलिए मेरे वरिष्ठ अधिकारी मुझसे ईर्ष्या करते थे। भारत सरकार ने पटियाला में राष्ट्रीय क्रीड़ा प्रशिक्षण के लिए मेरा चयन किया। इस कारण मैं खुश था। मगर इसका उलटा परिणाम हुआ। प्रशिक्षण लेकर लौटने के उपरांत तकनीकी कारणों से मेरे वरिष्ठों ने मुझे नौकरी से निकाल दिया। इससे मैं उद्ध्वस्त हो गया। मैंने बार-बार आवेदन दिया। मगर मेरे साथ अत्यंत बुरा बर्ताव किया गया। आखिर मुझे घर बैठा दिया गया। मैं बेरोजगार हो गया। गली-मोहल्लों में आवारा बनकर घूमने लगा।

तब तक लोगों को मेरी परिस्थिति का पता चल गया था। मेरे कुछ मित्रों ने मुझे धीरज बँधाया। मेरे दु:ख में कोई सहभागी है यह जानकर मुझे भी अच्छा लगा। कुछ दिन बाद इन मित्रों ने ही मेरा परिचय उनके अन्य मित्रों से कराते हुए कहा कि तुम पर जो अन्याय हुआ है उसका बदला तुम्हें लेना चाहिए और यह चाचा उसके लिए तुम्हारी मदद करेंगे। मैं भी भावना में बह गया। एक रात किसी को भी बताए बगैर मैं उनके साथ घर छोड़कर चला गया। तीन दिन तक हम सफर करते रहे। उसके बाद सीमा पर जाकर उन्होंने मुझे पाकिस्तान में प्रवेश करा दिया। वहाँ पाकिस्तानी सेना के जवान थे, जिन्होंने हमारा स्वागत किया। हमें सम्मान दिया। हमारे खाने-पीने की व्यवस्था की। इस कारण मैं भी उन्हें आदर देने लगा। मेरा आत्मविश्वास भी बढ़ गया। मेरे वहाँ जाने का कारण वे पहले से ही जानते थे। उन्होंने मुझे समझाया कि अपने विभाग के किसी एक वरिष्ठ अधिकारी को मारकर तुम्हें कोई लाभ नहीं होगा। उनके स्थान पर दूसरे अधिकारी उस पद पर आ जाएँगे। फिर तुम्हारे जैसे दूसरे किसी को वह अपना शिकार बनाएँगे। इसलिए ऐसे अधिकारियों को भेजनेवाली भारत सरकार तथा उसके सुरक्षातंत्र को समाप्त करके ही बदला लेना पड़ेगा। उन्होंने यह इस तरीके से समझाया कि मैं स्तब्ध रह गया। सम्मोहित होकर मैं उनकी सारी बातों से सहमत होता गया। मैंने उनको अपनी सहमति दे दी।

"उसके बाद पाकिस्तानी जासूसों की सहायता से उन्होंने मुझे नियंत्रण रेखा के पार श्रीनगर में लाकर छोड़ दिया। मुझे बंदूकें और शस्त्र दिए। सेना के कुछ अधिकारियों को मारकर प्रतिशोध लेने को कहा गया। मैंने भी कठोर मन से इसे अंजाम दिया और पकड़ा न जाऊँ, इसलिए वापस नियंत्रण रेखा के पार चला गया। यशस्वी होकर जाने के कारण वहाँ मुझे खूब प्रशंसा मिली। उसके बाद मुझे बार-बार ऐसी मुहिमों पर भेजा जाने लगा। मेरे लिए यह रोज का काम हो गया। मैं कश्मीर में आता और सेना तथा सुरक्षा बलों के जवानों को मारकर फिर पाकिस्तान भाग जाता। मेरी प्रतिष्ठा वहाँ बढ़ने लगी। मेरा कद भी बढ़ गया, तब वहाँ के अधिकारियों ने मेरी नियुक्ति भारत के विरुद्ध आतंकवादी गतिविधियाँ चलानेवाले एक संगठन 'तंजिम' के उप प्रमुख के पद पर कर दी। पाकिस्तानी सेना के अधिकारी बताते थे कि मेरी प्रसिद्धि ठेठ पिंडी तक पहुँच चुकी है।

"बाद में थोड़े दिन पश्चात् पाकिस्तानी गुप्तचर संस्था के वरिष्ठ अधिकारियों ने बताया कि वे मुझे कश्मीर के इतिहास की सबसे बड़ी जिम्मेदारी सौंप रहे हैं, जो किसी भी स्थिति में पूरी की जानी आवश्यक है। मैं हमेशा की भाँति पुन:

श्रीनगर आया। तय हुए अनुसार मुझे वहाँ कुछ लोग मिले। उन्होंने मुझे कार्य की योजना समझाई। वह योजना थी श्रीनगर विश्वविद्यालय और प्रसिद्ध शूरा मेडिकल इंस्टीट्यूट को बम विस्फोट द्वारा उड़ाकर अफरा-तफरी मचाना। यह सुनकर मेरा माथा ठनका। मेरे मन में विचार आया कि यदि कश्मीर के इन प्रसिद्ध शिक्षा और चिकित्सा संस्थानों को खत्म कर दिया गया तो फिर कश्मीर में बचेगा ही क्या? मेरी समझ में आ गया कि पाकिस्तान कश्मीर को स्वतंत्र करवाने अथवा अपने नियंत्रण में लेने की जो इच्छा जाहिर करता है, वह सिर्फ उसका दिखावा है, ढोंग है, वह तो केवल कश्मीरी लोगों का संहार और सर्वनाश चाहता है। उन्हें चाहिए था केवल भारत का अपमान और विभाजन। मैंने इस कार्य में उन्हें सहयोग देने से इनकार कर तंजीम छोड़ दी। उसके बाद मेरे पास उसके प्रतिस्पर्धी संगठन के साथ जुड़ने के अलावा और कोई चारा नहीं था। उन्होंने मुझे संरक्षण दिया। मगर कुछ समय के बाद ही मुझे पता चल गया कि उनमें भी कोई अधिक फर्क नहीं था। मैं पिछले कुछ समय से इन सब लोगों से दूर भाग रहा हूँ। बाहर निकलने का रास्ता न मिलनेवाले चक्रव्यूह में मैं फँस गया हूँ। मेरा अंत मुझे स्पष्ट दिखाई दे रहा है। मगर मरने के पूर्व, मेरे आतंकवादी बनने की यह कथा किसी को बताने की मेरी इच्छा थी, वह आज पूर्ण हुई।''

उसके द्वारा दी गई यह जानकारी शायद मेरी सहानुभूति प्राप्त करने का प्रयास हो, ऐसी शंका मेरे मन में आई। मगर बाद में उसके द्वारा कही गई अधिकांश बातें सही होने की बात मुझे पता चली। कुछ दिनों के बाद उसकी हत्या भी हो गई, यह भी मुझे पता चला। चक्रव्यूह में वह किस की गोली का शिकार बना, यह मुझे अभी भी पता नहीं चल सका है।

उसके कुछ वर्षों बाद हैदराबाद में कुछ सामाजिक कार्यकर्ताओं के साथ चर्चा के दौरान आंध्र प्रदेश के नक्सलवाद प्रभावित क्षेत्र के एक कार्यकर्ता ने अपने अनुभव बताए—''नक्सलवादी समूह ने एक गाँव के चार युवकों को अपने जाल में फँसाया। ये युवक काम-धंधा न होने से गाँव में आवारागर्दी करते थे। उन्होंने उनको 3-4 माह तक बिना किसी काम के घर खर्चे के लिए कुछ हजार रुपए दिए। घर का कर्जा कम होने से उनके परिवारजन भी खुश हुए। बाद में उनके प्रमुख ने उनको बंदूकें देकर गाँव के पुलिस थाने पर गोलीबारी करने के निर्देश दिए। पुलिस को गोलीबारी करनेवालों के नाम तत्काल पता चल गए, क्योंकि उनके नक्सलवादी प्रमुख ने ही ऐसी व्यवस्था कर रखी थी। अब इन युवकों के पास कोई विकल्प नहीं था। यदि वे नक्सलवादी टोली को छोड़ते हैं तो पुलिस के

द्वारा मारे जाने का भय था। नक्सलवादियों ने तत्काल उन्हें पैसे देना बंद कर दिया। केवल दो समय का भोजन और आसरा देने के बदले में इन युवकों को हत्या, मारपीट, लूटमार के काम में लगा दिया गया।''

यह सुनकर नेपाल का स्मरण हुआ। वहाँ के माओवादी संगठनों ने भी इसी तरह अनेक युवकों को अपने जाल में फँसाया था। श्रीलंका के तमिल टायगर (लिट्टे) उनसे भी आगे थे। वे सीधे गाँव में जाकर प्रत्येक परिवार से एक लड़का आंदोलन के लिए अर्थात् आतंकवादी गतिविधियों के लिए देने की माँग करते। यदि ऐसा नहीं होता तो पूरे परिवार को मार डालते। पालकों के लिए एक बेटे की आहुति देने के अलावा कोई दूसरा रास्ता ही नहीं बचता था।

दुनिया का सबसे क्रूर आतंकवादी गुट है 'लार्ड्स रेजिस्टेंट आर्मी'। यह उत्तर युगांडा में है। सन् 1986 में आचोली जाति के लोगों ने इसकी स्थापना की थी। मुसेविनी युगांडा के राष्ट्रपति बने। इसके बाद उनकी सरकार ने आचोली लोगों पर बहुत अत्याचार किए। उसके कारण इस आतंकवाद का यहाँ प्रादुर्भाव हुआ। बाद में उनकी महत्त्वाकांक्षाएँ बढ़ने लगीं और उन्होंने अफ्रीका में बाईबिल पर आधारित कट्टरपंथी ईसाई राष्ट्र की स्थापना को अपना लक्ष्य बनाया। इस आतंकवादी संगठन के लोग स्वयं अपने आचोली समुदाय के 14-15 वर्ष के बच्चों का अपहरण करते हैं। पहले वे इन बच्चों को अपनी छोटी बहन की हत्या के लिए मजबूर करते हैं। भाई-बहन न हो तो माँ की हत्या करने को मजबूर करते हैं। प्रत्येक आतंकवादी स्वयं के प्रियजन की हत्या कर आतंकवादी संगठन का प्रशिक्षण प्राप्त करता है। इतनी क्रूरता अभी दूसरा कोई भी आतंकवादी संगठन नहीं दिखाता। अलकायदा भी सामान्यतया अपने अनुयायियों को स्वयं के परिवारजनों की हत्या करने को नहीं कहता।

दुनिया भर में फैल रहा आतंकवाद नया नहीं है। यह इतिहास की काली किनार है। उन्नीसवी सदी के अंत में यूरोप में आतंकवाद की बड़ी लहर आई थी। उसमें इटली का राजा, रशिया का जार, ऑस्ट्रिया की रानी, जर्मनी का राजा, इतना ही नहीं समुद्र पार अमेरिका का राष्ट्रपति, इन सब पर आतंकावादी हमले हुए। इन हमलों में कुछ लोग बच गए और कुछ मारे गए। फ्रांस की संसद् में और संभ्रांत लोगों को प्रिय कॉफी हाउस में बम विस्फोट करवाए गए। यूरोप के उच्च वर्ग में आतंक फैल गया। उन्होंने प्रसार माध्यमों और महत्त्वाकांक्षी राजनीतिज्ञों से संपर्क साधकर सर्वत्र सार्वभौमिक राष्ट्रवाद की दुंदुभि बजाई। द्रेशप्रेम का नकली स्वरूप लोगों के समक्ष खड़ा किया गया। इसी के कारण बीसवीं सदी में दो विश्वयुद्ध हुए।

दूसरे विश्वयुद्ध के बाद आतंकवाद ने यूरोप तथा अमेरिका में फिर सिर उठाया, इटली व जर्मनी में रेड आर्मी ने आतंक मचाया। अमेरिका में आतंकवादी गोरे युवकों ने काले लोगों को खत्म करने के लिए 'कू क्लक्स क्लॅन' नामक क्रूर संगठन बनाया। कुछ वर्ष पश्चात् जनता के दबाव में अमेरिका, जर्मनी व इटली की सरकारों ने इन सभी आतंकवादी संगठनों को नेस्तनाबूत कर दिया। मगर इस दौरान आतंकवाद की कल्पना अमेरिका-यूरोप से बाहर अन्यत्र भी फैल चुकी थी। श्रीलंका में तमिल चीतों ने आत्मघाती बम की नई तकनीक को विकसित किया, जो बाद में मध्यपूर्व में भी फैल गई।

इजरायली और फिलिस्तीनी लोगों के संघर्ष के कारण मध्यपूर्व से दुनियाभर में आतंकवाद को फैलने में मदद मिली। सन् 1948 में इजरायल के जन्म के बाद से ही मध्यपूर्व सतत् राजनीतिक ज्वालामुखी से धधकता रहा है। उसके विस्फोट में अनेक सामान्यजन मौत के मुँह में जा रहे हैं। केवल पिछले 20 वर्षों में इजरायल ने दस हजार फिलिस्तीनी नागरिकों की हत्या की है तो फिलिस्तीनी आतंकवादी संगठनों ने एक हजार इजरायली नागरिकों को मार डाला है। घायलों की संख्या अलग है। दोनों पक्षों के हताहतों में महिलाओं तथा बच्चों की संख्या भी बड़ी है।

वास्तव में मध्यपूर्व में अनेक राजनीतिज्ञ नेता हैं। इजरायल के राष्ट्रपति सिमॉन पेरेस, फिलिस्तीनी राष्ट्रपति मेहमूद अब्बास, जॉर्डन के राजा अब्दुल्ला, अरब राष्ट्रसंघ के महासचिव आम्रे मुसा और तुर्की के प्रधानमंत्री रिसेप ताय्यिप आर्दोगान इन सबकी मध्यपूर्व में शांति स्थापना के लिए चिंता अत्यंत प्रामाणिक है। एक तरफ अपने स्वयं के राष्ट्र की अस्मिता और हित तो दूसरी ओर पश्चिम एशिया में शांति स्थापना के कठिन दायित्व का निर्वाह, ऐसे दोहरे कर्तव्य के लिए ये नेता प्रयास कर रहे हैं। इसके अतिरिक्त इन्हें और भी अनेक अंतरराष्ट्रीय समस्याओं पर विचार के लिए आमंत्रित किया जाता है। ये सभी नेता हिंसाचार, युद्ध और आतंकवाद के विरोधी हैं, फिर भी वे अपने स्वयं के देश में इन अमानुषिक प्रवृत्तियों को रोक नहीं पा रहे हैं। इसमें इजरायल-फिलिस्तीनी संघर्ष मुख्य है।

इजरायल के दोनों तरफ फिलिस्तीनी प्रदेश है। पश्चिम में स्थित गाजापट्टी अतिशय गरीबी, दरिद्रता और अन्याय से ग्रस्त है। इजरायल ने उसपर से अपना कब्जा छोड़ा। उसकी बाहरी नाकेबंदी भी की। इजरायली सेना गाजापट्टी में अनाज, सीमेंट, औषधियों जैसी जीवन आवश्यक वस्तुओं की आपूर्ति नहीं होने देती। इसलिए गाजा के लोग प्रक्षेपास्त्रों से उसपर हमला करते हैं। उसमें से कुछ प्रक्षेपास्त्र लोहारी भटिट्यों में तैयार होते हैं, उनकी क्षमता अधिक नहीं होती। कुछ चोरी छुपे

ईरान से आते हैं। ऐसे हमले होने पर इजरायल को गुस्सा आता है और वह नाकेबंदी को और कड़ी कर गाजापट्टी को जकड़ देता है।

फिलीस्तीन का दूसरा भाग यानी वेस्ट बैंक, इस प्रदेश के नाम में भले ही पश्चिम शब्द आता हो मगर वह भी इजरायल के पूर्व में ही है। इस भाग में इजरायल का पूर्ण तथा गैर-कानूनी और अमानुषिक राज कायम है। यहूदी लोग मनमाफिक तरीके से फिलिस्तीनी लोगों की जमीनों पर कब्जा कर लेते हैं। वहाँ अपने मकान और सड़कें बनाते हैं। इसके लिए उन्हें इजरायली सरकार से आर्थिक मदद और सुरक्षा भी उपलब्ध होती है। वेस्ट बैंक में इजरायल ने लगभग 600 सुरक्षा चौकियाँ बनाई हैं। वहाँ से निकलनेवाले फिलिस्तीनीयों को वे रोकते हैं। घंटों तक उन्हें कतारों में खड़ा रखते हैं। उनमें कई बार गर्भवती स्त्रियाँ होती हैं। कभी उनकी तो कभी उनके गर्भ की, इन सुरक्षा चौकियों के सामने ही मौत तक हो जाती है। मगर इजरायली सैनिक इसकी चिंता नहीं करते।

इजरायल के अमानुषिक और गैर-कानूनी व्यवहार से संतप्त फिलिस्तीनी युवकों को अपना शिकार बनाकर अपने जाल में फाँसने के लिए आतंकवादी संगठन तैयार ही रहते हैं। वे ऐसे अपमानग्रस्त युवकों को भड़काते हैं। उन्हें धर्म और राष्ट्रीयता के नाम पर गलत जानकारी देकर इजरायल में विद्यालय, सिनेमागृह, दुकानों जैसे सामान्य और निरपराध लोगों के भीड़ भरे स्थानों पर हमला करने को मजबूर करते हैं। इस काम के लिए धन और शस्त्रों की आपूर्ति भी करते हैं। एक ओर अन्यायी शासक और सैनिक तथा दूसरी ओर स्वयं के लाभ के लिए जाल फैलानेवाले चालाक, धूर्त, धनाढ्य ऐसे आतंकवादी नेता। सामान्य आतंकवादी युवक इस कैंची में पकड़ा गया कागज होता है और कटता है।

मध्यपूर्व में युवकों को मिस्र में मुसलिम ब्रदर हुड, फिलिस्तीन के हमास और लेबनान के हेजबुल्ला का जबरदस्त आकर्षण है। ये संगठन अनेक सामाजिक कार्य करते हैं। विश्वविद्यालय के विद्यार्थियों को परीक्षा की तैयारी करवाने के लिए कोचिंग क्लासेस, गरीबों को रोजगार, झुग्गी बस्तियों में चिकित्सा सेवा, पड़ोसियों से विवाद मिटाने के लिए न्याय व्यवस्था जैसी सेवाएँ ये संस्थाएँ उपलब्ध कराती हैं। वास्तव में ये सुविधाएँ देना सरकार का काम है। मगर सरकार को केवल शहरी, मध्यमवर्गीय, विदेशी हित संबंध, बड़े उद्योगपति इनकी ही चिंता होती है। गरीबों की ओर ध्यान देने के लिए उसके पास समय नहीं होता। इसके अलावा सभी अरब राष्ट्रों में लोकतंत्र भी नहीं है। विपक्ष भी नहीं। इस कारण पीड़ितजनों के लिए एक मात्र आसरा मसजिद ही होती है। इस बात का फायदा

अलकायदा जैसे संगठन उठाते हैं। आतंकवाद का जन्म बेरोजगारी, विफलता, अन्याय, अपमान आदि से होता है। इस प्रक्रिया में कुछ समाज घातक लोग धर्म, राष्ट्रीय भावना, सामाजिक स्थिति जैसी मान्यताओं का भी दुरुपयोग करते हैं। उसे अमेरिका की सत्तापिपासु राजनीति का खाद-पानी भी मिलता है। अमेरिका में सरकार स्वयं की सुविधा से कभी उग्रवादी संगठनों की संरक्षक तो कभी संहारक बन जाती है। अमेरिका ईरान के शाह का समर्थक था। वहीं वह मिस्र और अफगानिस्तान की साम्यवाद समर्थक सरकारों का विरोधी था। बाद में रूस ने अफगानिस्तान पर आक्रमण कर उसे एक और बहाना भी दे दिया। मिस्र में राष्ट्रपति अनवर सादात ने साम्यवादी विचारधारा को चुनौती देने के लिए, मुसलिम ब्रदरहुड कट्टरपंथी संस्था को प्रोत्साहन दिया। उनकी इस नीति का अमेरिका ने भी समर्थन किया। बाद में जब यह भूत सादात के ही सिर पर सवार हो गया तो उन्होंने उसके कार्यकर्ताओं की गिरफ्तारी प्रारंभ कर दी। अनेक लोग पलायन कर सऊदी अरेबिया चले गए। वहाँ से मिस्र, सऊदी अरेबिया और अन्य अरब देशों के कट्टरपंथी युवक पाकिस्तान के पेशावर में जाकर बस गए। मध्यपूर्व के अमेरिका समर्थक शासकों की रक्षा के लिए और अफगानिस्तान में रशिया को शह देने के लिए अमेरिका को ऐसे कट्टरपंथी धर्मांध युवकों की दरकार भी थी। अमेरिका ने उन्हें शस्त्र सामग्री और धन उपलब्ध कराया। उससे ही ओसामा बिन लादेन का उदय हुआ। आतंकवादियों के अड्डों की स्थापना के लिए अमेरिका को पाकिस्तान की जरूरत थी। जियाउल हक ने अपने कार्यकाल में ऐसे अड्डों की स्थापना के लिए पाकिस्तान की सेवाएँ अमेरिका को दीं। मगर जिन कारणों से अमेरिका ने यह सब किया उसकी अनपेक्षित आँच बाद में उसे भी लगी। ओसामा बिन लादेन के नेतृत्व में अलकायदा ने 11 सितंबर, 2001 को अमेरिका पर हमला किया। उसके बाद अमेरिका की आँखें खुलीं। अलकायदा और धर्म के नाम पर आतंक फैलानेवाले अन्य संगठनों से उसने युद्ध प्रारंभ किया। अब अलकायदा का इतना महत्त्व नहीं रहा। लश्करे तोयबा और जैश-ए-मोहम्मद, अब सबसे प्रखर उग्रवादी संगठन हैं।

जैश-ए-मोहम्मद का मुख्यालय इस्लामाबाद जैसे महत्त्वपूर्ण शहर में होकर वह अनेक एकड़ जमीन पर फैला हुआ है। लश्करे तोयबा का मुख्यालय लाहौर के समीप स्थित मुदीरके गाँव में लगभग 140 एकड जमीन पर बसा हुआ है। वहाँ तरणताल, चर्म उद्योग, घोड़ों के तबेले, मदरसे आदि सुविधाएँ हैं। पाकिस्तान में लश्करे तोयबा के स्वामित्ववाले 150 विद्यालय, बड़ा समाचार-पत्र समूह और 10 हजार कमीशन एजेंट हैं। पाकिस्तान में मदरसों से आतंकवाद फैलाया जाता है यह

गलतफहमी है। केवल तालिबानी आतंकवादियों की शिक्षा मदरसों में हुई है। शिक्षक इसका विरोध भी करते हैं, मगर सेना के अधिकारी इन विद्यालयों पर जबरदस्ती करते हैं। उसके बाद उनकी जेहादी मानसिकता बनाने के लिए लश्करे तोयबा जैसे संगठन उन्हें अपने विद्यालय में प्रशिक्षित करते हैं। इन विद्यालयों में गरीब और प्रतिभाशाली विद्यार्थियों को विशेष रूप से आकर्षित किया जाता है। उनको संगठन के कार्य के लिए पोषक संस्कार दिए जाते हैं। भारत में जब कोई आतंकवादी मारा जाता है तो उसके प्रतिनिधि पाकिस्तानी गुप्तचर एजेंसी से निश्चित रकम प्राप्त करते हैं। उसमें से 35 प्रतिशत रकम मारे गए युवक के परिवार को दी जाती है। शेष बची राशि गोलमाल हो जाती है।

लश्कर-ए-तोयबा, जैश-ए-मोहम्मद तथा हिजबुल मुजाहिदीन अपनी गतिविधियाँ एक-दूसरे से चर्चा कर तय करते हैं। कुछ वर्षों पूर्व उन्होंने हरकत-अल-जिहादी इस्लामी संस्था को बाँगलादेश में भेजा था। नेपाल में भी ये संगठन अपनी पैठ बढ़ा रहे हैं। संक्षेप में भारत को चारों ओर से घेरने की उनकी रणनीति है।

सन् 2003 की शुरुआत में पाकिस्तान ने भारत के विरुद्ध आतंकवाद को और प्रखर बनाने का निर्णय किया। तब तक पाकिस्तान कश्मीर में आतंकवादियों को सामग्री उपलब्ध कराता था। बीच के कुछ वर्षों में पंजाब में भी आतंकवाद ने सिर उठाया था, उसके पीछे भी पाकिस्तान का ही हाथ था और कारण कश्मीर ही था। भारत को पंजाब में उलझाकर पाकिस्तानी गुप्तचर संगठनों ने उस दौरान कश्मीर में बंदूकें, बम और गोला-बारूद पहुँचाया और कुछ स्थानों पर जमीन में गाड़कर रख दिया। भारत द्वारा पंजाब में आतंकवाद को खत्म करते ही कश्मीर में आतंकवाद प्रारंभ हो गया। यह लगभग 15 वर्ष यानी सन् 1987 से 2002 तक की अवधि में हुआ।

भारत में केवल कश्मीर घाटी में नुकसान करने से पाकिस्तान को अधिक लाभ नहीं मिलता, यह अनुभव करते ही पाकिस्तानी सेना द्वारा मुंबई, दिल्ली, अहमदाबाद, हैदराबाद, बंगलुरू आदि आर्थिक और सामाजिक केंद्रों पर आतंकवादी हमलों की योजना बनाई गई।

अप्रैल 2003 में प्रधानमंत्री अटल बिहारी वाजपेयी ने पाकिस्तान की तरफ दोस्ती का हाथ बढ़ाया। उस समय वहाँ की सत्ता पर काबिज जनरल मुशर्रफ बहुत कपटी थे। उन्होंने ऊपर से दोस्ती का नाटक किया और दूसरी तरफ अपनी सेना तथा गुप्तचरों को भारत को परेशान करने के आदेश दिए। इस कारण सन् 2003 के बाद एक तरफ क्रिकेट मैच, व्यापार तथा सांस्कृतिक परिवहन बढ़ा तो दूसरी

ओर मुंबई, दिल्ली, हैदराबाद, अहमदाबाद और बंगलुरू शहरों पर आतंकवादी हमले तेज हुए।

इस दौरान जनरल मुशर्रफ के समीप समझे जानेवाले दो मंत्रियों के साथ मेरी भेंट हुई। उस दौरान विचारों का आदान-प्रदान हुआ। इसी चर्चा में मुझे पाकिस्तानी सेना के मंसूबों की जानकारी मिली।

इन भेंटों में से एक भेंट अत्यंत सुसंस्कृत तथा अध्ययनशील मंत्री के साथ उनके इस्लामाबाद स्थित सरकारी निवास स्थान पर हुई। उस समय रात्रि के 12-1 बजे थे। मंत्रीजी ब्लैक लेवल ह्विस्की ले रहे थे तो मैं फलों का रस। मैंने उनसे कहा कि भारत-पाकिस्तान के बीच के वैर-भाव, आतंकवादी हिंसाचार और अविश्वास को कुछ वर्षों में कम करने के बाद कश्मीर में जनमत लिया जाए। मैंने यह प्रस्ताव एक शोधकर्ता के रूप में दिया था। इसके लिए मैंने भारत में किसी से अनुमति नहीं ली थी, अतः इस प्रस्ताव का महत्त्व बौद्धिक विलास से अधिक नहीं था। तब पाकिस्तानी मंत्री महोदय ने कहा, ''अरे! भारत-पाकिस्तान के बीच यदि शांति स्थापित हो गई, तो कश्मीरी लोग अपना स्वतंत्रता संग्राम बंद कर देंगे। और यदि दो देशों के बीच सौहार्दता निर्माण हो गई और भारत ने हमें कश्मीर दे भी दिया तो हमें दान में ऐसा कश्मीर नहीं चाहिए। हमारा उद्देश्य सतत लड़ाई करते हुए भारत को अस्थिर करना और कश्मीर को उससे छीनकर लेना है।'' ये उद्गार पाकिस्तान के एक वरिष्ठ मंत्री के थे!

मेरा दूसरा संवाद हुआ काठमांडू में पाकिस्तान के पूर्व गृहमंत्री के साथ। यह मंत्री पहले सेना में मेजर जनरल के पद पर रह चुके थे और जनरल मुशर्रफ के निकटवर्ती माने जाते थे। हम काठमांडू में एक चर्चा सत्र के निमित्त एकत्र हुए थे। उस समय दोनों देशों के जाने-माने बुद्धिजीवी और पूर्व नौकरशाह भी वहाँ आए हुए थे। चर्चा सत्र के बाहर वैयक्तिक चर्चा के दौरान बातचीत में मंत्री महोदय ने कहा, ''भारत का आर्थिक विकास होगा, बड़े पैमाने पर वहाँ विदेशी निवेश होगा, हम यह जानते हैं। हम भारत से इस मामले में होड़ नहीं कर सकते। हम भले ही ऊँचे नहीं उठे, मगर तुमको जरूर नीचे खींच सकते हैं।''

पिछले पाँच वर्षों के दौरान मुंबई में दो बड़े हमले हुए, साथ ही कई छोटे-मोटे हमले भी हुए। इन दो बड़े हमलों में से एक पश्चिम रेलवे की गाड़ियों पर जुलाई 2006 में हुआ। लगभग 200 लोग मारे गए। उसके दो वर्ष पश्चात् ओबेरॉय तथा ताज पर हमले हुए। तब भी 200 लोग मारे गए थे। रेल गाड़ियों पर हुए हमलों को सप्ताह भर में भुला दिया गया, जबकि ताज-ओबेरॉय के हमलों के बाद

केंद्र और राज्य सरकारों के मंत्रियों को इस्तीफे देने को बाध्य किया गया। नई योजनाओं की घोषणाएँ की गईं। पुलिस को और प्रभावी प्रशिक्षण देने का निश्चय किया गया। रेल गाड़ियों में हुए हमलों में दादर, पार्ले, जोगेश्वरी, बोरीवली के निवासी मौत के मुँह में गए थे। वे भी इनसान ही थे यह हम भूल जाते हैं और ताज-ओबेरॉय पर हुए हमलों के बाद मानवता पर हमला होने का शोर मचाते हैं।

पाकिस्तान की कारवाई का, वहाँ के विचारक और प्रतिष्ठित लोग भी समर्थन करते हैं। 26 नवंबर, 2008 को लश्कर-ए-तोयबा द्वारा मुंबई पर हमला किया गया। उसमें निःसंदेह, पाकिस्तानी सेना का भी प्रत्यक्ष हाथ था। 27 नवंबर को ताज व नरिमन हाउस में लड़ाई चल रही थी। उसी समय शाम को पाकिस्तानी सेना के साथ नजदीकी संबंधोंवाले एक प्रमुख संपादक द्वारा विजय सभा का आयोजन हो रहा था। यह सभा इस्लामाबाद में हुई और इसके निमंत्रण पत्र तेहरिक-ए-पाकिस्तान नामक संगठन द्वारा भेजे गए थे। उस सभा में मुंबई पर हमला करनेवाले आतंकवादियों का अभिनंदन किया गया। एक आतंकवादी ने तो इस सभा के कुछ आयोजकों से फोन पर बात भी की। उसने सभा के लिए संदेश भेजा था।

पाकिस्तानी सेना, गुप्तचर विभाग और कुछ प्रतिष्ठित विचारक आतंकवादी संगठनों के समर्थक हैं। मगर हम उनसे भी ज्यादा आम पाकिस्तानियों और उनके धर्म को जिम्मेदार मानते हैं। यह हमारी भूल है। आम पाकिस्तानी भारत के साथ मैत्री चाहते हैं। भारतीय नागरिकों के साथ पाकिस्तानी लोग हमेशा स्नेहपूर्ण व्यवहार करते हैं। वे लोग भी पाकिस्तानी सेना और नेताओं की कारवाइयों से त्रस्त हैं। वे भी सेना से मुक्ति चाहते हैं। धर्म के नाम पर जो भारत विरोधी प्रचार होता है उसमें धर्म की बहुत कम भूमिका है। वहाँ के सभी कट्टरवादी धार्मिक संगठन, पाकिस्तानी सेना, सरकार और सरकारी महकमों के समर्थन पर ही जिंदा हैं।

पाकिस्तानी सेना का गुप्तचर विभाग कुछ मौलिवियों, आतंकवादी संगठनों तथा मुट्ठीभर विचारकों के विचार से चलता है। उन्होंने हिंसा फैलाने का जो षड्यंत्र किया है उसका लक्ष्य केवल भारत नहीं होकर पश्चिमी देश भी हैं। सबसे महत्त्वपूर्ण बात यह है कि सामान्य पाकिस्तानी जनता भी उनका लक्ष्य है। पहले प्रगतिशील विचारों के लोगों का मनोबल गिराकर पाकिस्तान के अणुअस्त्रों पर कब्जा करना, उसी समय भारत को भी अस्थिर बनाकर कुछ वर्षों में उस पर नियंत्रण करना और अंत में आतंकवाद के बल पर दुनिया पर प्रभुत्व प्राप्त करना—ऐसा दिवा स्वप्न वे लोग देखते हैं।

आम पाकिस्तानी न तो इन कपटी लोगों से प्रेम करता है न इनके प्रति आदर रखता है। अलबत्ता इनसे भयभीत जरूर लगता है। सच मानो तो उन्हें भारत के लिए विलक्षण प्रेम और अपनापन महसूस होता है। मगर वहाँ की दमनशाही के कारण वे भारत के लिए द्वेषपूर्ण भाषा का प्रयोग करते हैं। आम पाकिस्तानी जनता भारतीयों से कितना प्रेम करती है, इसकी अनुभूति अनेक भारतीय लोगों को हुई है। वहाँ रेस्टोरेंट में खाने के बाद, मैं मुंबई से आया हूँ यह पता लगने पर, मुझसे बिल के पैसे लेने से इनकार करने के अनुभव मुझे कई बार हुए हैं। पाकिस्तान में सूखा मेवा बहुत अच्छा मिलता है। उसके विक्रेता गरीब होते हैं। मगर मैं मुंबई का हूँ यह पता लगने पर उसकी कीमत आधी कर देते हैं। अपनेपन से 'मुंबई में कहाँ रहते हो' यह पूछते हैं। अनेक लोगों को मोहम्मद अली मार्ग से लेकर अँधेरी के स्वामी विवेकानंद मार्ग तक के नाम जुबानी याद हैं। हिंदी सिनेमा से उनका प्रेम भी जबरदस्त है। अनेक पाकिस्तानी छात्राओं ने मुझसे निवेदन किया है कि मैं उनका शाहरुख खान से परिचय करवा दूँ।

मैं एक बार इस्लामाबाद से कराची विमान से सफर कर रहा था। मेरे विमान में लगभग 50-60 पाकिस्तानी शिक्षक-प्राध्यापक थे। वे एक शिक्षा सम्मेलन में भाग लेकर लौट रहे थे। मैं भारत से आया हूँ यह पता चलने पर एक प्राध्यापक ने मुझे अपने घर चाय पीने के लिए निमंत्रित किया। मैं उनके घर गया, तो उनके विभाग के 25-30 प्राध्यापक मिठाई के डिब्बे लेकर वहाँ आ पहुँचे। मेरे लिए इतनी मिठाई ले जाना संभव नहीं होगा, यह बताने पर उनमें से कइयों की आँखें भर आईं।

आम पाकिस्तानी लोग भारतीयों से प्रेम करते हैं, क्योंकि उनकी सेना और राजनीतिक नेता उनके साथ दोयम दरजे के नागरिकों जैसा व्यवहार करते हैं। पाकिस्तान का प्रशासन, कुछ सेना अधिकारियों, सरकारी अधिकारियों और राजनीतिक दबंगों द्वारा चलाया जाता है। ये लोग बड़े जमींदार, उद्योगपति और व्यापारी हैं। अपने बच्चों के एक-दूसरों के परिवारों में विवाह संबंध बनाकर ये लोग अपना दायरा सीमित रखते हैं। अर्थनीति और सैन्यशासन, इनका गठबंधन पाकिस्तान में जितना मजबूत है उतना शायद रूस को छोड़कर दुनिया के अन्य किसी भी देश में नहीं होगा। पाकिस्तान का सैन्य वर्ग वहाँ के बड़े उद्योग समूहों में से है। सेना की अपनी स्वयं की शाहीन एअर लाइंस विमान सेवा तथा लगभग 100-150 कारखाने हैं। वे शक्कर से सीमेंट निर्माण तक प्रत्येक क्षेत्र में हैं।

पाकिस्तान में उच्चवर्ग की अनेक दावतों में मैं शामिल हुआ हूँ। उनमें

मदिरा पानी की भाँति बहती है। सभी ललनाएँ मिनीस्कर्ट पहनकर सिगरेट पीते हुए बैठी होती हैं। पिछले सप्ताह पेरिस अथवा सिंगापुर में की गई अपनी खरीदी के बारे में वे एक-दूसरे को जानकारी देती रहती हैं। वहाँ का वैभव और फैशन देखकर हमें अपनी आँखों पर विश्वास नहीं होता। सभी महत्त्वपूर्ण पद उच्च वर्ग के लोगों के पास हैं। समाचार-पत्रों के संपादक, बैंकों के महाप्रबंधक, विदेशी मोटर कंपनियों के प्रतिनिधि, ये सभी इसी वर्ग से हैं।

पाकिस्तान का उच्च वर्ग वहाँ के सामान्यजनों को कौड़ी की कीमत नहीं देता। पूर्व में जब मैं एक दक्षिण एशियाई संपादक समिति का सलाहकार था, तब सामान्य परिवारों के मेहनती और जीवन मूल्यों पर विश्वास रखनेवाले कुछ पाकिस्तानी पत्रकार अपने मंत्रियों से मिल पाना असंभव समझते थे। उन्हें यदि उनके मंत्री से कोई काम होता तो वे मुझे भारत में फोन कर उनकी बात उनके मंत्री तक पहुँचाने का निवेदन करते। मैंने कई बार गरीब तथा होनहार पाकिस्तानी पत्रकारों को अंतरराष्ट्रीय सभा सम्मेलनों में जाने का मौका मिले इसके लिए उनके नेताओं से संस्तुतियाँ की हैं और एक भारतीय मित्र के समक्ष दोगलापन जाहिर न हो, इसलिए उनके वरिष्ठों ने कई बार उसे स्वीकार भी किया है।

पाकिस्तान के अनेक राजदूत भी उनके काम नकेल कसे जाने पर ही करते हैं। मैंने एक बार एक वरिष्ठ पाकिस्तानी राजदूत से पूछा, "कुछ महीनों के लिए नल को बंद रखा जा सकता है क्या?" गुप्त राजनीति में 'नल बंद करना' कूट शब्द प्रयोग है। इसका अर्थ पाकिस्तानी गुप्तचर विभाग द्वारा आतंकवादियों की रसद बंद करना है। उन्होंने स्पष्ट कहा, उनके जैसे अनेक लोग कुछ महीने नल बंद कर भारत के साथ शांति वार्त्ता करने के इच्छुक थे। मगर सेना उसके लिए तैयार नहीं थी। पिछले दिनों इसी राजदूत की इस्लामाबाद में उसके निवास स्थान पर हत्या कर दी गई। 3-4 दिन तड़पा-तड़पाकर टुकड़े-टुकड़े कर उसे मार डाला गया।

वहाँ सेनापति, मौलवी और आतंकवादी संगठन—इनका ऐसा जाल बुना हुआ है कि स्वातंत्र्यपूर्व काल के ब्रिटिशराज का स्मरण होता है। कुछ मुठ्ठी भर लोग ऐश कर रहे हैं। शेष पाकिस्तानी समाज को उन्होंने बंधक बना रखा है। अंग्रेजों ने जैसे हमें दोयम दरजे का नागरिक बना रखा था, वैसे ही पाकिस्तानी हुक्मरान भी अपने नागरिकों को दोयम स्थान पर रखते हैं और भारत विरोधी प्रचार कर उनमें भय निर्माण करते हैं। आज सारे भारत में हो रहे आतंकवादी हमले और भी बढ़ेंगे तथा अधिक प्रखर भी होंगे।

पाकिस्तानी शासक भारत की ओर केवल एक प्रतिस्पर्धी देश के रूप में

नहीं देखते, वह तो उनके लिए पाकिस्तान की जनता पर दबाव डालने का, उनको गुलाम बनाए रखने का, उनको भय की अँधेरी कोठरी में बंद रखने का साधन है। उनका विरोध केवल भारत के लिए नहीं है। जहाँ-जहाँ इनसानियत है—भारत में, पाकिस्तान में अथवा दुनिया के किसी अन्य भाग में, उस इनसानियत से उनका विरोध है। भारत में यदि वास्तव में पाकिस्तानी आतंकवादी हमले रोकने की इच्छा और हिम्मत है तो भटके हुए युवकों और खोखले धार्मिक संगठनों के पीछे समय गँवाने के बजाय उसे रावलपिंडी में सेना के प्रमुख कार्यालय में बैठे उसके सूत्रधारों पर प्रहार करने की जरूरत है। उसके लिए भारत के हिंदू अथवा मुसलिम, कांग्रेस अथवा भाजपा, इनको अपने आपसी विवाद खत्म कर इनकी वास्तविक टक्कर कुटिल पाकिस्तानी सेना के साथ है यह पूर्णतया समझ लेना आवश्यक है।

वहाँ की सेना के अहंकार का मुख्य कारण उन्हें अमेरिका द्वारा आँख बंदकर दी जानेवाली सहायता है। अफगानिस्तान में रशिया को नामोहरम करने के लिए जिया-उल-हक ने अमेरिका की सैन्य सामग्री और कालाधन रूस विरोधी आतंकवादी संगठनों तक पहुँचाने की सुपारी तो ली, मगर वास्तव में उसका बड़ा भाग वहाँ पहुँचाया ही नहीं। पाकिस्तान ने उसका उपयोग अन्य स्थानों पर किया।

पाकिस्तान को अमेरिका के हवाले करनेवाले जिया-उल-हक का विमान दुर्घटना में निधन होने के बाद भी परिस्थिति में बदलाव नहीं आया। उलटे परवेज मुशर्रफ और जॉर्ज बुश के कार्यकाल में तो यह संबंध और भी अधिक दृढ़ हुआ। आतंकवाद से लड़ने के नाम पर बुश ने मुशर्रफ की खूब मदद की। उसके बदले में मुशर्रफ सरकार ने बुश सरकार को पाकिस्तान के कुछ हवाई अड्डों, यातायात के साधनों और महत्त्वपूर्ण प्रकल्पों पर नियंत्रण करने में मदद की। जरनल मुशर्रफ और बाद में आसिफ अली जरदारी ने अलकायदा के 900 आतंकवादी पकड़कर अमेरिका को सौंपे। मगर इसी दौरान विरोधी आतंकवादी हमले करनेवाले संगठनों को भी भरपूर सामग्री दी। इसके अलावा अमेरिका से प्राप्त कुछ शस्त्रों में तकनीकी परिवर्तन कर उन्हें अफगानिस्तान के स्थान पर भारत के विरुद्ध प्रयोग हेतु तैयार कर लिया गया है। अमेरिकी सरकार यह जानते हुए भी अनजान बनी हुई है। पाकिस्तान से स्पष्टीकरण नहीं माँग रही। पाकिस्तान में तथा दुनिया में अन्य स्थानों पर पाकिस्तानी गुप्तचर संगठनों द्वारा पाले-पोसे गए आतंकवादी केवल भारत ही नहीं, बल्कि सारी मनुष्यता का सर्वनाश करने के लिए तांडव कर रहे हैं। मगर अमेरिका आँख मिचौली खेलते हुए पाकिस्तानी तानाशाहों के पीछे दौड़ रहा है और हम आँखें बंदकर अमेरिका के पीछे दौड़ रहे हैं।

पाकिस्तानी शासकों की नकेल कसनी हो तो उनको वाशिंगटन से होनेवाली शस्त्रों की आपूर्ति रोकना आवश्यक है। उसके लिए अमेरिका निवासी भारतीयों को पत्र, फोन तथा ई-मेल वहाँ के जनप्रतिनिधियों तथा अधिकारियों को बड़ी संख्या में लगातार भेजने चाहिए। यह काम कठिन नहीं है। अमेरिका में लोकतंत्र की जड़ें गहरी हैं। पत्रों की मार से और आगामी चुनाव में पराजय के भय से वे झुकते हैं। अमेरिका में पूँजीवाद भी व्यापक है। वहाँ की कंपनियों के अधिकारी भी अपनी व्यापार वृद्धि के लिए सतत् प्रयत्नशील रहते हैं। उनमें से कुछ की मदद से भी सरकार पर दबाव बनाया जा सकता है। इसके अलावा भारत में पुलिस को पर्याप्त संसाधन उपलब्ध कराना भी आवश्यक है। भारत में हो रहे आतंकवादी हमलों का नियोजन पाकिस्तानी सेना के अधिकारी करते हैं जिसका प्रत्युत्तर हमारी पुलिस को देना होता है। पूर्णतया असमानों का युद्ध है। एक क्रूर सेना के मुकाबले में हमने साधारण पुलिसवालों के प्राण दाँव पर लगा दिए हैं। क्या इस बात का अहसास हमारे शासनकर्ताओं को है? कम-से-कम आतंकवादी के विरुद्ध तैयार किए गए पुलिस के फोर्स-1 नामक नए दल का विस्तार तो किया ही जाना चाहिए। उन्हें आधुनिक शस्त्र, भरपूर वेतन और उनके परिवार को बीमा सुरक्षा मिलनी चाहिए। सभी शहरों में उन्हें बड़े पैमाने पर ऊँचे दर्जे के बुलेट प्रुफ जेकेट दिए जाने चाहिए। यह माँग करने की जवाबदारी केवल पुलिस विभाग की ही न हो। जिन सामान्य नागरिकों की सुरक्षा के लिए वे अपने प्राण जोखिम में डालते हैं उन सामान्य जनों को भी यह माँग करनी चाहिए। यदि शासन की ओर ध्यान नहीं देता तो प्रसार माध्यमों तथा अन्य शांतिपूर्ण मार्गों से उसके लिए दबाव बनाना चाहिए।

भविष्य में पाकिस्तानी सेना रेडियोलॉजीकल बम का मुंबई-पुणे जैसे बड़े शहरों पर प्रयोग करे इसकी आशंका टाली नहीं जा सकती। अणुबम बनाने में जो यूरेनियम और प्लूटोनियम प्रयुक्त होता है, उसे कच्चे स्वरूप में प्रयुक्त कर रेडियो-लॉजीकल बम तैयार किया जाता है, उसे मोटर की डिक्की में आसानी से रखा जा सकता है। उसके विस्फोट से होनेवाले विकिरण से लाखों अथवा कम-से-कम हजारों लोग तो मर ही सकते हैं। ऐसे हमलों का मुकाबला करने के लिए हमारे बड़े शहरों की पुलिस को इसके लिए बनाए गए विशेष प्रकार के मास्क तत्काल उपलब्ध कराना आवश्यक है। उसी प्रकार सभी चिकित्सालयों में सावधानी के बतौर इसकी चिकित्सा हेतु एक विभाग भी बनाया जाना चाहिए। आतंकवाद के विरुद्ध हमारी नीति पिछड़ी हुई है। उनके द्वारा रेलगाड़ियों पर हमले किए जाने के

बाद हम नजर रखने के लिए टी.वी. लगाते हैं। उनके द्वारा होटल पर हमला किए जाने के बाद हम ऐसे स्थानों पर प्रवेश के लिए प्रतिबंध लगाते हैं। संक्षेप में हमारी नीति घटना होने के पश्चात् उसका जवाब देने की है, भविष्य में होनेवाले संभावित हमलों को रोकने के लिए उपाय करने की नहीं।

आतंकवादी हमले रोकने में गुप्तचर विभाग की भूमिका भी महत्त्वपूर्ण होती है। आतंकवादी युवकों के मोबाइल की चुपचाप टोह लेकर और आवाज का विश्लेषण कर उन्हें फाँसने में सक्षम ऐसे अनेक उपकरण अंतरराष्ट्रीय बाजारों में उपलब्ध हैं। वे थोडे महँगे भी होते हैं। हमारे समाज में होटल, बँगले अथवा संपूर्ण हिलस्टेशन बनाने के लिए करोड़ों रुपए हैं, मगर पुलिस के लिए बुलेटप्रूफ जैकेट खरीदने के लिए सरकार के पास कुछ लाख रुपए भी नहीं हैं!

आम पुलिसकर्मियों की दुर्दशा देखकर रोना आता है। मुंबई के 50 प्रतिशत पुलिसवाले कच्ची चालों में अथवा झोंपड़ियों में रहते हैं। अनेक वर्ष की सेवा करने के बाद उनका वेतन 10 हजार रुपए मासिक तक पहुँच पाता है। उपनिरीक्षक अधिकतम 20 हजार तक पहुँचता है। उनकी आर्थिक स्थिति का गलत फायदा उठाकर कुछ लोग पुलिस का उपयोग समाज कंटकों की सुरक्षा हेतु कर लेते हैं। इसी कारण आतंकवादी हमले करने से डरते नहीं हैं। हमें यदि वास्तव में आतंकवाद को समाप्त करना है तो पुलिसवालों का जीवन स्तर सुधारने के लिए जनता-जनार्दन को जी-जान से प्रयत्न करने पड़ेंगे।

पाकिस्तानी सेना द्वारा पोषित आतंकवादी संगठनों के अतिरिक्त हमारे समक्ष और भी चुनौतियाँ हैं। झारखंड, बिहार, आंध्र प्रदेश, छत्तीसगढ़ में फैले नक्सलवाद को बाहर से मदद नहीं मिलती, फिर भी वहाँ के युवक हिंसाचारी मार्ग अपनाते हैं। जब तक हम समाज में व्याप्त विषमता को हँसकर टालते रहेंगे तब तक हमें उसका मूल्य चुकाना ही पड़ेगा। 'स्ट्रेटेजिक फोरसाइट ग्रुप' द्वारा दुनिया के सभी आतंकवादी तथा उग्रवादी संगठनों का अध्ययन कर 'सर्व समावेशक दुनिया' नामक एक प्रतिवेदन जनवरी सन् 2007 में प्रकाशित किया गया। उसमें वैज्ञानिक तरीके से यह बताया गया है कि, आर्थिक समृद्धि, सामाजिक न्याय, जिम्मेदार राजनीति, समाज के सभी घटकों को सम्मान तथा आशावादी वातावरण जिस देश में होगा वहाँ आतंकवादी निर्मित ही नहीं होंगे। यदि कुछ मुट्ठीभर युवकों को विदेशी गुप्तचर संगठन अथवा कोई अन्य बरगलाता भी है तो भी इस प्रकार तैयार किए गए आतंकवादी जल्द ही समाप्त भी हो जाते हैं। इस प्रतिवेदन के आधार पर यूरोप के अनेक नेताओं द्वारा नई नीतियाँ बनाने का आग्रह किया जा रहा है। भारत भी

इससे बहुत कुछ सीख सकता है।

पाश्चात्य समाचार-पत्रों तथा विचारकों का लेखन पढ़कर हमारे राजनीतिक विचार बनते हैं। केवल राजनीतिक ही नहीं हमारे आर्थिक, सामाजिक और सांस्कृतिक विचार भी हम वैश्वीकरण के नाम पर आँखें मूँदकर पश्चिमी राष्ट्रों का अनुकरण करके ही बनाते हैं। इसमें हमें धन्यता महसूस होती है। आतंकवाद के संदर्भ में भी यही हुआ है। अमेरिका ने आतंकवाद के विरुद्ध लड़ाई में धर्म के नाम से हुंकार भरी और हमने भी हाँ में हाँ मिलाकर उनका समर्थन कर दिया। वास्तव में इस्लाम धर्म का उपयोग कर आतंकवादी संगठनों को पालने-पोसने का काम अमेरिका के गुप्तचर विभाग ने ही अफगानिस्तान में और अमेरिका की कठपुतली बने मिस्र के नेताओं ने मिस्र में किया था। यह हम भूल जाते हैं। शायद हमें इस बात की कल्पना भी नहीं होती।

आतंकवाद आज दुनिया भर में फैला हुआ जाल है। उसमें अनेक युवकों को धर्म, न्याय, स्वतंत्रता जैसे आकर्षक चारे डालकर फाँसा जाता है। अनेक युवकों को बाद में अपनी गलती का अहसास भी होता है मगर तब तक देर हो चुकी होती है। वे चक्रव्यूह में फँस जाते हैं। वहाँ से बाहर निकलने के मार्ग उन्हें बंद मिलते हैं। मगर हम इन संगठनों के सूत्रधार की ओर ध्यान देने के बजाय भटके हुए और उपयोग किए गए युवकों पर ही लक्ष्य केंद्रित करते हैं। 'आतंकवाद, आतंकवाद' चिल्लाते रहना और उसकी सूत्रधार पाकिस्तानी सेना के साथ चर्चा भी करना यह कैसी कूटनीति है?

ईरान के इस्फहान में रहते मैंने देखा कि, कुछ स्थानों पर रास्ते में लोग हाथों में फूल लेकर खड़े थे। वहाँ उनकी भीड़ लगी थी। अयातुल्ला के देश में मंदिर भी हैं क्या? मेरे मन में विचार आया। पास जाकर मैंने देखा, तो युद्ध और आतंकवादी हमलों में मारे जानेवाले हमलावरों के चित्र लगाकर, हार पहनाकर, उनकी पूजा करने की प्रथा वहाँ पर थी। उसमें मृत युवकों के पालक भी गर्व से शामिल हुए थे। पाकिस्तान में खुले में ऐसे प्रार्थना दृश्य दिखाई नहीं देते। मगर हमलावरों के शव आने पर गाँव में मेला लगता है। उसमें गाँव के प्रतिष्ठित लोग शामिल होते हैं। ऐसे वातावरण से प्रभावित होकर पालक अपने दूसरे पुत्र को भी आतंकवादी गतिविधियों के लिए भेज देते हैं।

ऐसे भटके हुए युवकों से युद्ध करने में कोई बहादुरी नहीं है। अक्लमंदी यदि है तो वह युवकों को बरगलानेवाले पाकिस्तानी सेना के तानाशाहों को नेस्तनाबूत करने में है। यह भी संभव है। मगर इसके लिए राष्ट्र की रीढ़ मजबूत होनी चाहिए।

आतंकवाद की जड़ें कैसे तैयार होती हैं, यह समझने के लिए हमें अन्य विकासशील देशों की ओर देखना होगा। एशिया महाद्वीप का फिलिपींस एक अच्छा उदाहरण है। इस देश में ईसाई धर्म का प्रभुत्व है। दक्षिण के जिस मिंडानाओ नामक प्रदेश में मुसलिम जनसंख्या है, वहाँ अलगाववाद की हवा बहती है, हिंसाचार भी होता है। इसलिए फिलिपींस के आतंकवाद का संबंध धर्म से जोड़ा जाता है। वास्तव में मिंडानाओ पिछड़ा प्रदेश है। वहाँ के व्यापारियों का बाहर से आए उद्योगपतियों द्वारा शोषण किया जाता है। बड़े पैमाने पर बेरोजगारी है। इस बात का हम विचार नहीं करते। फिलिपींस में उत्तर के क्षेत्र में लुझॉन नामक प्रदेश में भी आतंकवाद है। वहाँ केवल ईसाई लोग रहते हैं। उसके बाद भी वहाँ यह हो रहा है। वह भी मिंडानाओ की तुलना में अधिक प्रखरतापूर्वक। लुझॉन में भूमिहीन किसानों ने आतंकवादी संगठन बनाया है। जमीदारों तथा धनवान किसानों द्वारा उनका शोषण किया जाता है। बातचीत से कोई परिणाम नहीं निकला, इसलिए विफलता से ग्रस्त कुछ किसान युवकों को लक्ष्य बनाया। उनमें और भारत, नेपाल तथा कोलंबिया के माओवादी आतंकवादियों में कोई फर्क नहीं है। आतंकवाद का एक ही धर्म है—हिंसा। और उसका मूल है विषमता, अन्याय, शोषण और स्वार्थी लोगों द्वारा युवकों पर डाला गया मोहजाल। फिलिपींस में फिडेल रामोस के राष्ट्रपति रहते आतंकवाद में कमी आई थी। राजनीति में आने के पूर्व वे सेनापति थे। मैंने सोचा था शायद राष्ट्रपति रहते उन्होंने सैनिक तंत्र के प्रयोग से आतंकवाद को खत्म किया होगा। उनके निवृत्त होने के बाद मैं उनसे मिलने गया था। मनीला में एक साधारण से भवन में उनका कार्यालय है। वहाँ से वे ग्राम विकास के क्षेत्र में कार्य करनेवाली संस्था का संचालन करते हैं। मैंने रामोसजी से आतंकवाद के विरुद्ध उन्हें मिली सफलता का रहस्य जानना चाहा।

उन्होंने कहा, ''राष्ट्रपति बनने के बाद मैंने पिछड़े जिलों के विकास पर जोर दिया। विशेषकर खेती, लघु उद्योग तथा फलों से बननेवाले विविध खाद्य पदार्थों के उत्पादन को बढ़ाया। इससे अनेक बेरोजगारों को उपजीविका का साधन मिला। नौकरी-व्यवसाय होने से समाज में सम्मान भी मिला। उसी दौरान विद्रोही गुटों के नेताओं के साथ बातचीत शुरू की। उनकी न्यायोचित माँगों को स्वीकार किया। अपराधी प्रवृति के लोग जो स्वयं के लाभ की खातिर हिंसाचार कर रहे थे तथा अन्य लोगों को अपने गुट में खींच रहे थे, ऐसे लोगों को सेना ने सबक सिखाया। संक्षेप में कहें तो विकास, न्याय, अस्मिता व अनुशासन इन सब मार्गों का विचारपूर्वक उपयोग किया।''

रामोस ने जो कहा उसमें तथ्य है। यह हमें दुनिया में सर्वत्र दिखाई देता है। नक्सलवादियों के विरुद्ध केवल सुरक्षा उपाय किए और आदिवासी तथा भूमिहीन किसानों का शोषण करनेवाले ठेकेदार, छोटे अधिकारियों तथा जमीदारों को खुला छोड़ दिया तो आतंकवाद बढ़ेगा ही। इसके उलटे कश्मीर में केंद्र सरकार ने बहुत सहायता भेजी। नए उपक्रम शुरू किए, मगर कश्मीरी उग्रवादियों के आका पाकिस्तानी सेना तथा राजनीतिक नेताओं से अमेरिका के दबाव में गले मिलते रहे, ऐसी स्थिति में भी आतंकवाद को बढ़ना ही है।

भारत में कश्मीर तथा सिक्किम ये दोनों हिमालय की गोद में बसे प्रांत हैं। मगर कश्मीर में अधिकृत रूप से लोकतंत्र होते हुए भी व्यवहार में सामंतशाही है। सिक्किम में पूर्व में चोग्याल घराने का राज होकर भी वहाँ विषमता कम करने का प्रयास होता है। दोनों प्रदेशों में हिंदू नहीं हैं। दोनों प्रदेशों की सीमाओं पर शत्रु राष्ट्र हैं। कश्मीरी युवक पाकिस्तान का औजार आसानी से बन जाता है। मगर सिक्किम का युवक चीन से हाथ नहीं मिलाता। पूर्वोत्तर भारत में असम, मणिपुर और त्रिपुरा में आतंकवाद है, मगर मेघालय में वह तुलनात्मक रूप से बहुत कम है। इसी कारण मेघालय में सामाजिक रचना को व्यवस्थित बनाए रखने के लिए गाँवों का ध्यान रखकर गरीबी उन्मूलन के प्रयत्न किए जा रहे हैं। असम में जितना भ्रष्टाचार है उसकी तुलना में मेघालय एक स्वच्छ राज्य है। वहाँ भले ही पूरी तरह से खुशहाली, प्रामाणिकता और समझदारी न हो, मगर तुलनात्मक दृष्टि से पूर्वोत्तर भारत के इस एक प्रांत को अपवाद कहा जा सकता है।

सिक्किम, मेघालय, हरियाणा जैसी स्थिति सारे देश में बन सकती है। पहले आतंकवादी महाराष्ट्र में आने से घबराते थे अथवा उनको यहाँ आसरा नहीं मिलता था। वैसे दिन फिर आ सकते हैं। श्रीनगर के एक आतंकवादी ने कहा था, ''प्रारंभ में मुझे पाकिस्तानी सेना द्वारा दिए जानेवाले सम्मान का बहुत आकर्षण था। बाद में धीरे-धीरे समझ में आया कि भारत कैसा भी हो वह पाकिस्तान से बहुत अच्छा है। विशेषत: भारतीय कश्मीर के लोग पाकिस्तानी कश्मीर के लोगों की तुलना में बहुत सौभाग्यशाली हैं। आम भारतीय में इनसानियत है। यदि सरकारी तंत्र तथा उच्चवर्ग सामान्य व्यक्ति की न्याय और विकास इन दो जरूरतों को समझ लेगा तो फिर भारत से टूटकर अलग होना कोई पसंद नहीं करेगा।''

इतने बड़े खतरे से यदि हमारे देश को बचाने की इच्छा हो, तो यह आँख मिचौली का खेल हमें तत्काल रोकना होगा। ताज में मेजबानी करनेवाले उच्चवर्ग के लोगों का जीवन हमें मूल्यवान लगता है और बोरिवली, दादर, पार्ले के लोगों

का जीवन बेकार। आँखों पर चढ़ी पट्टी निकालकर जब हम अस्मिता जाग्रत् करेंगे, तभी हम स्वयं को मानवता के शत्रु के विरुद्ध लड़ने के लिए समर्थ बना सकेंगे।

हमारी लड़ाई केवल आतंकवादी प्यादों के साथ नहीं है, उनके सूत्रधारों से है। कनाडा, स्विट्जरलैंड, न्यूजीलैंड, कोस्टारिका, सिंगापुर जैसे अनेक देश हिंसा से दूर हैं। जो काम दूसरे कर सकते हैं वह हम क्यों नहीं कर सकते?

मानवता के शत्रुओं के साथ युद्ध जारी रखते हुए उसमें मिलनेवाली मात का अभिमान करना कोई अक्लमंदी नहीं है। ऐसे युद्ध को यशस्वी रूप से खत्म करना ही अक्लमंदी है। यह विजय किसी एक दल की नहीं होती। वह कुछ सिद्धांतों की, विशिष्ट समाज रचना तथा मूल्यों की विजय होती है। वह विजय सुसंस्कृति की होती है। हमारे समक्ष केवल आतंकवादी बने कुछ मूर्ख युवकों को मारने की चुनौती नहीं है; वास्तविक चुनौती तो अपप्रवृत्तियों पर विजय प्राप्त करने की है।

□

एक छोटी-सी आशा

पिछले दिनों अमेरिका में एक नई फिल्म रिलीज हुई। वह बहुत लोकप्रिय भी हुई। वह एक सत्य घटना पर आधारित थी। वह कथा केलिफोर्निया के लाँग बीच उपनगर के वुड्रो विल्सन विद्यालय में घटित हुई थी। उस उपनगर में हमेशा नस्ली दंगे होते रहते थे। अल्पसंख्यकों की बड़ी संख्यावाले इस लाँग बीच में गरीब विद्यार्थी बहुत ही दबंग थे। पढ़ाई में उनकी रुचि नहीं थी। वे हमेशा आपस में मारपीट करते रहते थे। एक बार दो लड़कियों इव्हा व सिंडी के मित्रों में मारपीट हुई। इव्हा के मित्रों ने सिंडी के मित्र की गोली मारकर हत्या कर दी। वहाँ के लड़के बड़े होकर दादा बनने का स्वप्न देखते थे तो लड़कियाँ अपना भविष्य वेश्या व्यवसाय में ही देखती थीं। बच्चों में निराशा के लिए उनकी पारिवारिक स्थितियाँ जिम्मेदार थीं। अनेक बच्चों के पालकों के तलाक हो चुके थे। घर में पिता शराबी, मारपीट करनेवाले तथा बीच-बीच में जेल की हवा खानेवाले, ऐसा ही चित्र था।

ऐसे विद्यालय में एरीन ग्रुवेल नामक एक शिक्षिका मध्यम वर्गीय उपनगर से आती हैं। विद्यार्थियों ने उसका विरोध किया। उनकी पढ़ने की इच्छा ही नहीं थी। एरीन को विद्यालय के अधिकारियों का भी विरोध सहना पड़ा। वे पढ़ाने को समय की बरबादी मानते थे। वे तो केवल छड़ी लागे छम-छम कहावत पर विश्वास करते थे। उन्होंने एरीन को भी इसी का पालन करने को प्रेरित किया। मगर एरीन यह मानने को तैयार नहीं थी कि, बच्चों की इस परिस्थिति का कारण उनका भाग्य है। उसने अनेक नए प्रयोग किए। विद्यार्थियों को डायरी लिखने की प्रेरणा देकर अपने जीवन का अवलोकन करवाया। धीरे-धीरे विद्यार्थी उसपर विश्वास करने लगे। उन्होंने अपने व्यवहार में सुधार किया। जीवन में आगे चलकर दादागिरी, नशा खोरी, वेश्या व्यवसाय छोड़कर हम अच्छे मार्ग से भी पैसा कमा सकते हैं, ऐसा आत्मविश्वास उनमें निर्मित हुआ। विद्यालय के व्यवस्थापन ने विद्यार्थियों में

आए इस परिवर्तन पर भी नाक-भौं सिकोड़ी। नगरपालिका के शिक्षा विभाग ने एरीन का अपमान किया। उसके स्वयं के पति ने उसे छोड़ने का निर्णय लिया। मगर एरीन घबराई नहीं। उसने नगरपालिका में आवेदन कर विद्यार्थियों को अपनी पद्धति से पढ़ाने के लिए अपनी नौकरी की अवधि को आगे बढ़वा लिया। विद्यार्थियों का भविष्य सुधर गया। आगे चलकर एरीन ने अपने अनुभवों पर एक पुस्तक लिखी। इसी पुस्तक पर 'द फ्रीडम राइटर' फिल्म बनी। एरीन ग्रुवेल की भूमिका हिलरी स्वांक अभिनेत्री ने बखूबी निभाई है। जिस विद्यालय में इस कथानक ने जन्म लिया वहीं इसका फिल्मांकन किया गया।

पिछले 10 वर्षों में इस प्रकार की अनेक फिल्में अमेरिका में बनी हैं। उनमें से एक 'डेंजरस माइंड्स' खूब लोकप्रिय हुई। 15 वर्ष पहले उस फिल्म ने 1,100 करोड़ रुपए की कमाई की थी। यह फिल्म केलिफोर्निया के कॉल मॉट हाईस्कूल के प्रत्यक्ष अनुभवों पर आधारित थी। यह विद्यालय गरीब तथा अल्पसंख्यकों की पिछड़ी बस्ती में था। वहाँ लुअॅन जॉन्सन नाम शिक्षिका ने संगीत के माध्यम का उपयोग कर विद्यार्थियों के मन जीते थे। उसने बाद में एक पुस्तक भी लिखी। हॉलीवुड में इसी पुस्तक पर फिल्म बनी। अमेरिका में लाखों लोगों ने यह फिल्म देखी। फिल्म में लुअॅन जॉन्सन शिक्षिका की भूमिका साकार करनेवाली अभिनेत्री मिशेल फाईपर भी लोकप्रिय हुई। बॉलीवुड के निर्माता हॉलीवुड की फिल्मों से प्रेरणा लेकर अकसर अपनी फिल्में बनाते हैं। वुड्रो विल्सन तथा कार्लमॉट विद्यालयों जैसी परिस्थितियाँ मुंबई के भी अनेक विद्यालयों में मिलेंगी। गाँवों में तो स्थिति और भी विकट है। मगर हमारे फिल्म निर्माताओं का ध्यान उधर नहीं जाता। अपनी फिल्मों में हमेशा धनाढ्य लोगों के विद्यालय अथवा रमणीय विदेशी पर्यटन स्थलों की पार्श्वभूमि ही होती है।

हॉलीवुड में 'द फ्रीडम राइटर्स' का निर्माण हुआ। उसी दौरान आमिर खान ने 'तारे जमीं पर' फिल्म भारतीय दर्शकों के समक्ष प्रस्तुत की। इसमें डिसलेक्सिया से पीड़ित बच्चों की देखभाल कैसे करनी चाहिए इसका सुंदर चित्रण है। मगर यह फिल्म मानसिक विकार के बारे में है। सामान्यत: अमीर अथवा मध्यम वर्गीय पालक ही उनके बच्चों में यह समस्या होने पर उसे समझ पाते हैं। गरीब मजदूरों को इसकी कल्पना ही नहीं होती। सत्य तो यह है, आज हमारे समाज को ही डिसलेक्सिया हो गया है। विशेषकर हमारी शिक्षा पद्धति तो इस विकृति से बुरी तरह पीड़ित है। इसीलिए हमारे शिक्षाशास्त्री वर्ष में 8-10 लाख रुपए शुल्क लेने वाले अधिक-से-अधिक विद्यालय खोलने में जुटे हैं। नगरपालिका, जिला परिषद्

तथा दूसरे अनुदान प्राप्त विद्यालयों की परिस्थिति उन्हें दिखाई ही नहीं देती। यह देखकर मन उदास हो जाता है।

अपने यहाँ प्राथमिक विद्यालयों में प्रवेश लेनेवाले विद्यार्थियों की संख्या तेजी से बढ़ रही है। कुछ राज्यों में वह 90 प्रतिशत हो गई है। आगामी 10–20 वर्षों में सारे देश में वह शत प्रतिशत होने की संभावना है। मगर केवल सारे बच्चों द्वारा प्राथमिक विद्यालय में प्रवेश ले लेने मात्र से हमारा शिक्षा का दायित्व पूर्ण हो गया ऐसा यदि हम सोचें तो यह गलत होगा। पहली कक्षा में प्रवेश करनेवाले विद्यार्थियों में से केवल 30 प्रतिशत विद्यार्थी अपनी विद्यालयी शिक्षा पूर्ण करते हैं और केवल 10 प्रतिशत महाविद्यालय में प्रवेश लेते हैं। बदलते भारत का यह केवल एक हिस्सा हैं। केवल इन शहरों के शतांश परीक्षा उत्तीर्ण हुए विद्यार्थी ही महाविद्यालयों की ओर दौड़ लगाते हैं। इसका अर्थ यह नहीं कि हमने शिक्षा के क्षेत्र में बाजी मार ली है। इन्हीं शहरों की पिछड़ी बस्तियों तथा ग्रामीण क्षेत्रों में क्या हो रहा है इसकी स्पष्ट तसवीर हमें दिखाई नहीं देती।

जिन देशों को अपनी पिछड़ी हुई जनसंख्या को प्रगति की दिशा में ले जाने की इच्छा है वहाँ शिक्षा को प्राधान्य दिया जाता है। तुर्की के प्रमुख शहर इस्तंबूल में एशिया तथा यूरोप महाद्वीपों का संगम होता है। इस शहर के मध्य से बोस्फरस की समुद्री नहर गुजरती है। समुद्र के एक ओर यूरोप है तो दूसरी ओर एशिया। हम यूरोप की ओर के किनारे पर खड़े होकर एशिया महाद्वीप को और एशिया महाद्वीप के किनारे पर खड़े होकर यूरोप को देख सकते हैं। बोट से एक महाद्वीप से दूसरे महाद्वीप में जाने के लिए केवल पाँच मिनट लगते हैं। मोटर से पुल पार करने में दस मिनट लगते हैं। यूरोप के किनारे पर चिरागान राजमहल है। उसके कुछ भाग का रूपांतर अब होटल के रूप में हो गया है। वहाँ से आसपास का विहंगम दृश्य दिखाई देता है। दुनिया का अतिशय रमणीय भाग यानी चिरागॉन मार्ग और उसके दोनों ओर फैले हुए बेरिकतास तथा ओरताकाय विभाग। ये विभाग लगभग 6 वर्ग किलोमीटर क्षेत्र में फैले हैं। इस विभाग में चिरागॉन प्रासाद के आगे होटल रिसार्ट अथवा निजी घर भी बनाने की अनुमति सरकार द्वारा नहीं दी जाती। दुनिया की सबसे सुंदर तथा सबसे कीमती समझी जानेवाली यह जमीन तुर्की सरकार ने केवल शैक्षणिक संस्थाओं के लिए सुरक्षित रखी है। वहाँ गालाता सराई विश्वविद्यालय, बाक्से सेहिर विश्वविद्यालय, बॉस्फरस विश्वविद्यालय हैं। अनेक विद्यालय भी हैं। 2–3 वाचनालय भी हैं। चिरागॉन मार्ग पर घूमने निकलें तो असंख्य विद्यार्थी हाथों में कॉपियाँ–पुस्तकें लेकर जाते दिखाई देते हैं। अनेक विषयों

पर वे चर्चा अथवा वाद-विवाद करते हैं। इन विश्वविद्यालयों में आम विद्यार्थी ही पढ़ते हैं। तुर्की के गरीब तथा पिछड़े प्रदेश से आए विद्यार्थी तथा धनवान विद्यार्थी एक साथ अध्ययन करते हैं। दो महाद्वीपों के संगम का रोज दर्शन करते हैं और वसुधैव कुटुंबकम् की प्रतीति करते हैं।

तुर्की में मैं अनेक बार गया हूँ। अप्रैल 2009 में इस्तंबूल में मुझे दो अलग अनुभव हुए। मैं राष्ट्रसंघ के एक बड़े सम्मेलन हेतु वहाँ गया था। इस सम्मेलन में विश्व के लगभग 2,000 नेता, मंत्री, सांसद, शोध संस्थाओं के संचालकों को विशेष रूप से बुलाया गया था। रात्रि में तुर्की के राष्ट्रपति अब्दुल्ला गुल द्वारा सम्मेलन में आए 2,000 प्रतिनिधियों में से चुनिंदा 100 लोगों को रात्रि भोज के लिए बुलाया गया था। भोज ऐतिहासिक डोमला बाशे पैलेस में आयोजित था। वहाँ पहुँचकर क्या देखता हूँ! सम्मेलन में आए प्रतिनिधियों में से केवल राष्ट्राध्यक्ष, प्रधानमंत्री तथा राष्ट्रसंघ अध्यक्ष को छोड़कर अन्य सब निमंत्रित लोग शैक्षणिक तथा शोध संस्था प्रमुख थे। सब मंत्री, सांसद, राजनीतिक नेता आदि के लिए दूसरे स्थान पर एक मनोरंजन का कार्यक्रम आयोजित किया गया था। राष्ट्रपति ने केवल संस्था प्रमुख तथा अनुसंधान कार्य में प्रमुख भूमिका निभानेवाले व्यक्तियों को ही भोज हेतु निमंत्रित किया था। उनमें अनेक युवक भी थे।

दूसरे दिन अमेरिका के राष्ट्रपति बराक ओबामा स्वयं इस्तंबूल आए। उसके पहले उन्होंने राजधानी अंकारा में संसद् में भाषण भी दिया था। इस्तंबूल आकर वह वहाँ उद्योगपतियों की बैठक लेंगे अथवा विश्व के नेता जिसमें उपस्थित हैं उस राष्ट्रसंघ की बैठक में अपनी उपस्थिति दर्ज कराएँगे, ऐसी संभावना थी। मगर तुर्की सरकार के मन में कुछ और ही था। उन्होंने सारे देश से 100 प्रतिभाशाली विद्यार्थियों का चयन कर उनकी ओबामा के साथ चर्चा का आयोजन किया। इस चर्चा में एक भी मंत्री अथवा अधिकारी को उपस्थित रहने की अनुमति नहीं थी। स्वयं प्रधानमंत्री भी नहीं थे। शिक्षा मंत्री, विश्वविद्यालय के कुलपति तथा महाविद्यालय के प्राध्यापक आदि पर भी प्रतिबंध था। ओबामा ने बाद में प्रसार माध्यमों से कहा, ''विद्यार्थियों से भेंट एक सुखद अनुभव था।''

दो माह बाद बराक ओबामा मिस्र गए। मुसलिम जगत् को संबोधित करते हुए एक भाषण देने की अपनी इच्छा उन्होंने मिस्र के राष्ट्रपति के समक्ष व्यक्त की। यह एक ऐतिहासिक भाषण होना था। इसके पूर्व अमेरिका के राष्ट्रपति ने कभी भी ऐसा भाषण नहीं दिया था। तुर्की में ओबामा के अनुभव को ध्यान में रखकर मिस्र सरकार ने यह ऐतिहासिक भाषण कैरो विश्वविद्यालय में आयोजित

किया। वहाँ विश्वविद्यालय के कुलपति थे। बाकी निमंत्रण भी प्राध्यापकों, शिक्षकों व विद्यार्थियों को ही भेजे गए थे। मिस्र के मंत्रिमंडल में उच्च अधिकारियों को भी विश्वविद्यालय के बाहर ही रखा गया था। उनको मिस्र के राष्ट्रपति हुस्ने मुबारक ने स्पष्ट कहा था, ''आपका काम अमेरिकी सरकार से चर्चा करना है। उसे कीजिए। विश्वविद्यालय में केवल विद्यार्थियों को ही जाने दीजिए।''

अबुधाबी में प्रतिवर्ष सरदियों में 'विचारकों का उत्सव' मनाया जाता है। इसमें 10-15 नोबेल पुरस्कार विजेता तथा 30-40 अंतरराष्ट्रीय ख्याति के विचारक दुनिया भर से आमंत्रित किए जाते हैं। इसका खर्च अबुधाबी का शिक्षा मंत्रालय उठाता है। इसमें विचारकों के व्याख्यान, चर्चा सत्र तथा अन्य कार्यक्रम आयोजित किए जाते हैं। एक सप्ताह दुनिया के सर्वोत्कृष्ट वैज्ञानिकों और विचारकों के सान्निध्य में रहकर विद्यार्थी भी नवीन विचारों, अनुसंधानों तथा समसामयिक घटनाक्रमों से अवगत होते हैं। दुनिया किस दिशा में जा रही है यह पता चलता है। विद्यार्थियों की इस प्रक्रिया में विशेष भूमिका होती है। मंत्रियों तथा सरकारी अधिकारियों का हस्तक्षेप नहीं होता। विद्यार्थी भी इस आयोजन में नोबेल विजेताओं से मुक्त रूप से चर्चा करते हैं और नवीन ज्ञान अर्जित करते हैं।

तुर्की, मिस्र, कतार, जोर्डन ये सभी देश मध्यपूर्व में हैं। लगभग हजार वर्ष पूर्व अरब राष्ट्र ही विश्व की वैचारिक प्रगति का नेतृत्व कर रहे थे। उन दिनों बगदाद तथा कैरो अंतरराष्ट्रीय संस्कृति के केंद्र बनकर उभरे थे। मगर बाद के हजार वर्षों में इनकी अधोगति हुई। भ्रष्टाचार, गैर-जिम्मेदारी पूर्ण व्यवहार, संपत्ति का भोंडा प्रदर्शन, आपसी विवाद तथा लड़ाइयों से अरब राष्ट्र परतंत्रता में चले गए। स्वतंत्रता के बाद भी कुछ वर्ष वहाँ के नेता आँख मिचौली ही खेलते रहे। मगर अब उन्होंने आपनी आँखों की पट्टियाँ उतारी हैं। अपने समाज का भविष्य शिक्षा पर निर्भर है, यह उन्होंने समझ लिया है। इसलिए इन देशों में वहाँ के राष्ट्रपति और उनकी पत्नी शिक्षा क्षेत्र की ओर स्वयं ध्यान देते हैं, भरपूर आर्थिक निवेश भी करते हैं। विद्यार्थियों के मानसिक विकास के लिए उनकी दुनिया भर के श्रेष्ठ चिंतकों से भेंट कराने का भी प्रयास करते हैं।

शिक्षा क्षेत्र को प्राथमिकता देने की मानसिकता यदि समाज में निर्मित हो तो उसके लिए आवश्यक निधि भी एकत्र होने में देर नहीं लगती। पश्चिम अफ्रीका में सेनेगल नामक एक गरीब देश है। वहाँ की सरकार अपने व्यय का लगभग 40 प्रतिशत शिक्षा पर खर्च करती है। इसके कारण वहाँ गृह, विदेश अथवा रक्षा मंत्रालय के स्थान पर शिक्षा मंत्रालय के प्रभार के लिए महत्त्वाकांक्षी नेताओं में स्पर्धा चलती है।

सेनेगल में सभी विद्यालय समान स्तर के हैं। सभी विद्यालयों में फ्रेंच तथा अरबी इन दोनों भाषाओं में पढ़ाई होती है। इससे सभी विद्यार्थी द्विभाषी बन जाते हैं। श्रीलंका में सिंहली व तमिल विद्यालय अलग-अलग बनाए गए हैं। यह निर्णय सन् 1960 में किया गया था। इससे उसके बाद तमिल व सिंहली युवकों को आपस में मेलजोल बढ़ाने का अवसर नहीं मिला। इसी का लाभ उठाकर प्रभाकरन ने श्रीलंका में आतंकवाद फैलाया। भारत में गरीबों तथा अमीरों के विद्यालय अलग-अलग हैं। इसके दूरगामी परिणाम क्या होंगे इसका विचार हम नहीं करते। देश में आतंकवाद बढ़ रहा है, इसके केवल ऊपरी कारण हम खोजते हैं। समान और सर्वसमावेशक शिक्षा पद्धति केवल समृद्धि तथा समानता बढ़ाने के लिए ही नहीं वरन् जातिभेद तथा आतंकवाद को समाप्त करने के लिए भी हमारी राष्ट्रीय आवश्यकता है।

हमारे यहाँ शिक्षा की उपेक्षा क्यों होती है, इसके कारण हमें खोजने होंगे। पहली कक्षा में प्रवेश लेनेवाले बच्चों में से 70 प्रतिशत की 10वीं कक्षा में पहुँचने के पूर्व ही डंडी गुल हो जाती है। इसके अनेक कारण हैं। नगरपालिका के अनेक विद्यालय सातवीं-आठवीं कक्षा तक ही होते हैं। इन विद्यालयों में शिक्षकों पर पढ़ाई के अलावा दूसरे कामों का ही भार अधिक होता है। इसके कारण विद्यार्थी अगली कक्षाओं में जाते हैं, साक्षर बनते हैं, मगर गणित, विज्ञान, समाज शास्त्र, भाषा आदि विषयों को आत्मसात करने की उनकी क्षमता नहीं बढ़ती। बेचारे शिक्षक भी क्या करेंगे। उन्हें 7-8 हजार रुपए वेतन पर नौकरी मिलती है। सेवानिवृत्ति तक वह बढ़कर 20-22 हजार के लगभग हो जाती है। उन्हें पढ़ाने से ज्यादा ट्यूशंस खोजने, अथवा दूसरे काम ढूँढ़ने में रुचि होती है। कोई रुचि लेकर पढ़ाना भी चाहता है तो उसे ऊपरवाले अधिकारियों का सहयोग नहीं मिलता। उनसे अनेक कारकूनी काम कराने की सख्ती प्रशासन करता है। ऐसे विद्यालयों के विद्यार्थी सातवीं-आठवीं के बाद यदि दूसरे विद्यालयों में भरती होते हैं तो पठ्ठे बनकर कक्षा में बैठते हैं। कुछ आवारागर्दी करने लगते हैं तो कुछ गलत मार्गों पर चल पड़ते हैं।

जिन गरीब पालकों को यह स्थिति पता होती है, वे अपने बच्चों को पहली कक्षा से गैर-सरकारी विद्यालयों में भरती करते हैं। जी-जान एक करते हैं। मुंबई में घरेलू काम करनेवाली महिलाएँ 5,000 रुपए महीना कमाती हैं। उनका पति भी नाम मात्र कमाता है। यदि एक बच्चा हो तो 500 रुपए फीस देनी पड़ती है। दो हों तो 1,000 रुपए की बत्ती। इतने खर्च के बाद गणवेश और पुस्तकें, खेलकूद

अथवा शौक के लिए पैसे ही नहीं बचते। मध्यमवर्गीय और पैसेवाले महँगी ट्यूशन लगाते हैं। उनके पालकों का व्यवसाय तथा सामाजिक दर्जा देखकर विद्यालय भी उनकी ओर ज्यादा ध्यान देते हैं। ऐसे विद्यार्थी आगे बढ़ते हैं। डॉक्टर, इंजीनियर अथवा अकाउंटेंट बनते हैं। गरीबों के बच्चे मात्र कुछ अपवादों को छोड़कर पिछड़ जाते हैं। वे रिक्शा चालक बनते हैं या फिर यदि किस्मतवाले हुए तो क्लर्क अथवा चपरासी बन जाते हैं।

हमारी सामाजिक विषमता हमारी माध्यमिक शिक्षा पद्धति की देन है। धनी लोग और धनी होंगे और गरीबों के बच्चे जीवन भर उनकी सेवा करते रहेंगे। ऐसी व्यवस्था हमने माध्यमिक विद्यालयों में कर रखी है। गरीबों के विद्यालयों में क्या चल रहा है यह धनिकों को पता नहीं होता। हम अपने बच्चे को कॉलेज की पढ़ाई के लिए लंदन के किसी सामान्य विश्वविद्यालय में भेजकर, 'हमारा बच्चा विदेश में पढ़ रहा है।' इस बात की शेखी बघारने में व्यस्त रहते हैं। विदेशी शिक्षा शास्त्री भी होशियार होते हैं। भारतीय पालकों को जाल में फँसाने के लिए वे आकर्षक विज्ञापनबाजी करते हैं।

शिक्षा पद्धति का विचार करते समय हमारा ध्यान देश में साक्षरता का प्रतिशत बढ़ाने की ओर होता है। मगर माध्यमिक विद्यालयों से होनेवाला विद्यार्थियों का शालात्याग हमारी वास्तविक समस्या है। गाँवों में तो यह समस्या बहुत विकराल है। भारत में साढ़े छह लाख गाँवों में से लगभग प्रत्येक में पहली से पाँचवीं कक्षा तक के विद्यालय हैं। मगर आठवीं तक शिक्षा देनेवाले विद्यालयों की संख्या केवल सवा दो लाख तथा मैट्रिक तक की शिक्षा देनेवाले विद्यालयों की संख्या तो डेढ़ लाख से भी कम है। ये तो सरकारी आँकड़े हैं। विद्यालय है इसका अर्थ वहाँ शिक्षक, ब्लेकबोर्ड, भवन तथा खेल के मैदान जैसी सुविधाएँ भी होंगी, ऐसी खुशफहमी पालना सही नहीं होगा। आधे से अधिक विद्यालयों के भवनों में छत और सुविधा गृहों का भी अभाव है। खैर आँकड़ों में दिखाने के लिए ही क्यों न हो, सवा दो लाख विद्यालय हैं। डेढ़ लाख विद्यालय मैट्रिक तक हैं। इस तालिका को आईने में उलटा करके देखे तो क्या दिखाई देगा? अपने साढ़े छह लाख गाँवों में से लगभग 5 लाख गाँवों में माध्यमिक विद्यालय ही नहीं हैं। वहाँ के विद्यार्थियों को सातवीं कक्षा के बाद तहसील के किसी दूसरे गाँव में पढ़ाई के लिए जाना पड़ता है या फिर पढ़ाई छोड़कर घर बैठना पड़ता है।

भारत को स्वतंत्र हुए 63 वर्ष हो गए। पाँच लाख गाँवों में गरीब हैं और बड़ी मात्रा में शिक्षा की अव्यवस्था भी है, यह न समझनेवाले हमारे राजनेता और

सुखी समाज मानसिक रूप से दरिद्र बने हुए हैं। इस मानसिकता को बदलने के लिए केवल प्रार्थना करने से काम नहीं चलेगा। उसके लिए नए कानून, सामाजिक आंदोलन तथा नए दृष्टिकोण की आवश्यकता होगी।

दुनिया के विकसित देशों में प्राथमिक और माध्यमिक शिक्षा में समानता होती हैं। थोड़े निजी विद्यालय भी होते हैं, मगर वे महँगे होते हैं और संख्या में भी कम होते हैं। भारत में दून स्कूल, बंगलुरू के ऋषि वैली विद्यालय, पंचगनी और कोयंबतूर के विद्यालयों की भी हमें जरूरत है। ऐसे विद्यालयों को शुरू करने के लिए सरकार द्वारा प्रोत्साहन दिए जाने में कोई हर्ज नहीं है। देश में कुछ मात्रा में ऐसे विद्यालयों का होना भी जरूरी है। ऐसे विद्यालय दुनिया के सभी देशों में होते हैं। मगर प्रत्येक देश में इनकी संख्या सीमित ही होती है। लंदन में हैरो तथा एटन, जॉर्डन में किंग्ज इंटरनेशनल तथा दूसरे देशों में भी ऐसे गिनती के विद्यालय दिखाई देते हैं।

दुनिया के अनेक देशों में जनसंख्या के आधार पर शहरी अथवा ग्रामीण विभाग का निर्धारण किया जाता है। प्रत्येक विभाग में एक विद्यालय होता है। ऐसे विद्यालयों में अमीर-गरीब के बीच कोई भेद नहीं किया जा सकता, ऐसे कानून होते हैं। जिस विभाग में पालक का निवास होता है उसी विभाग के विद्यालय में बच्चे को अनिवार्य रूप से पढ़ना होता है। इस कारण सभी वर्गों के विद्यार्थी एक ही विद्यालय में पढ़ते हैं। बड़े व्यापारी के बच्चे से लेकर, कामवाली बाई के बच्चे अथवा अस्पताल की आया से लेकर बहुराष्ट्रीय कंपनी के अधिकारी के बच्चे तक सभी बच्चे अपने विभाग के विद्यालय में ही अध्ययन करते हैं। भारत में भी केंद्रीय विद्यालय इसी तर्ज पर चलाए जाते हैं। कुछ अपवाद छोड़ दें तो इन विद्यालयों में सभी वर्गों के केंद्रीय कर्मचारी अपने बच्चों को भरती कराते हैं। इनमें सेना के ब्रिगेडियर से लेकर साधारण जवान तक सभी के बच्चे एक साथ पढ़ते हैं। आयकर विभाग के आयुक्त, उपायुक्त तथा क्लर्क सभी अपने बच्चों को इन्हीं विद्यालयों में पढ़ाते हैं। सबको समान अवसर मिलते हैं। सेना के कुछ अधिकारी अपने बच्चों को दून स्कूल अथवा शिमला-ऊटी में महँगे विद्यालयों में भी भेजते हैं, मगर यह अपवाद स्वरूप होता है। सभी वर्गों के बच्चे एक ही विद्यालय में होने के कारण इन विद्यालयों की स्थिति अच्छी होती है। ऐसी समानता दूसरे स्थानों पर भी लागू करने की सख्ती होनी चाहिए। मुंबई के मलाबार हिल अथवा पुणे के कोरेगाँव पार्क के विद्यालयों में उस क्षेत्र के अमीर-गरीब सभी वर्गों के बच्चों को अनिवार्य रूप से शिक्षा दिए जाने का कानून होना चाहिए। मलाबार हिल अथवा कोरेगाँव

पार्क में जैसे अमीर लोग रहते हैं वैसे ही श्रमजीवी मजदूर अथवा गृहकार्य करनेवाले श्रमिक भी निवास करते हैं। सबके बच्चे एक ही विद्यालय में पढ़ें यह विकसित देशों का रिवाज है। हमारे यहाँ भी उसका पालन होना चाहिए। अमीरों के बच्चे महँगे विद्यालयों में तथा गरीबों के बच्चे नगरपालिका के विद्यालय में, यह विषमता बंद होनी चाहिए। विकसित देशों की भाँति सभी विद्यालयों का स्तर समान होना आवश्यक है। जिन्हें यह मंजूर न हो वे भले ही अपने बच्चों को दून जैसे महँगे विद्यालयों में भेंजे, मगर ऐसी आर्थिक क्षमतावाले लोगों की संख्या सीमित होने से इससे विशेष फर्क नहीं पड़ेगा।

सभी नागरिकों को समान शिक्षा उपलब्ध कराने के लिए यह आवश्यक है कि सभी विद्यालयों का स्तर भी समान हो। मुंबई में गोवंडी और धारावी हो अथवा मलाबार हिल या जुहू या फिर अमरावती या गड़चिरोली के विद्यालय, सभी में हवादार कक्षाएँ, सुसज्जित प्रयोगशालाएँ, वाचनालय, खेल मैदान आदि होना आवश्यक है। साथ ही विदेशों की भाँति निजी ट्यूशनों पर भी प्रतिबंध होना चाहिए। विद्यालय यानी केवल भवन अथवा मैदान नहीं होता। शिक्षक विद्यालय का ही नहीं समाज का भी आधार स्तंभ होता है। शिक्षक यदि जीवन भर मेहनत करके केवल 20 हजार रुपए के वेतन पर निवृत्त होगा तो फिर वह कैसे जीवन जिएगा? शिक्षक का वेतन भी किसी निजी उद्योग के अधिकारी के बराबर होनी चाहिए। इसके साथ शिक्षकीय पेशे में प्रवेश हेतु प्रवेश परीक्षा अनिवार्य होना चाहिए। शिक्षक को समाज में सम्मान मिलना चाहिए। शिक्षक के कार्य की प्रतिष्ठा होनी चाहिए। यदि समानता के आधार पर हमने माध्यमिक शिक्षा की पुनर्रचना की और शिक्षकीय पेशे को उच्च स्तर का वेतन और सम्मान दिया तो फिर अंतरराष्ट्रीय चुनौतियों का मुकाबला करने में सक्षम ऐसी नई पीढ़ी का निर्माण हम कर सकेंगे।

माध्यमिक शिक्षा का सही उपयोग सामाजिक विषमता समाप्त करने में हो सकता है। मंत्री का बच्चा कम-से-कम विधायक बने, सफेदपोश व्यवसायियों के बच्चे डॉक्टर अथवा इंजीनियर बनकर विदेश जाएँ और मजदूर की बेटी मजदूर के घर बहू बनकर रोटी ही थापती रहे। यह यदि बंद करना है तो मंत्री, इंजीनियर तथा मजदूर सभी के बच्चों को एक ही गुणवत्ता के विद्यालयों में पढ़ाना होगा। इससे सही अर्थों में जाति व्यवस्था भी समाप्त हो सकेगी।

अमेरिका में सन् 1960 तक और दक्षिण अफ्रीका में सन् 1990 तक माध्यमिक शिक्षा का उपयोग योजनाबद्ध रूप से सामाजिक विषमता बढ़ाने के लिए किया गया। काले और गोरे लोग अपने बच्चों को अलग-अलग विद्यालयों में पढ़ने

भेजते थे। बाद में निग्रो समाज ने आंदोलन कर समता निर्माण की ओर सरकार को सर्वसमावेशक माध्यमिक शिक्षा पद्धति लागू करने के लिए बाध्य किया।

हमारे दलित नेता उच्च शिक्षा में दलितों को आरक्षण मिले इसके लिए आंदोलन करते हैं, मगर इसका लाभ केवल मुट्ठीभर दलित विद्यार्थियों को ही मिलता है। उसमें से भी अनेक विद्यार्थी जो सामान्य विद्यालयों से निकलकर आते हैं, वे उच्च शिक्षा में प्रवेश मिलने पर भी कई बार उसका लाभ नहीं उठा पाते। मार्टिन लूथर किंग ने मुट्ठीभर निग्रो विद्यार्थियों को हार्वर्ड में प्रवेश दिलाने के लिए आंदोलन नहीं किया, वरन् संपूर्ण माध्यमिक शिक्षा पद्धति समानता के आधार पर उच्च स्तर की हो इसके लिए आग्रह किया। भारत में भी सामाजिक संगठन जब इसके लिए आग्रह करेंगे तभी ज्ञान गंगा निचले तबके के लोगों तक पहुँच सकेगी।

उच्च शिक्षा के लिए भारत के सात प्रौद्योगिकी संस्थानों (आई.आई.टी.), छह प्रबंध संस्थानों (आई.आई.एम.), बंगलुरू की एक विज्ञान शोध संस्था और बंगलुरू तथा पुणे के विधि महाविद्यालय सारे विश्व में प्रसिद्ध हैं। उनमें से निकले स्नातकों ने दुनिया भर में उद्योग तथा अर्थ जगत के अनेक महत्त्वपूर्ण पदों को सुशोभित किया है। पिछले 20 वर्षों में अमेरिका में जो कंप्यूटर क्रांति हुई है, उसमें इन स्नातकों की संख्या बहुत कम है। इसके स्नातक भारत में सस्ती शिक्षा प्राप्त कर विदेशों में नौकरी ढूँढ़ने को प्राधानता देते हैं। एक प्रकार से भारतीय उच्च शिक्षा पद्धति अमेरिकी अर्थव्यवस्था के लिए सस्ते में होशियार अभियंता तथा युवा विशेषज्ञ उपलब्ध कराने का कार्य कर रही है। भारतीय अर्थव्यवस्था को आज ऐसी ही उच्च स्तर की संस्थाओं की आवश्यकता है। पहले औद्योगिक प्रशिक्षण संस्थाएँ बड़ी संख्या में थीं, मगर बढ़ती जनसंख्या तथा औद्योगिक विकास के अनुपात में उनमें वृद्धि नहीं हुई।

हमारा देश कृषि प्रधान है। लगभग 40 करोड़ लोग श्रमिक वर्ग में आते हैं। उनमें आधे यानी लगभग 20 करोड़ लोग खेतों में काम करके अपनी जीविका कमाते हैं। मगर इस कृषि प्रधान देश में केवल 40 कृषि विश्वविद्यालय हैं। और उनमें शिक्षा ग्रहण करनेवाले विद्यार्थियों की संख्या एक लाख से भी कम है। अमेरिकी उद्योगों के लिए हमारे यहाँ कंप्यूटर शास्त्र सूचना प्रौद्योगिकी के क्षेत्र में अलग-अलग स्तर की प्रशिक्षण संस्थाएँ प्रारंभ करने की स्पर्द्धा चल रही है। मगर जिस खेती पर 20 करोड़ लोगों की उपजीविका चलती है, उस खेती के संबंध में उच्च शिक्षा देने के लिए हम हर साल एक लाख विद्यार्थी भी नहीं जुटा पाते। उन

कृषि विश्वविद्यालयों का स्तर कैसा है यह तो अलग प्रश्न है।

देश जैसे-जैसे प्रगति की दिशा में आगे बढ़ेगा वैसे-वैसे औद्योगिक क्षेत्र में भी कामगारों की आवश्यकता बढ़ेगी। लघु उद्योग, भारतीय परिस्थिति के अनुसार मध्यम स्तर के उद्योगों के लिए सैकड़ों कृषि विश्वविद्यालयों तथा औद्योगिक प्रशिक्षण संस्थाओं की स्थापना के लिए युद्ध स्तर पर प्रयास करने होंगे। महाराष्ट्र में महँगे अभियांत्रिकी तथा चिकित्सा महाविद्यालय प्रारंभ करने का अभियान चल रहा है। इनके जनक सहकारिता के क्षेत्र से आते हैं। उनको स्वयं को कृषि जगत् का गहन अनुभव है। यदि उनमें इच्छा जाग्रत् हो तो वे स्वयं ग्रामीण विद्यार्थियों के लिए उपयुक्त ऐसी शिक्षा संस्थाओं का जाल बिछा सकते हैं। उसके लिए पिछड़े वर्ग के बहुसंख्य विद्यार्थियों की यदि वे मदद करें तो जनता भी उसका स्वागत करेगी।

शिक्षा पद्धति में यदि आमूलचूल परिवर्तन होता है, तो बेरोजगारी का प्रश्न हल होने में भी मदद मिलेगी। आगामी 15 वर्ष में अर्थात् सन् 2025 तक भारत में 60 करोड़ लोग काम करने में सक्षम आयु वर्ग के होंगे। उनमें से केवल 5 करोड़ लोग संगठित क्षेत्र में होंगे। उसमें सरकारी नौकरी, उद्योग, कंप्यूटर व्यवसाय, सूचना प्रौद्योगिकी आदि सभी व्यवसाय शामिल हैं। बचे हुए 55 करोड़ कृषि, असंगठित क्षेत्र, छोटे उद्योग तथा स्वयं रोजगार पर निर्भर रहेंगे।

इन 60 करोड़ लोगों में केवल 5 करोड़ स्नातक होंगे। शेष 55 करोड़ में से 15 करोड़ युवक हाईस्कूल परीक्षा उत्तीर्ण होंगे। 40 करोड़ कामगार तो प्राथमिक शिक्षा अधूरी छोड़नेवाले होंगे। अपने देश की प्रगति किस दिशा में हो रही है यह गंभीर प्रश्न है। अर्धशिक्षित अथवा अशिक्षित कामगारों की बड़ी संख्या होने से उन्हें रोजगार मिल पाना दुश्वार होगा। 40 करोड़ में से 20-25 करोड़ कामगार रोजगार की खोज में विस्थापन करने को बाध्य होंगे। वर्तमान में भारत में 600 छोटे-बड़े शहरों में गंदी बस्तियाँ हैं। उनकी संख्या में बड़ी मात्रा में वृद्धि होगी। इसके कारण बीमारियाँ, अपराध, आतंकवाद जैसी प्रवृत्तियों को बल मिलेगा। इससे सबसे अधिक प्रभावित दलित तथा पिछड़े वर्ग के लोग होंगे। भारत को अराजकता से बचाना हो तो हमें अनेक स्तरों पर प्रयास करने होंगे। यह बार-बार मन पर तथा सरकारी नीतियों पर अंकित करने की आवश्यकता है।

रोजगार बढ़ाने के लिए अर्थशास्त्रियों द्वारा अभ्यास पूर्ण लेख तथा पुस्तकें लिखी गई हैं। आज के इंटरनेट के युग में इन मान्यवरों का विश्लेषण तथा सूचनाएँ सहज उपलब्ध हैं। योजना आयोग ने भी अनेक अच्छी कल्पनाएँ प्रस्तुत की हैं।

हमारे लिए दुनिया के बदलते आर्थिक परिदृश्य का अवलोकन करना आवश्यक है। हमें उसके आधार पर ही अपने कार्यक्रम निर्धारित करने होंगे।

दुनिया चौथी औद्योगिक क्रांति की देहलीज पर खड़ी है। पिछले 100-150 वर्षों में भारत केवल पश्चिमी प्रौद्योगिकी को महँगा मूल्य देकर खरीदता रहा है। अब हमें स्वयं नई प्रौद्योगिकी को विकसित करने का अवसर मिला है। इसमें सौर शक्ति का प्रमुख रूप से उल्लेख किया जा सकता है। विदेशी वैज्ञानिक अभी भी सस्ती सौर ऊर्जा बनाने में सफल नहीं हुए हैं। महाराष्ट्र जैसे प्रगतिशील राज्य के लिए शोध और प्रयोग द्वारा सस्ती सौर ऊर्जा का निर्माण आसानी से किया जा सकता है। कुछ विशेषज्ञों का मत है कि महाराष्ट्र में सौर ऊर्जा निर्माण के लिए पर्याप्त सूर्य प्रकाश नहीं है। केवल राजस्थान के मरुस्थल में ही यह संभव हो सकता है। अनेक विशेषज्ञ बाधाएँ ढूँढ़ने में ही माहिर होते हैं। नार्वे में वर्ष में 6 माह तक सूर्य नहीं होता, जिन 6 माहों में सूर्य दिखाई देता है उनमें भी कई दिनों तक आकाश मेघाच्छादित होता है। इसके बावजूद आज नार्वे सौर ऊर्जा के क्षेत्र में दुनिया में सबसे आगे है। महाराष्ट्र के वैज्ञानिक भी यदि अपनी कल्पनाशीलता का उपयोग करें तो उपलब्ध सूर्य किरणों का उपयोग कर सौर ऊर्जा का निर्माण किया जा सकता है। महाराष्ट्र यदि नए ऊर्जा स्रोतों का शोध तथा विकास करेगा तो अनेक लोगों को रोजगार के अवसर मिलेंगे। घर-घर में होनेवाली बिजली कटौती से लोगों को मुक्ति मिलेगी। इसके साथ ही शिक्षा और अन्य उद्योगों को भी बढ़ावा मिलेगा। अनाज, फल, फूल, दूध आदि प्रक्रिया द्वारा नवीन खाद्य पदार्थों को निर्मित करने की भी असीम संभावनाएँ हैं। आगामी 25-30 वर्षों में उत्तर भारत तथा चीन में गेहूँ, चावल, मक्का की फसलें पानी के अभाव में पर्याप्त मात्रा में तैयार नहीं होंगी। महाराष्ट्र तथा दक्षिण भारत के राज्यों में वैकल्पिक फसलों का उत्पादन कर तथा ग्रामीण कारखानों में उन पर प्रकिया द्वारा यदि नवीन पदार्थों का निर्माण किया जाएगा तभी कृषि उत्पादनों का मूल्य बढ़ेगा। कम दाम पर कृषि उत्पादों को बेचने की मजबूरी नहीं रहेगी। नुक्कड़ पर अस्पताल खोलने की महत्त्वाकांक्षा पालने के स्थान पर यदि मूलभूत चिकित्सा के क्षेत्र में नवीन शोध करने की इच्छा होगी तो औषधि के अनेक उद्योग खोले जा सकेंगे। अन्य अनेक नए व्यवसाय भी प्रारंभ किए जा सकेंगे। एक कृषि प्रधान अर्थव्यवस्था का अत्याधुनिक आर्थिक व्यवस्था में रूपांतरण किया जा सकेगा।

भारत में औद्योगिक कल्पनाशीलता की कमी नहीं है। देश में लगभग 5 करोड़ लघु उद्योग हैं। यह अधिकृत संख्या है। मगर इन लघु उद्योगों का स्वरूप

लघु ही रह गया है। वे बड़े नहीं हो पा रहे हैं। क्योंकि उनको अनेक प्रतिकूल परिस्थितियों का बार-बार सामना करना पड़ रहा है। ये लघु उद्योग यदि निर्धारित मर्यादा से बड़े हुए तो सरकारी तंत्र हाथ धोकर उनके पीछे लग जाता है। मालिक का ध्यान उत्पादन करने के बजाय सरकारी निरीक्षकों को मनाने में लग जाता है। बड़े समूहों के पास इन कामों के लिए मानव संसाधन होता है। भरपूर धन होता है। छोटे उद्योगों का सरकारी कागजों की खानापूर्ति करते-करते नाक में दम हो जाता है। इससे बचने के लिए अनेक उद्यमी अपने उद्योग को छोटा बनाए रखना ही पसंद करते हैं तो कुछ अनधिकृत रूप से गतिविधियाँ चलाते हैं। इन सब बातों का विचार कर यदि लघु उद्योगों को पर्याप्त स्वतंत्रता दी गई तो रोजगार में वृद्धि हो सकती है।

भारत में सन् 1991 के बाद अर्थव्यवस्था का उदारीकरण हुआ। मगर उसका लाभ बड़े उद्यमियों को ही हुआ है। छोटे उद्यमी, कृषि तथा ग्रामीण व्यवसाय अभी भी सैकड़ों निर्बंधों में जकड़े हुए हैं। एक समय लघुउद्यमियों के लिए कुछ क्षेत्र सुरक्षित रखे गए थे, मगर उसका लाभ बड़े उद्योगपतियों ने उठाया और अलग-अलग नामों से लघु उद्योग प्रारंभ किए। अब लघु उद्योगों का आरक्षण खत्म कर दिया गया है, मगर उस पर लगाए प्रतिबंध वैसे ही बने हुए हैं।

शासकीय तंत्र के दबाव के नीचे दबे हुए छोटे उद्यमी सड़क, पानी, बिजली जैसी समस्याओं से नहीं निपट सकते। भारत में अनेक स्थानों पर बिजली कटौती होती है। कारखाने सप्ताह में एक अथवा दो दिन या दिन में कुछ घंटे बंद रहते हैं। नियमित उत्पादन नहीं होता। पिछले 10 वर्षों में अटल बिहारी वाजपेयी और मनमोहन सिंह द्वारा सड़क योजनाओं में निवेश किया गया है। फिर भी भारत में अच्छे स्तर की सड़कें नहीं हैं। इस कारण ईंधन खर्च भी बढ़ रहा है। जो लोग अभी पचास के हैं, उनको लगता है कि उनका शेष जीवन तो जैसे-तैसे नौकरी-धंधे में व्यतीत हो जाएगा, मगर उन्हें अपने बच्चों के भविष्य की चिंता है। आज जो युवक 15 से 20 वर्ष के आयु वर्ग में हैं; उनका भविष्य कैसा होगा, यह चिंता का विषय है।

भारत में बड़े पैमाने पर रोजगार तथा स्वयं रोजगार बढ़ाने के लिए उद्योग धंधों पर लगाए गए कष्टदायक प्रतिबंध हटाने होंगे। इसके साथ ही मालिक वर्ग श्रमिकों का शोषण न करे इसका भी ध्यान रखना होगा। विशेष रूप से असंगठित क्षेत्र के किसान तथा श्रमिक वर्ग की कार्यक्षमता बढ़ाने के लिए बड़े पैमाने पर प्रशिक्षण देना होगा। छोटी रकमों का कर्ज बाँटनेवाली ग्रामीण बैंकों जैसी संस्थाओं

को प्रोत्साहन देना पड़ेगा। खास लघु तथा असंगठित वर्ग के लिए तैयार किए गए प्रशिक्षण कार्यक्रम, छोटे कर्ज बाँटनेवाली संस्थाएँ, बिजली तथा सड़कों की व्यवस्था, जैसी सुविधाएँ यदि सरकार उपलब्ध करा दे, तो देश अल्पावधि में ही समृद्ध हो सकेगा।

केवल सरकारी प्रयासों की प्रतीक्षा करने की जरूरत नहीं है। भारतीय युवक स्वयं सक्षम हैं। यदि 5-10 युवकों के समूह एकत्र होकर नवीन उद्योग की योजना बनाएँ तो सब समस्याओं से छुटकारा प्राप्त कर वे सफलता प्राप्त कर सकते हैं। इंफोसिस का उदाहरण बहुत स्फूर्तिदायक है। सन् 1983 में 7 युवकों ने एकत्र होकर इस कंपनी की स्थापना की थी। पहले 10 वर्ष उन्हें बहुत सफलता नहीं मिली। उनका व्यवसाय 3-4 करोड़ के आस-पास रहा। उसमें निकलनेवाला लाभ कितना? और उन युवकों में से प्रत्येक के हिस्से में कितना आया? इसका विचार करें तो आय मामूली थी। इस समूह के प्रमुख नारायण मूर्ति को घर के लिए कर्ज मिलना भी दुश्वार हो गया था। फिर भी उन्होंने प्रयास नहीं छोड़े। वे अवसर की प्रतीक्षा करते रहे। उन्हीं की भाँति कंप्यूटर क्षेत्र में प्रवेश करनेवाले अन्य लोग भी प्रयासरत थे।

सन् 1990 के बाद पाश्चात्य जगत में वाय टू के कंप्यूटर दोष का भय व्याप्त हुआ और इंफोसिस तथा अन्य छोटी कंपनियों को बड़े काम मिले। 5 वर्ष के भीतर इंफोसिस का व्यवसाय 100 करोड़ रुपए का हो गया। बाद में सन् 2010 में वह 20 हजार करोड़ रुपए से अधिक हो गया।

इंफोसिस के उदाहरण से हम क्या सीख सकते हैं? सरकारी उपक्रमों की प्रतीक्षा न करते हुए कल्पनाशीलता के साथ नवीन क्षेत्रों में यदि प्रयत्नों की पराकाष्ठा करें तथा सहनशक्ति दिखाएँ तो आकाश को मुट्ठी में पकड़ा जा सकता है। इसके लिए एकत्र होकर सामूहिक रूप से प्रयास करना महत्त्वपूर्ण है। नारायण मूर्ति यदि अकेले होते तो शायद हमने आज उनका अथवा इंफोसिस का नाम भी नहीं सुना होता। हताश होकर बैठ जाने के बजाय यदि युवक 8-10 लोगों का समूह बनाकर सौर शक्ति, पवन शक्ति, जीव शास्त्र में शोधकार्य, अनाज पर प्रक्रिया, नवीन औषधियों का निर्माण आदि विविध क्षेत्रों में प्रवेश का साहस करेंगे तो निश्चय ही उन्हें लाभ मिलेगा। उनके साथ ही देश की अर्थव्यवस्था को भी गति मिलेगी। यह सही है कि बेरोजगारी की समस्या केवल युवकों के प्रयास से हल नहीं होगी। समाज के आधार स्तंभों को मजबूत बनाने की जिम्मेदारी सरकार की ही है। उसकी तरफ राजनेताओं को प्राथमिकता से ध्यान देना चाहिए। जाग्रत् समाज द्वारा

इसके लिए माँग करना भी आज समय की आवश्यकता है।

समाज के विभिन्न घटकों की आर्थिक परिस्थिति में सुधार तथा रोजगार सृजन केवल नीतियाँ निर्माण करने से नहीं होता। उसके लिए एक नई दिशा का आकर्षण तथा वैसी मानसिकता का होना जरूरी है। इस परिवर्तन की शुरुआत किसी भी स्तर पर की जा सकती है। अन्ना हजारे हों अथवा पांडुरंग शास्त्री आठवले, ये लोगों की विचारधारा में बदलाव लाकर आर्थिक समृद्धि लाए। एक नया विचार लोगों को दिया, उसका प्रसार किया तथा अपनी कार्य-शैली से उसे मजबूत बनाया। चीन, ब्राजील, इजरायल, मलेशिया, सिंगापुर, जापान में आए परिवर्तन भी वैचारिक परिवर्तन के कारण ही हुए हैं। इन देशों में जाने पर वहाँ के लोगों में एक तड़प देखने को मिलती है। अपना देश आगे बढ़े, इस बात की तड़प। यही तड़प इन देशों को प्रगति के पथ पर आगे बढ़ाती है।

एक समय इंग्लैंड बहुत पिछड़ा देश था। मगर पहली औद्योगिक क्रांति करके वहाँ के सामान्यजनों ने देश का भविष्य बदल दिया। 17-18वीं सदी में इंग्लैंड के पास ज्यादा संसाधन भी नहीं थे। मगर पैसे के अभाव में अंग्रेज किसानों ने आत्महत्याएँ नहीं कीं। उन्होंने अपनी लगन से अर्थव्यवस्था को ही बदल डाला। बाद में दुनिया पर राज भी किया। पश्चिम एशिया के अनेक देश गरीब थे। किस्मत से उन्हें तेल मिल गया। शुरू के कुछ वर्ष उन्होंने पश्चिमी कंपनियों को लाभ उठाने दिया। मगर अब वे जाग गए हैं। कतर की महारानी शेखामोझा से मेरी भेंट हुई। मैंने उनसे प्रश्न किया, "आपके द्वारा किए गए अनेक कार्यों में से किस कार्य का आपको सर्वाधिक अभिमान है?" उन्होंने कहा, "मैंने एक शैक्षणिक कुआँ बनाया है। अर्थात तेल के एक कुएँ से होनेवाली सारी आय मैंने केवल शिक्षा पर खर्च करने के लिए अमीर साहब को मजबूर किया है। इस कुएँ की आय का हिसाब सरकारी बजट से अलग है।"

मध्यपूर्व के देशों में कतर की शेखामोझा तथा जॉर्डन की सम्राज्ञी रैना के बीच होड़ चल रही है। शैक्षणिक विकास, रोजगार निर्माण तथा युवकों के विकास के लिए नई-नई योजनाएँ तैयार कर उन्हें लागू करने की यह स्पर्धा है। इसके लिए ये दोनों रानी साहिब दुनियाभर में घूमकर विद्वानों से मिलती हैं और युवकों के लिए नए-नए प्रकल्प तैयार करती हैं। कतर के विश्वविद्यालयों का पूर्णतया आधुनिकीकरण हो गया है। प्रत्येक कक्षा में साफ-सुथरे बेंच, बोर्ड, कंप्यूटर तथा साफ दीवारें ऐसा वातावरण है। इसके अलावा रानी साहिब ने अत्याधुनिक शैक्षणिक नगर बसाया है। अग्रगण्य अमेरिकी विश्वविद्यालयों को वहाँ पर अपनी शाखाएँ खोलने का

निमंत्रण दिया गया है। जॉर्डन की सम्राज्ञी ने इसके जवाब में चिकित्सा क्षेत्र में अत्याधुनिक अनुसंधान केंद्र की स्थापना की है। जॉर्डन तथा कतर में होनेवाले प्रत्येक कार्यक्रम में विदेशी नेताओं से मिलने तथा उनसे विचार विमर्श-करने के लिए स्कूली तथा महाविद्यालयीन विद्यार्थियों को आग्रहपूर्वक निमंत्रित किया जाता है। ऐसी स्पर्धा यदि महाराष्ट्र तथा मध्य प्रदेश के मुख्यमंत्रियों की पत्नियों के बीच चले और राजस्थान और गुजरात के मुख्यमंत्रियों की पत्नियों से उन्हें चुनौती मिले तो क्या यह दुग्ध शर्करा योग नहीं होगा? मगर हमारे नेताओं को शायद मधुमेह का भय सताता रहता है। उनके परिवारजन ऐसे दुग्ध शर्करा से स्वयं को बचाकर रखते हैं। हाँ उनमें से कुछ जरूर अपने निर्वाचन क्षेत्रों में शैक्षणिक संस्थाएँ खोलते हैं और उसमें प्रवेश देने के नाम पर मलाई खाते हैं।

मध्यपूर्व में कतर की शेखामोझा तथा जॉर्डन की सम्राज्ञी रैना से प्रेरणा लेकर मिस्र के राष्ट्रपति की धर्मपत्नी सुजान मुबारक ने भी बड़ा काम किया है। उन्होंने दुनिया के सबसे पुराने अलेक्जेंड्रिया वाचनालय को फिर से आधुनिक स्वरूप में जीवित कर दिया है। इस वाचनालय में 'स्ट्रेटेजिक फोरसाइट ग्रुप' ने एक अंतरराष्ट्रीय सेमिनार का आयोजन किया था। जिस कक्ष में यह कार्यक्रम चल रहा था वह तैरता कक्ष था। उस भवन की जमीन के नीचे बने कक्ष में चार हजार वर्ष पूर्व के मनुष्य का शरीर ममी बनाकर सुरक्षित रखा हुआ देखने को मिला। पहली मंजिल पर विश्वभर की इंटरनेट की सारी सामग्री सुरक्षित रखने का केंद्र है। इंटरनेट प्रारंभ होने के बाद से उसपर जो अरबों पृष्ठ निर्मित हुए हैं उन सबकी प्रतियाँ अलेक्जेंड्रिया वाचनालय में सुरक्षित रखी गई हैं। कुछ सदियों के पश्चात् यदि इंटरनेट का माध्यम खत्म हो जाए तो भी आज आपके द्वारा उस पर लिखा गया ब्लॉग उस वाचनालय में देखने को मिलेगा। दुनिया में इंटरनेट के पृष्ठ सुरक्षित रखने के केवल दो केंद्र हैं। पहला कैलिफोर्निया में है तो दूसरा यह मिस्र का अलेक्जेंड्रिया वाचनालय। यह वाचनालय सुजान मुबारक की कल्पना और प्रयत्नों से साकार हुआ है। इसके लिए उन्हें उनके पति अथवा सरकार से बहुत मदद नहीं मिली। मगर इसके बावजूद श्रीमती मुबारक ने दुनियाभर में घूमकर निधि जुटाई तथा इस अद्भुत निर्माण को पूर्ण कर दिखाया।

अमेरिका, जर्मनी, जापान औद्योगिक रूप से विकसित देश हैं। उनके प्रयासों की जानकारी सहज रूप से सबको मिल सकती है। कतर, जॉर्डन, सेनेगल, तुर्की आदि देशों को विकसित देशों के रूप में नहीं माना जाता। मगर वहाँ चल रहे युवकों के विकास कार्यक्रमों से भी यदि हम प्रेरणा लें तो उसका बहुत लाभ

मिलेगा। विकसित देशों के गरीबों तथा अल्पसंख्यकों की बस्तियों में काम करनेवाली एरीन ग्रुवेल और लुॲन जॉन्सन के अनुभवों से हमें कार्य की प्रेरणा मिलेगी। यदि हम अपने ही गाँवों तथा वहाँ के विद्यालयों का नजदीक से अध्ययन करें तो हमें अपने यहाँ पर भी उनके जैसे अनेक शिक्षक दिखाई देंगे।

मैं एक बार कुछ मित्रों के साथ देवलाली गया था। मैं वहाँ पर बिना किसी प्रयोजन के घूम रहा था। खूब चलकर थक गया था। रास्ते में मुझे 8-10 लड़कों का समूह मिला। उनमें से आधे लड़कों के बदन पर शर्ट भी नहीं थी। जिनके पास थी, वह भी फटी हुई थी। मैंने उन लड़कों से पूछा कि क्या वे पाठशाला जाते हैं? पाठशाला क्या होती है यही उन्हें पता नहीं था। मैंने उनसे पूछा कि क्या उन्होंने अमिताभ बच्चन का नाम सुना है? सबने हाँ कहा। यह बच्चन कौन है? यह पूछने पर उन्होंने बताया सिनेमा में काम करते हैं। फिर मैंने प्रधानमंत्री के बारे में प्रश्न किया। इस पर लड़कों ने कहा कि वे कौन हैं यह नहीं पता, मगर वे कीमतों को कम-ज्यादा करते रहते हैं।

भारत के गरीब लोग गरीब हैं, मगर मूर्ख नहीं हैं। उनकी यदि लंबे समय तक उपेक्षा हुई तो एक दिन उच्च वर्ग को इसका जवाब देना होगा और तब तक बहुत देर हो चुकी होगी।

मैंने उन लड़कों से पूछा, ''तुम्हें जीवन में क्या चाहिए?''

मैंने मुंबई में भी एक घरेलू नौकरानी से पूछा, ''तुम्हें जीवन में क्या चाहिए?''

श्रीनगर में आतंकवादियों के ग्रुप में शामिल एक युवक से भी यही सवाल किया, ''तुम्हें जीवन में क्या चाहिए?''

एक ही सवाल मैंने तीन अवसरों पर तीन अलग-अलग व्यक्तियों से किया था। मुझे एक ही उत्तर मिला, ''एक छोटी-सी आशा!''

हम शिक्षा तथा रोजगारों के लिए बड़ी योजना बनाते हैं, मगर उससे कोई निष्पत्ति नहीं होती। हमारी योजनाएँ मध्यमवर्गीय अथवा उच्च मध्यमवर्गीय समाज के युवकों के लिए होती हैं। दलितों का विचार केवल राजनीतिक दृष्टि से ही होता है। गरीबों के लिए भी यही होता है। यह एक खतरनाक खेल है। पासा उलटा भी पड़ सकता है। 160 नक्सलवादी जिलों में यह पासा उलटा पड़ ही चुका है। कम-से-कम अब तो हम में अक्ल आए। यही एक छोटी-सी आशा।

□

हिमालय को जब बुखार आता है

दुनिया का भविष्य और हमारा दायित्व इस विषय पर स्ट्रेटेजिक फोरसाइट ग्रुप और युनाइटेड्नेशन ग्लोबल कॉम्पेक्ट द्वारा जून 2008 में मुंबई में एक अंतरराष्ट्रीय सेमिनार का आयोजन किया गया था। भारत की राष्ट्रपति श्रीमती प्रतिभा देवीसिंह पाटिल ने इस सेमिनार का उद्घाटन किया था। महाराष्ट्र के वरिष्ठ नेता तथा केंद्रीय मंत्रियों के साथ देश-विदेश के विविध विषयों के विशेषज्ञ भी इस अवसर पर उपस्थित थे। दुनियाभर में हो रहा पर्यावरण का ह्रास, उसके कारण बढ़ रही गरमी तथा उसके कारण अप्रत्यक्ष रूप से दुनिया के सभी घटकों पर हो रहे इसके परिणामों के संदर्भ में मान्यवरों ने अपने विचार व्यक्त किए। विशेषज्ञों ने आँकड़े प्रस्तुत किए तो अर्थशास्त्रियों ने भविष्य में अर्थनीति पर उसके होनेवाले परिणामों की व्याख्या की। यह सब सुनकर तथा भविष्य में होनेवाले संभावित महाभयंकर विनाश की गंभीरता समझकर उपस्थित अनेक लोगों की आँखें खुल गईं।

अपना देश एक त्रिकोणी संकट में फँसा है। इस त्रिकोण की नीचे की भुजा है गरीबी। धनी लोगों की संख्या भले ही बढ़ रही हो, मगर उसी गति से देश की जनसंख्या भी बढ़ रही है। पूर्व में किए गए उल्लेख के अनुसार 80 करोड़ लोग गरीबी के जाल में फँसे हुए हैं। उसमें से अनेक लोग मजबूरी में अथवा असफल होकर, गुनहगारी, आतंकवाद अथवा आत्महत्या में से कोई मार्ग चुन लेते हैं। समाज में बढ़ रही, विषमता, अस्थिरता तथा विफलता यह है त्रिकोण की दूसरी भुजा। इस निराशा तथा दरिद्रता को कम करने के लिए उद्योग-धंधे, सार्वजनिक निर्माण, ऊर्जा आदि में बड़े पैमाने पर वृद्धि आवश्यक है। मगर इससे प्रदूषण में भी वृद्धि होती है। तापमान बढ़ता है, कृषि तथा स्वास्थ्य पर दुष्प्रभाव होता है, नदियों के प्रवाह को रोका जाता है। पर्जन्यवृष्टि अनिश्चित हो जाती है।

मौसम की अनिश्चितता तथा पर्यावरण पर आघात, त्रिकोण की तीसरी भुजा है। दरिद्रता के निर्मूलन पर ध्यान नहीं दिया तो सामाजिक हाहाकार बढ़ता है। रोजगार तथा आर्थिक आय को बढ़ाते समय पर्यावरण का नाश तथा मौसम में अनपेक्षित परिवर्तन होकर अनेक लोगों की उपजीविका पर गाज गिरती है। गरीबी बढ़ती है तथा एक दुश्चक्र प्रारंभ होता है। यह त्रिकोण हमारे गले के फंदे को अधिकाधिक कसता जा रहा है।

हमारे 115 करोड़ की जनसंख्यावाले देश में आज केवल एक करोड़ निजी गाड़ियाँ तथा 4 से 5 करोड़ दुपहिया वाहन हैं। इन वाहनों की माँग आगामी 20–25 वर्षों में अनेक गुना बढ़ेगी। यह समझकर अनेक विदेशी कंपनियों ने अपना ध्यान भारत की ओर केंद्रित किया है। उसमें कोरिया की हुंडाई, फ्रांस की पीजो, अमेरिका की फोर्ड व जनरल मोटर्स, जापान की मित्सुबिशी, जर्मनी की मर्सिडीजबेंस आदि प्रमुख हैं। सड़क पर जैसे ही अधिक संख्या में वाहन चलने लगेंगे, वैसे ही प्रदूषण तथा कार्बनडाईऑक्साइड गैस की मात्रा भी बढ़ेगी। इससे तापमान बढ़ेगा तथा मौसम में अनिश्चित परिवर्तन भी होंगे। मौसम में इस बदलाव के अनेक घातक परिणाम होंगे।

कोयले का उपयोग पिछले तीन दशकों में तीन गुना हुआ है। अगामी दशक में वह आज की तुलना में तीन गुना हो जाएगा। उसमें कोयले से प्राप्त होनेवाली ऊर्जा का सबसे अधिक भाग होगा। कोयले से वातावरण में कार्बनडाईऑक्साइड फैलता है। प्रदूषण बढ़ता है। उससे वातावरण का तापमान बढ़ता है तथा उसका प्रभाव विशेष रूप से मौसम पर होता है। आगामी सदी में बारिश नियमितता पूर्वक नहीं होगी। नदियाँ तथा तालाब सूखे होंगे तथा पानी की समस्या बढ़ेगी। साथ ही नदियों के प्रत्यक्ष प्रदूषण से उनकी स्थिति विकट होगी। नदियों के किनारे स्थित कारखाने, प्रवाह में छोड़े जानेवाले रसायन, औद्योगिक गंदगी, मनुष्य का मल इसके कारण भारत की सभी नदियाँ स्वच्छ नहीं रह पाएँगी।

'दुनिया का भविष्य तथा हमारा दायित्व' इस सेमिनार के चलते मुंबई के 'दैनिक लोकसत्ता' ने महाराष्ट्र की नदियों की स्थिति लोगों के सामने लाने की मुहिम चलाई थी। इस समाचार-पत्र के संवाददाता श्री अभिजित घोरपड़े ने स्वयं नदियों के घाटों (प्रवाह पथ) का सफर कर अपना आँखों देखा हाल पाठकों के समक्ष प्रस्तुत किया। महाराष्ट्र की नदियाँ अब नदियाँ न रहकर, गटरों में रूपांतरित हो चुकी हैं, ऐसा निष्कर्ष इस लेखमाला ने निकाला है। महीने भर चली इस लेखमाला में प्रदूषण, घाटों में अतिक्रमण, बालू-रेत की अनियंत्रित खुदाई, जंगलों

की कटाई, मिट्टी का क्षरण आदि के कारण नदियों की हो रही मृतावस्था का वर्णन किया गया। नदियों की दयनीय स्थिति के कारण खेती तथा मत्स्यमारी भी बड़े पैमाने पर नष्ट होती जा रही है। इससे हजारों लोगों की आजीविका का साधन समाप्त हो गया है। नदियों के पूरक नाले तथा नहरें भी महाराष्ट्र के सभी शहरों में बंद किए जा रहे हैं। मिट्टी की खुदाई के कारण नदियों के किनारे ध्वस्त हो गए हैं।

नदियाँ, उद्गम स्थलों पर स्वच्छ होते हुए भी कैसे शहर में आकर बीमारी का साधन बन जाती हैं, यह श्री घोरपड़े ने लिखा है। उन्हें सांगली में कृष्णा नदी में जैविक गंदगी तैरती दिखी, पुणे में मूला नदी का घाट दापोडी के समीप जलपर्णी से ढका दिखाई दिया। बीड़ में बिंदुसरा के पानी तथा जालना में कुण्डलिका के पानी में विशिष्ट प्रकार की गंदगी दिखाई दी। कोल्हापुर की पंचगंगा नदी में मृत मछलियाँ मिलीं। इंटरनेट पर आज भी इन लेखों को देखें तो संपूर्ण लेख पढ़ने को मिल सकते हैं। इस स्थिति के लिए जिम्मेदार चीनी कारखाने, अन्य उद्योग तथा राज्य सरकार का तंत्र, इन सबका इस दुष्कृत्य में कैसे सहभाग है, इसका भी विवेचन इसमें है। इसके अलावा नदियों पर बने बाँधों से पानी के प्रवाह पर आनेवाले बँधनों से भी सभी परिचित हैं।

महाराष्ट्र में नदियों की जो स्थिति है, उससे भी अधिक भयावह स्थिति भारत की अनेक नदियों की है। गंगा की सफाई के लिए अनेक अभियान चलाए गए। पूर्व प्रधानमंत्री राजीव गांधी तथा अटल बिहारी वाजपेयी ने स्वयं इस ओर ध्यान दिया। फिर भी गंगाजी आज बीमार ही हैं। भारत में 115 करोड़ लोगों में से 40 करोड़ से अधिक लोग गंगा-यमुना के कछार में रहते हैं। गंगा के किनारे बने कारखानों से निकलते रासायनिक द्रव, शहरों का प्रदूषित जल, मानवी मल और अन्य अनेक प्रकार की गंदगी से गंगा की पवित्रता समाप्त हो रही है।

वाराणसी, कानपुर, पटना की नगरपालिकाएँ अपने शहरों की गंदगी तथा गंदा पानी निःसंकोच गंगा में प्रवाहित करती हैं। गंगा की बहन यमुना नदी के बारे में भी विशषज्ञों का मत है कि वह 50 प्रतिशत प्रदूषित हो जाने से उसका जल भी स्वास्थ्य के लिए हानिकारक बन गया है।

गंगा, यमुना तथा उत्तर की नदियों की समस्या केवल प्रदूषण ही नहीं है। भारत, चीन, म्यांमार (बर्मा), पाकिस्तान, थाईलैंड आदि में बढ़ रहे उद्योग-धंधों तथा ईंधन के लिए की गई जंगलों की कटाई के कारण हिमालय पर दूषित वायु की एक काली परत निर्मित हो गई है। इस परत का प्रभाव हिम नदियों पर हो रहा है। किसी व्यक्ति को जब बुखार आता है तो उसके शरीर का तापमान बढ़ता है, रोग

प्रतिरोधक शक्ति कम होती है, ज्वर बढ़ने से अन्य बीमारियाँ भी होती हैं। हिमालय को बुखार आया है, जिसके कारण आगामी 6-7 सौ वर्षों में हिम नदियों के लुप्त होने का खतरा है।

जिन हिम नदियों का प्रवाह हजारों लाखों वर्षों से जीवन को समृद्ध करता रहा है, वे आगामी 6-7 सौ वर्षों में पूरी तरह विलुप्त नहीं भी हुईं केवल क्षीण भी हो गईं तो भी भयंकर हाहाकार निर्मित होगा। प्रकृति के जीवन में 6-7 सौ वर्ष हमारे जीवन के 6-7 सेकेंड से भी कम समय है और फिर इसके कुछ दुष्परिणाम तो हमें आगामी 50-60 वर्षों में ही दिखाई देने लगेंगे। सन् 2050 तक गंगा का पानी लगभग 15-20 प्रतिशत, तो ब्रह्मपुत्र का पानी 8-10 प्रतिशत कम हो जाएगा। इससे जुलाई से सितंबर की कालावधि में बहुत अंतर नहीं पड़ेगा। मगर साल के अन्य महीनों में पानी की कमी महसूस होगी। इस सबका प्रभाव बँगलादेश पर भी होगा। साधारणतया सन् 2050 तक हिमालयी नदियों के पानी में 8-10 प्रतिशत कमी आएगी। इस कारण भारत, चीन, नेपाल तथा बँगलादेश, इन देशों को 500 अरब घन मीटर पानी की कमी झेलनी पड़ेगी।

इस दौरान भारत, चीन, नेपाल तथा बँगलादेश इन चारों देशों की जनसंख्या में वृद्धि होगी। शहरीकरण तथा औद्योगिकीकरण भी बढ़ेगा। अनाज तथा खाद्यान्नों की माँग आज की तुलना में कई गुना बढ़ेगी। एक तरफ माँग में वृद्धि तथा दूसरी तरफ नदियों के जल में कमी होने से भारत तथा चीन में गेहूँ, चावल तथा कुछ अन्य फसलों के उत्पादन में सन् 2050 तक 30-40 प्रतिशत तक कमी आएगी। चीन में यह गिरावट 5-10 प्रतिशत होगी मगर वहाँ माँग भारत की तुलना में अधिक बढ़ी हुई होगी। हिमालय की गोद में बसे चारों देश आगामी 30-40 वर्षों में 10 करोड़ टन खाद्यान्नों का आयात करने लगेंगे। अंतरराष्ट्रीय बाजार में खाद्य पदार्थों की कीमतें बढ़ेंगी। गरीब लोग महँगाई से त्रस्त हो जाएँगे। हिमालय की हिम नदियों के प्रवाह में परिवर्तन के कारण तथा ग्लोबल वार्मिंग के कारण समुद्र का जल स्तर बढ़ेगा। आगामी 40 वर्षों में इन चार देशों से विशेष रूप से बँगलादेश से 5-10 करोड़ लोग बेघर होंगे। वे निर्वासित होकर पलायन करेंगे।

खेतों को पानी मिल सके इसलिए भारत और चीन नदियों का प्रवाह बदलने की योजनाएँ बनाएँगे। जिसके कारण उनके बीच युद्ध का खतरा उत्पन्न होगा। हिमालय को बुखार आने के ऐसे दूरगामी परिणाम होंगे। मगर हमारा ध्यान इस ओर है क्या?

पर्यावरण का नाश तथा मौसम में परिवर्तन यह केवल भारत की समस्या

नहीं है। किसी दूसरे ग्रह से आकर कोई शक्ति पृथ्वी पर हमला करे वैसे ही यह सारे विश्व पर आया हुआ संकट है। भारत, इंडोनेशिया, ब्राजील तथा अफ्रीका के देश, ये सब इस त्रिकोणी संकट में फँसेंगे। इनका इस जाल से छूटना कठिन है। दूसरी ओर अमेरिका, कनाडा तथा यूरोप के देशों के समक्ष केवल ग्लोबल वार्मिंग यह एकमात्र प्रमुख समस्या होने के कारण ये देश अनेक प्रकार से उसे हल करने का प्रयास कर सकते हैं। उनके समाज पर गरीबी तथा गुनहगारी की छाया न होने के कारण उनके लिए औद्योगिकीकरण की नीति में परिवर्तन करना भी संभव है। पूँजी की कमी उनके पास नहीं है। बेरोजगारी है मगर एशियाई देशों की तुलना में कम। ये देश त्रिकोणी जाल से मुक्त हैं।

पश्चिमी देशों को इस संकट का आभास 25 वर्ष पूर्व हो जाने से वहाँ शासन ने सन् 1990 के दरम्यान नीतियों में परिवर्तन शुरू कर दिया था। उससे भी अधिक महत्त्वपूर्ण यह है कि वहाँ के नागरिकों ने व्यक्तिगत स्तर पर अपने जीवन तथा व्यवसाय में भी बदलाव लाने की शुरुआत कर दी। शहर की भीड़भाड़ तथा प्रदूषण से बचने के लिए उन्होंने गाँवों की ओर प्रस्थान करना शुरू कर दिया। उस स्थान पर आजीविका के साधन प्राप्त करने तथा अपने जीवन स्तर को उठाने हेतु आवश्यक परिस्थितियों का निर्माण करने के लिए उन्होंने शासन को अपनी नीतियों में बदलाव लाने के लिए भी बाध्य किया। यह करते समय उन्होंने गाँवों के मूल स्वरूप को भी वैसे ही बनाए रखा। प्राकृतिक संपदा तथा खुली हवा का आनंद छिन ना जाए इसका ध्यान रखा। पर्यावरण की मुहिम चलाई। पाश्चात्य देशों में पहले व्यक्तिगत स्तर पर आए बदलाव ने सामाजिक स्वरूप ग्रहण किया। लोगों ने सोचा अकेले उनके द्वारा जीवन स्तर बदलने से, शहर छोड़ने से, ऊर्जा तथा पानी की बचत करने से, संपूर्ण देश पर उसका अपेक्षित परिणाम नहीं होगा। पहले पर्यावरण की रक्षा हेतु सामाजिक आंदोलन प्रारंभ होने के बाद नए उद्योग शुरू हुए। आखिर सरकारों ने हरित नीतियाँ अपनाईं। सन् 2000-2010 के दरम्यान ऐसी नीतियों को दुनियाभर में लागू करवाने के उद्‌देश्य से साम, दाम, दंड, भेद आदि सभी मार्गों का उपयोग प्रारंभ हुआ।

यूरोप तथा अमेरिका में सामान्य नागरिकों द्वारा अपनी जीवन पद्धति में परिवर्तन किए जाने से सरकार को भी नई नीतियाँ बनाने पर बाध्य होना पड़ा। स्पेन, स्विट्‌जरलैंड, जर्मनी में सौर ऊर्जा के प्रयोग को बढ़ावा देने के लिए नए कानून बनाए गए। जंगलों तथा वृक्षों की कटाई पर प्रतिबंध लगाए गए। पेट्रोल के उपयोग को कम करने के लिए बस अथवा साइकिल से सफर करनेवालों को प्रोत्साहित किया जाने लगा। सामान्यजनों के दृष्टिकोण में बदलाव होने से पर्यावरण संरक्षण के

हितैषी राजनीतिक दलों का उदय हुआ। इस प्रक्रिया की शुरुआत सन् 1980 में जर्मनी में हुई। वहाँ हरित दल की स्थापना हुई। कुछ वर्ष पूर्व यह दल सत्तारूढ़ था। वर्तमान में वह प्रमुख विरोधी दल है। जर्मनी में हरित दल को सफलता मिलते ही नीदरलैंड में भी 'डी–66' दल की स्थापना हुई। धीरे–धीरे दुनिया के अनेक देशों में ऐसे दलों की स्थापना हुई तथा अल्प समय में वे वहाँ लोकप्रिय भी हुए। कुछ देशों में वे सत्तारूढ़ हुए। कुछ स्थानों पर वे संसद् में विपक्ष की बेंचों पर बैठते हैं। मगर कोई भी सरकार उनकी माँगों को अनदेखा नहीं कर सकती। बराक ओबामा ने भी राष्ट्रपति बनने के उपरांत पर्यावरण पोषक प्रौद्योगिकी के विकास हेतु कुछ अरब डॉलर के निवेश का निर्णय लिया था।

सन् 1985 के दौरान मैं कनाडा की एक मासिक पत्रिका के लिए लेखन करता था। उसके संपादक के साथ मेरी मित्रता हो गई। एक दिन अचानक उनका पत्र मिला कि उन्होंने संपादक पद से त्यागपत्र दे दिया है। मुझे लगा कि वे दूसरी किसी पत्रिका में संपादक बन गए होंगे। मगर वे महाशय तो एक प्रकृति रम्य गाँव में जाकर बस गए थे तथा वहीं से उन्होंने विविध वृत्त पत्रों के लिए स्वतंत्र लेखन शुरू कर दिया था।

उसी दौरान कनाडा में प्रधानमंत्री कार्यालय में निकालस पार्कर एक जिम्मेदार अधिकारी थे। प्रभावशाली ढंग से काम करनेवाले इस युवक की ख्याति एक उदीयमान सितारे के रूप में थी। उन्हें सरकारी अथवा निजी क्षेत्र में कहीं भी बड़ा पद तथा उसके माध्यम से बँगला, गाड़ी जैसी सुख–सुविधाएँ मिल सकती थीं। मगर उन सुख–सुविधाओं का त्याग कर उन्होंने स्वच्छ तथा कम ऊर्जा पर चलनेवाले उपकरण विकसित करने के लिए 'क्लीनटेक' नामक कंपनी की स्थापना की। उनकी इस कंपनी के माध्यम से दुनियाभर के सैकड़ों युवकों को सौर शक्ति, पवन ऊर्जा, पेट्रोल की बचत करनेवाले वाहन, प्रदूषण नियंत्रित करनेवाले उपकरण, हवा से कार्बन डाईऑक्साइड सोखनेवाले उपकरण विकसित करने अथवा ऐसे शोधकार्य करने हेतु पूँजी उपलब्ध कराई जाती है। दुनिया की आर्थिक पुनर्रचना करने में क्लीनटेक अग्रस्थान पर है। निकोलस पार्कर का दुनिया भर में सम्मान होता है। अभी उनके पास स्वयं की गाड़ी नहीं है। भरपूर धन कमाने के बाद उन्होंने गाँव में एक तालाब खरीदा। अकसर वे वहीं जाकर रहते हैं।

निकोलस की भाँति ज्यूली केटरसन ने भी प्रकृति के संरक्षण तथा संवर्धन के लिए अपना जीवन समर्पित किया है। पहले वह प्राइस वॉटर हाउस कूपर नामक व्यवस्थापन सलाहकार कंपनी में उच्च पद पर कार्यरत थीं। उनके बड़े बहुराष्ट्रीय

उद्योगों के साथ संबंध थे। लंदन के उच्चवर्ग में उनका आना-जाना था। उन्होंने क्लास लिंदाल नामक अपने पर्यावरण प्रेमी मित्र के साथ विवाह किया। लंदन तथा स्टॉकहोम छोड़कर यह दंपती स्वीडन के एक छोटे से द्वीप पर बस गया। वे वहाँ पर स्वयं ही साग सब्जियाँ उगाते हैं। आस-पास के जंगलों से वनस्पति एकत्र कर उन पर शोध करते हैं। सरोवर में मछलियाँ पालते हैं। बहुराष्ट्रीय कंपनियों को सलाह देने का अपना व्यवसाय छोड़कर वे अब सादगीपूर्वक अपना उदर निर्वाह करते हैं। ज्यूली ने अपने इन अनुभवों पर एक पुस्तक लिखी है। वह बहुत लोकप्रिय हुई है। उसे पढ़कर अनेक व्यवसायियों ने शहरी प्रदूषण ग्रस्त अपने जीवन को त्यागकर किसी छोटे गाँव में बसने का निर्णय लिया। गाड़ी, बिजली का अति उपयोग, भागदौड़ आदि सभी बातों को अलविदा किया।

व्यक्तिगत स्तर पर नए दृष्टिकोण को स्वीकार कर तथा सरकारी स्तर पर मौसमी परिवर्तन पर नियंत्रण करने के लिए किए जानेवाले प्रयत्नों के लाभ हमें अपने दैनंदिन जीवन में मिलते हैं। यूरोप में लोग अपने नल का सादा पानी पीते हैं, वह स्वच्छ होता है। उन्हें हमारी तरह पानी उबालकर पीने की अथवा बिसलरी की बोतल खरीदने की जरूरत नहीं पड़ती। पानी में प्रदूषण न होने से तथा हवा में प्रदूषण कम करने से स्वास्थ्य सुधरता है। यूरोप के मेरे अनेक मित्र सरदी, बुखार, खाँसी जैसी बीमारियों से मुक्त हो गए हैं। कभी-कभार 2-3 वर्षों में सरदी की शिकायत करते हैं। निकोलस पार्कर तथा ज्यूली केटरसन को तो पिछले 6-7 वर्षों में एक बार भी सरदी की शिकायत नहीं हुई।

मेरे कोपनहेगन के मित्र यप्पे ओलसन ने विवाह के बाद बेटी होने की खबर मुझे ई-मेल से दी। बाद में एक बार उसका फोन आया तो उसने बताया, "अब मेरी जिम्मेदारी बढ़ गई है, मगर उसके साथ ही बहुत डर भी लगता है।"

मैंने उसे धीरज बँधाते हुए कहा, "प्रारंभ में नए बच्चे को हम सँभाल सकेंगे या नहीं ऐसा भय लगता है, मगर धीरे-धीरे आदत हो जाती है।"

उसने कहा, "मौसम के परिवर्तन के कारण आज की पीढ़ी जब बड़ी होगी तब तक, दुनिया की परिस्थिति कठिन हो जाएगी। मेरी बेटी बड़ी होगी तब हमारे डेनमार्क का बड़ा भाग ग्रीनलैंड की बर्फ पिघलने से उध्वस्त होने लगेगा। अनेक लोगों के घर बाढ़ में बह जाएँगे। मेरी बेटी रहने कहाँ जाएगी।"

वह बहुत गंभीरता से बोल रहा था। कुछ दिन बाद मुझे एक और ई-मेल मिला। उसने बहुराष्ट्रीय उद्योग समूह की अपनी मोटे वेतनवाली नौकरी छोड़ दी थी। उसने अपना जीवन मौसम में हो रहे परिवर्तन रोकने के लिए नवीन प्रौद्योगिकी

को विकसित करने में व्यतीत करने का निश्चय किया था।

मैंने उसे फोन कर कहा, ''अरे तुम अकेले क्या करोगे? यह तो वैश्विक समस्या है। तुम्हारे अकेले के प्रयत्नों से कुछ नहीं होगा।''

उसने कहा, ''मेरे जैसे अनेक लोगों ने यदि अपनी पसंद-नापसंद को बदला, तो भी उसका पर्यावरण पर आंशिक प्रभाव अवश्य होगा। सभी ने यदि ऐसा किया तो परिणाम व्यापक होगा। सब अंश एकत्र हो आने से एक अणु बदलेगा। नवीन अर्थव्यवस्था का यह पहला अणु होगा।''

आज भारत, पाकिस्तान तथा चीन के समक्ष सबसे बड़ी चुनौती हिमालय के ज्वर को कम करने की है। जब किसी परिवार का कर्ता पुरुष अथवा स्त्री ज्वर से तपते हैं तो पूरे घर को खतरा उत्पन्न हो जाता है। ऐसे समय परिवार के भाई-बहनों तथा रिश्तेदारों का प्राथमिक कर्तव्य आपसी विवाद भुलाकर सर्वप्रथम कर्ता को बचाना होता है, क्योंकि यही सबके हित में होता है। हिमालय की भी यही स्थिति है। भारतीय उपमहाद्वीप की पिछले हजारों वर्षों से रक्षा तथा पोषण करनेवाले यह महापर्वत अपने देश के सबसे प्रमुख कर्ता व्यक्ति के समान है। उसका यदि कुछ भला-बुरा होता है तो सारे परिवार के सर्वनाश का खतरा है। सभी बुखार एक जैसे नहीं होते। कभी फ्लू, कभी टाइफाइड तो कभी कैंसर की आहट देनेवाला बुखार, ऐसे उसके अनेक प्रकार होते हैं। पहले उसकी चिकीत्सकीय जाँच करना जरूरी होता है।

आपसी विवाद मिटाकर हिमालय को बचाने के लिए प्रयत्नों की पराकाष्ठा करनी होगी। उपग्रह, रिमोट सेंसिंग और अन्य आधुनिक तकनीकी का उपयोग कर हिमालय को आए इस बुखार की मात्रा तथा कारण खोज निकालने के लिए एक-दूसरे को आपस में सहयोग करना होगा। भारत सरकार ने इसके लिए एक कार्यक्रम तैयार किया है तथा उसमें सहयोग के लिए पड़ोसी देशों से सहयोग माँगा है। प्रधानमंत्री डॉ. मनमोहन सिंह इस दिशा में जो प्रयास कर रहे हैं, उसका सभी लोगों द्वारा अपने दलीय स्वार्थों को दूर रखकर समर्थन करना आवश्यक है। पाकिस्तान तथा चीन भी समझदारी का परिचय देकर भारतीय प्रधानमंत्री के इन प्रयत्नों को संवैधानिक समर्थन देंगे ऐसी हम अपेक्षा करें।

हिमालय के ज्वर की व्यवस्थित चिकित्सा करने के लिए आवश्यक उपकरण किसी भी एक राष्ट्र के पास नहीं हैं। चीन, भारत, नेपाल एक-दूसरे के साथ सहयोग की बात आने पर राष्ट्रीय सुरक्षा की बात कहकर टालमटोल करते हैं। उनके द्वारा अहंकार तथा राष्ट्रीय सुरक्षा के संबंध में लगनेवाले भय को त्यागकर

एक-दूसरे के साथ वैज्ञानिक जानकारी का आदान-प्रदान किया जाना चाहिए। इन देशों के वैज्ञानिकों द्वारा भी हिमालय पर संयुक्त अभियान आयोजित कर हिमनदियों का अध्ययन करने की आवश्यकता है।

ये चारों देश आपस में सहयोग करें तो केवल पूर्वी हिमालय की नदियों से एक लाख किलोवाट बिजली का निर्माण हो सकता है। उससे भारत के बिहार से बँगलादेश में सिल्हट तक तथा चीन में ल्हासा तक घर-घर में रोशनी हो सकती है। इस बिजली के कारण हवा में कार्बन डाईऑक्साइड गैस बहुत कम मात्रा में प्रवाहित होगी। स्थानीय लोगों को नवीन उद्योग-धंधे खोलने के अवसर मिलेंगे। विद्यार्थी शिक्षा प्राप्त कर सकेंगे। एक समय पाटलिपुत्र अर्थात् आज का पटना भारत की राजधानी थी। चंद्रगुप्त मौर्य तथा सम्राट् अशोक ने वहीं से सारे उपमहाद्वीप में अपने साम्राज्य का विस्तार किया था। इक्कीसवीं सदी में उसकी पुनरावृत्ति होकर पटना भारत का आर्थिक सत्ता केंद्र बन सकता है। ऐसा होने पर बिहारी युवक नौकरी की तलाश में अन्यत्र नहीं जाएँगे तथा वहाँ के युवकों के लिए स्थानीय रोजगार के अवसर बढ़ जाएँगे। हिमालय की नदियों के स्वास्थ्य को सुधारने के लिए चार देशों को मिलकर एक आयोग बनाना चाहिए। ऐसा सुझाव स्ट्रेटेजिक फोरसाइट ग्रुप ने सन् 2010 में जारी अपने एक प्रतिवेदन में दिया है। उस प्रतिवेदन पर अभी, चर्चा हो रही है। कई सुधार केवल एक राष्ट्र के लिए करना संभव नहीं होता। चार देश यदि एक-दूसरे से हाथ मिलाकर काम करने लगेंगे तो उनका आपसी विश्वास भी बढ़ेगा। गरमी में नदियों की बाढ़ रोकने तथा सरदियों में उनके प्रवाह व्यवस्थित बनाए रखने के लिए वे सामूहिक रूप से वैज्ञानिक योजनाएँ बना सकते हैं। नदियों के प्रवाह तथा मानसून के भवितव्य के संबंध में भी कुछ पूर्वानुमान लगाए जा सके तो उसके आधार पर कृषि तंत्र में भी वांछित परिवर्तन करना संभव हो सकेगा। यदि संपूर्ण गंगा-ब्रह्मपुत्र के कछार के पर्यावरण की सुरक्षा हुई तो प्रकृति का संतुलन भी कायम रहेगा।

भारत की प्रकृति भी अनोखी है। उसमें विविधता है। मगर प्रकृति का तेजी से ह्रास हो रहा है। उसे रोकना होगा। पहले प्रकृति को ठीक करना होगा। नदियों को हुए कर्क रोग का निर्मूलन करना पड़ेगा। मौसम को हुए पीलिया को ठीक करना पड़ेगा। यह सब केवल सरकारी प्रयत्नों से नहीं होगा। उसके लिए सबको व्यक्तिगत स्तर पर नई दिशा में कदम बढ़ाने होंगे। हम दुनिया से 25-30 वर्ष पीछे हैं। हमें नई वैश्विक अर्थव्यवस्था में यदि टिकना है तो व्यक्तिगत जीवन स्तर, उद्यमियों का दृष्टिकोण तथा सरकारी नीतियाँ, इन सबमें एक साथ संपूर्ण परिवर्तन करना आवश्यक

है। पहले आप—पहले आप करते हुए यदि सरकार तथा जनता एक-दूसरे की ओर अंगुलियाँ उठाते रहे तो स्थिति बेकाबू हो जाएगी। ऐसे समय कबीर का दोहा याद आता है : "काल करे सो आज कर आज करे सो अब। पल में परलय होएगी बहुरी करेगा कब?" आज जो लोग 50 के लगभग हैं उनके पास बचपन की स्मृतियाँ होंगी—मामा के गाँव की खुली तथा ताजा हवा, साफ आकाश, आस-पास के जंगल—ये सब कहाँ खो गए?

स्ट्रेटेजिक फोरसाइट ग्रुप में कभी विदेशों से भी कुछ युवक अनुभव प्राप्त करने के लिए आते हैं। ब्रायन उनमें से ही एक है। उसे अपनी आगे की पढ़ाई के लिए अमेरिका के प्रसिद्ध विश्वविद्यालय में प्रवेश मिला। उसके विश्वविद्यालय में पढ़ाई अगस्त में शुरू होनेवाली थी। उसने मई में काम खत्म कर भारत छोड़ने की अनुमति माँगी। मैंने ब्रायन से पूछा, "तीन महीने तुम क्या करोगे?" इस पर उसने कहा, "सर, मैं तीन माह रॉकी पर्वत पर अकेला घूमने जाकर प्रकृति का सामीप्य प्राप्त करना चाहता हूँ। पढ़ाई चालू होने पर फिर मुझे अवसर नहीं मिलेगा।"

यूरोप व अमेरिका के अनेक युवकों के ऐसे ही मनसूबे होते हैं। उनमें से कुछ प्राकृतिक सौंदर्य से परिपूर्ण स्वदेशी गाँवों में रमते हैं तो कुछ ब्राजील अथवा थाईलैंड के जंगलों में घूमने जाते हैं। बड़े होकर यही लोग सरकारी अफसर बनते हैं और सरकार द्वारा प्राकृतिक संरक्षण की जिम्मेवारी लेने के मुद्दे पर अपने प्रतिगामी विचारों के अधिकारी के साथ झगड़ा भी करते हैं।

इस संकट का भारत सरकार को पूर्ण आभास है। मगर कुछ स्वयंसेवी संगठनों तथा अध्ययनकर्ताओं को छोड़कर, बाकी सर्वसाधारण नागरिक इस संबंध में अधिक जागरूक नहीं हैं। गाँवों में तो जानकारी का ही अभाव है, इसलिए वहाँ लकड़ी तथा कोयला बड़ी मात्रा में जलाया जाता है। शहर में उद्योगपतियों को परवाह नहीं है। वे पर्यावरण संरक्षण के तात्कालिक उपाय करते हैं। मगर उनका वास्तविक हेतु व्यवसाय बढ़ाना, लाभ कमाना और किसानों की जमीन सस्ते में प्राप्त करना, तथा विज्ञापनबाजी कर लोगों को अपना उत्पादन खरीदने के लिए प्रोत्साहित करना, इतना ही होता है।

पिछले कुछ दिनों से इस मानसिकता में कुछ परिवर्तन के चिह्न दिखाई देने लगे हैं। मेरा बेटा साहिल मौसम के बदलाव के बारे में जन जागृति करनेवाले युवकों के कार्य से जुड़ा है। वह 'द फ्यूचर ह्वील्स' नामक ब्लॉग चलाता है तथा आवागमन के लिए नवीन प्रौद्योगिकी तथा प्रबंधन का प्रयोगकर वायुमंडल को प्रदूषित करनेवाले पेट्रोल, कोयला जैसे ऊर्जा के साधनों का उपयोग कैसे कम किया जा सकता है,

इसकी जानकारी लोगों को देता है। भारत में आज उसके जैसे हजारों युवक अपनी जीवनशैली में परिवर्तन की शुरुआत कर रहे हैं। मुंबई के सोमैय्या कॉलेज के विद्यार्थी प्रतिवर्ष एक गाड़ी तैयार कर विद्यार्थियों के लिए विशेष रूप से आयोजित 'फार्मूला-1' रेस में भेजते हैं। पहले तीन वर्ष उन्होंने पेट्रोल से चलनेवाली गाड़ी बनाई। चौथे वर्ष 95 प्रतिशत पेट्रोल तथा 5 प्रतिशत हवा का उपयोग करनेवाली गाड़ी तैयार की। पाँचवें वर्ष के बाद हर साल अब पेट्रोल का उपयोग घटाकर हवा की मात्रा बढ़ाना उनका लक्ष्य है।

अभी कुछ दिन पहले समाचार-पत्र में एक वधू-वर सूचक संस्था का विज्ञापन देखा। यह संस्था केवल प्रकृति प्रेमी तथा पर्यावरण की समझ रखनेवाले युवक-युवतियों को ही मिलाती है। पहले वधू-वर सूचक संस्थाएँ केवल विशिष्ट भाषा-जाति अथवा प्रदेश के युवकों का ही एक-दूसरे से परिचय कराती थीं। अभी भी बहुसंख्यक वैवाहिक संस्थाएँ जाति आधारित ही होती हैं। यह पर्यावरण प्रेमी विवाह संस्था अपवाद स्वरूप ही होगी, मगर समाज के कुछ भागों में ऐसे परिवर्तन होते दिखाई देने लगे हैं।

राजधानी दिल्ली में सरकार ने 15 वर्ष से अधिक पुराने वाहनों तथा टैक्सी रिक्शाओं पर पाबंदी लगाई है। 8 वर्ष से अधिक पुरानी बसें भी बंद की हैं। पुराने वाहनों से प्रदूषण बढ़ता है, इसलिए उन्हें सड़कों से हटाकर उनके स्थान पर प्रदूषण कम करनेवाले उपकरण लगे वाहन लोग खरीदें इसका प्रयास राज्य सरकार कर रही है। दिल्ली में पेट्रोल टैक्सी को चलाने की अनुमति नहीं है। प्रत्येक टैक्सी केवल सी.एन.जी. से चलती है। यातायात व्यवस्था में इस परिवर्तन के अलावा जनजागृति, विद्यार्थियों को पर्यावरण का प्रशिक्षण, सड़कों के किनारे पौधे लगाने जैसे अन्य अभियान भी चलाए जा रहे हैं। पिछले 6-7 वर्षों में दिल्ली में जीवन सुसह्य हुआ है, ऐसा वहाँ के निवासियों का मत है। जो काम दिल्ली प्रशासन के लिए संभव हो गया उसे महाराष्ट्र के शहरों में लागू करने में कोई अड़चन नहीं होनी चाहिए। अर्थात इसके लिए प्रामाणिक राजनीतिक इच्छा शक्ति का होना आवश्यक है। कड़े कानून बनाकर प्रदूषण करनेवाले सभी वाहनों पर प्रतिबंध लगाया जाना चाहिए। केवल कानून बनाकर काम नहीं चलेगा। दिल्ली में जिस प्रकार वाहनों के प्रदूषण की जाँच के लिए सड़कों पर आधुनिक यंत्र सामग्री का प्रयोग किया जाता है उसकी जानकारी महाराष्ट्र सरकार, दिल्ली प्रशासन से प्राप्त कर सकती है।

भारत में जब अंग्रेजी हुकूमत थी तब महात्मा गांधी ने विदेशी माल का बहिष्कार कर स्वदेशी माल के प्रयोग का आह्वान किया था। उसी तरह से पर्यावरण

को हानि पहुँचानेवाले उद्योगों का बहिष्कार कर पर्यावरण स्नेही उद्योगों के माल का उपयोग हमें प्रारंभ करना होगा। जिन उपकरणों से, गाड़ियों से, विद्युत बल्बों से दूषित वायु निकलती है उनका बहिष्कार कर वातावरण को स्वच्छ करनेवाली वस्तुओं की माँग हमारे द्वारा निर्मित की जानी चाहिए।

पर्यावरण स्नेही उत्पादनों के निर्माण हेतु नवीन औद्योगिकता, शोध तथा पूँजी की आवश्यकता है। यह काम सरल नहीं है। उसके लिए सरकार, निजी उद्योगों तथा अंतरराष्ट्रीय संगठनों में सहयोग की आवश्यकता है। परती भूमि पर 'पर्यावरण क्षेत्र' अथवा 'विशेष आर्थिक क्षेत्र' जैसी योजनाएँ पर्यावरण पोषक प्रौद्योगिकी तथा व्यवसाय निर्माण के लिए घोषित की जा सकती हैं। उसके लिए वहाँ कर मुक्तता, आयात शुल्क मुक्ति, तथा सस्ती दर पर भूमि देकर उद्यमियों को आकर्षित किया जा सकता है। महाराष्ट्र में प्रारंभ में यदि 10–12 ऐसे 'पर्यावरण क्षेत्रों' का निर्माण किया जाए तथा वहाँ पर किसान तथा पर्यावरण के संबंधों की सुरक्षा का वादा किया जाए तो विश्व बैंक अथवा एशियाई विकास बैंक से भी बड़े पैमाने पर इसके लिए मदद मिल सकती है। ब्रिटेन, स्वीडन, नार्वे, डेनमार्क, कनाडा जैसे देश तथा बहुराष्ट्रीय कंपनियाँ भी इसमें निवेश करेंगी। अमेरिका में बसे भारतीय भी इसमें निवेश करेंगे। ऐसे क्षेत्रों में प्रयोगशालाएँ, छोटे–बड़े हरित उद्योग, प्रशिक्षण केंद्र बनाकर हरित आर्थिक नीतियों की तरफ भारत को ले जाने में महाराष्ट्र अग्रस्थान प्राप्त कर सकता है।

प्रकृति संरक्षण करनेवाले पर्यटन केंद्रों का विकास किया जाए तो वह भी एक उत्तम व्यवसाय बन सकता है। इसके लिए महाराष्ट्र में सर्वत्र प्रमुखता से निर्माण कार्य के नियमों में सुधार करना पड़ेगा। निजी तथा सरकारी कारखाने, गृह संकुल आदि का निर्माण, उपजाऊ जमीन पर, नाले सुखाकर, नदी का प्रवाह बंद कर, टेकरियों को काटकर तथा पेड़ों की कटाई करके करनेवाले लोगों के विरुद्ध प्रखर जन आंदोलन होना चाहिए। ऐसे व्यवहार में हित संबंध जुड़े होने से सरकार कड़े प्रतिबंधक कानून नहीं बनाएगी तथा बनाए भी गए तो उसका अनुपालन नहीं होगा। प्रकृति को नष्ट कर बनाए गए कारखानों के माल तथा भवनों और गृह संकुलों का ग्राहकों द्वारा बहिष्कार किया जाना चाहिए। यदि यह माल निर्यात किया जा रहा हो तो इसकी जानकारी राष्ट्रसंघ, एमनेस्टी इंटरनेशनल, अलर्ट जैसी अंतरराष्ट्रीय संस्थाओं को भेजनी चाहिए।

महाराष्ट्र पवन ऊर्जा के निर्माण में आगे है। ऊर्जा सौर शक्ति तथा छोटे बाँध बनाकर गाँवों के लिए उपयोगी जल ऊर्जा का निर्माण राज्य भर में किया जा

सकता है। स्वदेश नामक फिल्म में इसका सुंदर चित्रण किया गया है। भारत में यह चित्र केवल सिनेमा में ही दिखाई देता है। कैलिफोर्निया तथा नीदरलैंड में छोटे बाँध, पवन चक्रीय तथा सौर ऊर्जा निर्मित करनेवाले घरों की छतें सर्वत्र दिखाई देती हैं।

महाराष्ट्र ने यदि हरित आर्थिक व्यवस्था के निर्माण में कदम उठाए तो अन्य राज्य भी उसका अनुसरण करेंगे। धीरे-धीरे संपूर्ण देश में एक पर्यावरण संवर्धक अर्थनीति लागू हो जाएगी। भारत को देखकर फिर पाकिस्तान, बँगलादेश तथा चीन पर भी अंतरराष्ट्रीय दबाव निर्मित होगा। सबके सहयोग से हिमालय का संकट दूर होकर उसे जीवन दान मिलेगा। यह लंबा सफर है, मगर उसकी शुरुआत तो कभी करनी ही पड़ेगी। उस मार्ग से सफर में लगनेवाली कल्पनाशीलता, पूँजी, सुशिक्षित युवा वर्ग देश में हैं। केवल इच्छा शक्ति का अभाव है। मगर अब अंतरराष्ट्रीय राजनीति बदलती जा रही हैं। पिछली सदी में दुनिया की राजनीति पूँजीवाद विरुद्ध साम्यवाद के सवाल पर आधारित थी। इस सदी की राजनीति का आधार यह प्रकृति विरुद्ध अराजक उद्योग होगा। यदि हम स्वयं सन्नद्ध होकर पर्यावरण पोषक नीतियाँ लागू नहीं करेंगे तो फिर वे हम पर बाहर से लादी जाएँगी। अक्लमंदों द्वारा स्वेच्छा से अक्लमंदी का व्यवहार करना ही उनके हित में है।

बचपन में विज्ञान की कक्षा में मैंने बर्फ जमाने की प्रक्रिया सीखी थी। पहले पानी का एक कण घन बनता है। फिर दूसरा कण घन बनता है। धीरे-धीरे सभी कणों की घनता बढ़ती है तथा पानी का रूपांतरण बर्फ में होता है।

सामाजिक तथा आर्थिक परिवर्तन भी इसी प्रकार से होता है। पहले एक व्यक्ति में बदलाव आता है। फिर दूसरे में बदलाव आता है। धीरे-धीरे सारा समाज सकारात्मक बदलाव के मार्ग पर चल पड़ता है। पर्यावरण ह्रास तथा मौसम परिवर्तन के घातक परिणामों के बारे में जैसे-जैसे जागरण होगा वैसे-वैसे हमारी मानसिकता तथा अर्थ नीति में भी बदलाव आएँगे। देखते-देखते राष्ट्र, उपमहाद्वीप, तथा महाद्वीपों में भी बदलाव आ जाते हैं। यूरोप में ये बदलाव आ चुके हैं। भारत, चीन तथा बँगलादेश के सहकार से एशिया महाद्वीप में भी ये बदलाव सहज संभव हैं।

आज हिमालय को बुखार आया है। उसके बर्फ की पानी बनकर बहने की किंचित शुरुआत हुई है। कुछ सदियों में ही नदियाँ नालों में बदल जाएँगी। यह प्रक्रिया तत्काल रोकनी होगी। पानी का रूपांतर फिर एक बार हिम पुष्प में करने के लिए मार्ग खोजना होगा। मगर इस योजना की प्रतीक्षा में हाथ पर हाथ रखकर बैठने की भी जरूरत नहीं। 'सुजलाम् सुफलाम् मलयज शीतलाम्' यह बंकिम चंद्र द्वारा

किसी समय लिखी केवल एक पंक्ति नहीं है। इस देश का नियति के साथ हुआ करार है। इस करार को पूर्ण करने की जिम्मेदारी आपकी, मेरी, हम सबकी है। उसका यदि हम पालन करेंगे तो ही हम सब एक स्वर में अभिमानपूर्वक कह सकते हैं—'वंदे मातरम्'।

□

वसुधैव कुटुंबकम्

दक्षिण अफ्रीकी नेता नेलसन मंडेला के एक उपक्रम के लिए सन् 2005 के दिसंबर माह में दुबई में एक विशेष कार्यक्रम का आयोजन किया गया था। ब्रिटेन के संगीतकार बॉब गेडॉल्फ, लोकप्रियता के शिखर पर रहनेवाले मिस्र के सिने कलाकार आदेल इमाम और विचारक के रूप में मैं; इस प्रकार मुख्य अतिथि के रूप में हम तीनों को वहाँ आमंत्रित किया गया था। उपस्थित श्रोताओं में भी इस अवसर पर मैंने अपने भाषण में 'वसुधैव कुटुंबकम्' कल्पना पर जोर दिया था। वसुधा के इस कुटुंब को एक घर चाहिए और उसके लिए सारे विश्व का एक निवास में रूपांतर होना चाहिए। यह विचार मैंने जोर देकर प्रतिपादित किया। भारतीयों की यह संकल्पना शायद उपस्थितजनों को प्रभावित कर गई। क्योंकि भाषण के बाद दुनिया के अनेक देशों के नेताओं ने मुझसे संपर्क किया। उनमें अमेरिका के पूर्व राष्ट्रपति बिल क्लिंटन भी थे।

मेरे द्वारा प्रस्तुत विचार यह था कि "प्रत्येक घर की नींव का मजबूत होना आवश्यक होता है। अपने वैश्विक निवास की नींव हैं, छोटे बच्चे। मगर विश्व में एक करोड़ बच्चे कुपोषण के कारण मर जाते हैं। हमें इसे रोकना चाहिए, यह संपूर्ण विश्व की सामूहिक जिम्मेदारी है। दुनिया के समस्त बच्चों का स्वास्थ्य तथा उनको मिलनेवाली शिक्षा इसके आधार पर ही हमारे घर की नींव की मजबूती निर्भर है। इस घर की अर्थव्यवस्था में कुछ होशियार लोगों के ही समृद्ध होने से काम नहीं चलेगा। दुनिया भर के गरीब लोगों के आँसू पोछे जाएँ तथा बेरोजगारों को काम मिले ऐसी व्यवस्था होनी आवश्यक है। इस अर्थव्यवस्था में युवा वर्ग संतोषी होगा तथा अनैतिक बनकर गुनहगार नहीं बनेगा। घर की छत आधुनिक विज्ञान तथा ज्ञान के द्वारा बनानी चाहिए। उसके लिए दुनिया के समस्त वैज्ञानिकों को एकजुट होकर तथा बँटाना चाहिए। विज्ञान देशों की सीमाएँ नहीं मानता, कोई भी नई खोज

विश्वभर में फैल जाती है। चौथी औद्योगिक क्रांति को अंतरराष्ट्रीय सहयोग का एक बड़ा उदाहरण बनकर मानवता के सिर की छत बनना चाहिए। इस घर के खिड़की-दरवाजे हमेशा खुले रहने चाहिए, जिससे उनसे होकर शुद्ध हवा तथा नवीन विचार आसानी से घर में फैल सकें। इस घर में एक टेबल चाहिए। जहाँ घर के लोग एक साथ बैठकर आपस में चर्चा द्वारा अपनी समस्याओं का निदान ढूँढ़ सकें। फिर हिंसाचार तथा युद्धों की आवश्यकता ही नहीं रहेगी।'' यह कल्पना कोरी आशा नहीं थी। मानव संस्कृति के एक महत्त्वपूर्ण मोड़ पर खड़े होने का अप्रत्यक्ष संकेत उसमें दिया गया था।

विश्व की दिशा निर्धारित करने का काम सामान्यत: संयुक्त राष्ट्रसंघ करता है, यह अनेक लोगों की भ्रामक कल्पना है। कुछ लोग सोचते हैं कि न्यूयॉर्क, लंदन, फ्रेंकफर्ट, शंघाई, सिंगापुर जैसे बड़े आर्थिक केंद्र बन चुके शहरों में अंतरराष्ट्रीय नीति का निर्धारण होता है, तो कुछ लोग सोचते हैं कि दुनिया का कारोबार वॉशिंगटन, लंदन, बीजिंग जैसी राजधानियों से चलता है। मगर ये सब अर्धसत्य हैं। वास्तव में विश्व की दिशा कुछ गुप्त बैठकों तथा चर्चाओं से निर्धारित होती है और ये बैठकें छोटे गाँवों में होती हैं। राजनैतिक अथवा आर्थिक राजधानियों में तो बाद में इन गुप्त बैठकों में निश्चित की गई दिशा के आधार पर केवल नीतियाँ बनाई जाती हैं। बाद में सारे लोग धीरे-धीरे इन नीतियों के आधार पर अपना जीवन जीने लगते हैं।

ऐसे ही छोटे गाँवों में से एक प्रमुख गाँव है डावोस। यह स्विट्जरलैंड में पहाड़ों के बीच में छुपा हुआ है। इयुरिक नामक प्रसिद्ध शहर से डावोस जाने में तीन घंटे लगते हैं। डावोस में अंतरराष्ट्रीय सम्मेलनों के लिए एक विशेष अत्याधुनिक केंद्र बनाया गया है। लगभग 25-30 होटल उस परिसर में हैं। ये होटल तथा उनके कमरे बहुत साधारण हैं। सरदी के दिनों में डावोस बर्फमय हो जाता है। तापमान शून्य के नीचे 20-25 डिग्री सेंटीग्रेट होता है। सर्वत्र बर्फ होती है। ठंड से बचाव के लिए खास प्रकार के बूट, शरीर पर कपड़ों की तीन-चार परतें, सिर पर टोपी और हाथ में ऊनी दस्ताने आवश्यक होते हैं। गाँव में एक छोटी-सी सड़क है जिस पर 10-15 दुकानें हैं। उनके अलावा डावोस में केवल बर्फ है। इस गाँव में प्रतिवर्ष जनवरी के अंतिम सप्ताह में आर्थिक विषयों पर एक बैठक का आयोजन होता है। उस बैठक में दुनियाभर से लगभग दो हजार प्रसिद्ध व्यक्तियों को विशेष रूप से आमंत्रित किया जाता है। उन दिनों निमंत्रण के बगैर कोई व्यक्ति डावोस के आस-पास भी नहीं फटक सकता। पुलिस तथा गुप्तचरों की नजर से कोई नहीं बच सकता।

डावोस के दो हजार निमंत्रितों में से आधे लोग पैसे देकर निमंत्रण प्राप्त करते हैं। एक सप्ताह की इस बैठक में भाग लेने के लिए 15 से 20 लाख रुपए शुल्क भरना पड़ता है तथा केवल शुल्क भरने से काम नहीं चलता। निमंत्रितों का किसी बड़े नामचीन उद्योग समूह का अध्यक्ष अथवा संचालक भी होना आवश्यक है। भारत से रतन टाटा, मुकेश अंबानी, राहुल बजाज, नंदन निलकेणी, अजीज प्रेमजी, अजीत गुलाबचंद जैसे उद्योगपतियों को शुल्क भरकर निमंत्रण पत्र मिलता है। अन्य एक हजार निमंत्रितों में सरकारी मंत्री तथा उच्च अधिकारी होते हैं। बैठक के दौरान अपना गणतंत्र दिवस होने के कारण हमारे प्रधानमंत्री उस बैठक में भाग नहीं ले पाते, मगर केंद्रीय वित्त मंत्री, वाणिज्य मंत्री, प्रौद्योगिकी मंत्री तथा कुछ चुनिंदा राज्यों के मुख्यमंत्री अवश्य वहाँ उपस्थित रहते हैं। अन्य देशों से स्वयं प्रधानमंत्री वहाँ पूरे सप्ताह उपस्थित रहते हैं। विशेष आमंत्रित लोगों को विभिन्न देशों के राष्ट्र प्रमुखों तथा बहुत बड़े बहुराष्ट्रीय उद्योग समूहों के प्रमुखों के साथ मंच पर आमंत्रित किया जाता है। वे अंतरराष्ट्रीय समस्याओं पर चर्चा करते हैं तथा भविष्य का मार्ग भी सुझाते हैं। इनमें अधिकांश नोबेल पुरस्कार विजेता वैज्ञानिक, यशस्वी लेखक तथा वैचारिक दिशा शोध संस्थाओं के प्रमुख होते हैं। ये अंतरराष्ट्रीय विचारक डावोस की बैठक में महत्त्वपूर्ण यानी परदे के पीछे अंतरराष्ट्रीय नेताओं से व्यक्तिगत चर्चा द्वारा विश्व की भावी वैचारिक दिशा का निर्धारण करते हैं। ये गुप्त बैठकें कहाँ होती हैं इसका पता दूसरों को नहीं चलता।

स्ट्रेटेजिक फोरसाइट ग्रुप वैचारिक शोध संस्था की एक दूरदर्शी संस्था के रूप में ख्याति होने से मुझे भी डावोस की बैठक में विशेष आमंत्रित के रूप में आमंत्रण आने प्रारंभ हुए। जनवरी के अंत में डावोस में होनेवाली इस बैठक के अतिरिक्त मई महीने में जॉर्डन में डेड-सी व शरदऋतु में चीन के डालियन नामक स्थानों पर भी इसी प्रकार की बैठकें होती हैं। मुझे डेड-सी में होने वाली बैठकों के आमंत्रण भी मिलते हैं। वहाँ पर मैंने एक बार अरब राष्ट्रसंघ के महासचिव आम्रेमुसा तथा अमेरिका के तत्कालीन उपविदेश मंत्री तथा विश्व बैंक के वर्तमान अध्यक्ष रॉबर्ट जोलिक के साथ एक खुली चर्चा की अध्यक्षता की थी, दूसरी बार ऐसी ही एक चर्चा का सूत्र संचालन किया था अर्थात् इस प्रकार की खुली चर्चाओं में मेरी सहभागिता बहुत कम होती है। वास्तविक काम तो गुप्त बैठकों में ही होता है।

डावोस के अलावा कुछ अन्य स्थानों पर भी ऐसी गुप्त बैठकें होती रहती हैं। इनमें बिल्डरबर्ग की बैठकों का महत्त्व सर्वाधिक होता है। वहाँ केवल अमेरिकी

तथा यूरोप के नेताओं तथा विचारकों को ही आमंत्रित किया जाता है। भारत सहित एशियाई नेता तथा विचारक बिल्डरबर्ग की बैठक में आमंत्रित नहीं किए जाते। अनेक अंतरराष्ट्रीय नीतियों का निर्धारण बिल्डरबर्ग की बैठक में होता है। मगर आज तक किसी भी पत्रकार को बिल्डरबर्ग बैठक में हुई चर्चा की जानकारी नहीं मिली है। अर्कान्सास के राज्यपाल रहते बिल क्लिंटन को एक बार बिल्डरबर्ग की बैठक में निमंत्रित किया गया था। उसके 4-5 वर्ष बाद वे अमेरिका के राष्ट्रपति बने। अन्य भी कई नेता इसी प्रकार से बिल्डरबर्ग की बैठक में आमंत्रित किए गए, वे भी अगले 4-5 वर्षों में प्रधानमंत्री अथवा राष्ट्रपति बन गए। एक महत्त्वपूर्ण बैठक बर्लिन में होती है। वह सामान्यत: फरवरी में होती है। यूरोप में एक अत्यंत सामर्थ्यवान ऐसा बर्टल्समन समूह है। अनेक बड़े समाचार-पत्र उनके स्वामित्व में हैं। वे इस बैठक के आयोजक होते हैं। बिल्डरबर्ग तथा बर्लिन की गुप्त बैठकों में केवल 50 व्यक्ति निमंत्रित होते हैं। बर्लिन के बर्टल्समन चर्चा सत्र तथा बिल्डरबर्ग की गुप्त बैठक में यह फर्क है कि बर्लिन में यूरोप, अमेरिका के अलावा एशियाई तथा अफ्रीकी नेता तथा विचारकों को भी निमंत्रित किया जाता है। सन् 2008 में बर्लिन में हुई बर्टल्समन की बैठक में मेरे समीप अमेरिका के जिम जॉन्स बैठे थे। उसी वर्ष के अंत में बराक ओबामा ने जॉन्स को अमेरिका का राष्ट्रीय सुरक्षा सलाहकार नियुक्त किया। सन् 2009 की बैठक में न्यूजीलैंड की हेलन क्लार्क आई थीं। कुछ ही महीनों में उन्हें संयुक्त राष्ट्रसंघ में दूसरे क्रमांक का पद मिल गया।

यह सारी पार्श्वभूमि विस्तार से बताने का उद्देश्य इन गुप्त बैठकों की वास्तविकता तथा महत्त्व को रेखांकित करना है। इन बैठकों में मुझे जो महत्त्वपूर्ण जानकारी मिली है, उसे अपने समाज के समक्ष प्रस्तुत करना भी मैं आवश्यक समझता हूँ।

आगामी कुछ वर्षों में विश्व में चौथी औद्योगिक क्रांति अपेक्षित है। उससे दुनिया का चित्र बदल सकता है। वहीं दूसरी तरफ अंतिम विश्वयुद्ध के साथ संपूर्ण सभ्यता के संहार का भी भय है। ये दोनों घटनाएँ आगामी 30-40 वर्षों में अर्थात् हमारे अथवा हमारे बच्चों के जीवन में होंगी। घोड़े मैदान से बहुत दूर नहीं हैं। काले और सफेद घोड़ों की लगाम खींची जा चुकी है। क्या हम इस तथ्य से परिचित हैं? आज भारत का क्या दृश्य है?

भाषावाद, प्रांतवाद और अन्य भावनात्मक मुद्दे आज विलक्षण धार प्राप्त कर रहे हैं। हमारी शक्ति मराठी, बिहारी, हिंदु-मुसलमान जैसे विवाद में व्यर्थ जा रही है। अमिताभ के जन्मदिन, नेताओं के लिए बड़े-बड़े शुभकामनाओं के होर्डिंग,

प्रायोजित कार्यक्रम, क्रिकेट की स्पर्धाएँ, विदेशी चियर लीडर्स, नेताओं की मूर्तियाँ, ये हमारी दृष्टि में महत्त्वपूर्ण विषय बन गए हैं। कोई आतंकवादी हमला होता है तथा उसमें ताज-ओबेरॉय के अमीर लोग मारे जाते हैं तो हम कुछ समय के लिए अपनी आँखें खोलकर मोमबत्तियाँ जलाते हैं। किसी भारतवंशी वैज्ञानिक को कोई सफलता मिलती है तो उसके साथ हमारा रिश्ता या पहचान है यह दूसरों को बताकर अपनी शेखी बघारते हैं। यह सब बंद होना चाहिए। दुनिया बहुत तेजी से आगे जा रही है। गति के उस स्तर को यदि हमें प्राप्त करना है तो इसके लिए हमें प्रयत्नों की पराकाष्ठा करनी पड़ेगी। मगर उसके लिए कौन से विषयों को प्राधान्य देना चाहिए यह भी हमें तय करना आना चाहिए।

पहली औद्योगिकी क्रांति सन् 1780-1800 के दरम्यान हुई। उसके पहले प्रौद्योगिकी में भारत और चीन दुनिया से आगे थे। दुनिया के उत्पादन का एक चौथाई भारत में तथा उतना ही चीन में होता था। यूरोप का हिस्सा 10 प्रतिशत से भी कम था। मगर पहली औद्योगिक क्रांति के समय हमारे देश के राजा-महाराजा अंग्रेजों के चहेते बनने के लिए आपस में होड़ कर रहे थे। कोयले की भाप से ऊर्जा बनाकर एक नए इंजन का आविष्कार हुआ है अथवा नदियों का व्यापार के लिए उपयोग करने की कोई कल्पक योजना बनी है, इसका हमारे महान् राजा-महाराजाओं को जरा भी ज्ञान नहीं था। हाथी पर बैठकर जुलूस निकालना, स्वयं के भाई-भतीजे का घात करना और विदेश से आनेवाले राजपुरुषों के समक्ष झोली फैलाना, इसी में वह अपना बड़प्पन समझते थे।

दूसरी औद्योगिक क्रांति सन् 1860-1900 के दौरान हुई। तब भारत गुलामी में था। उस समय यदि हममें से किसी ने कोई मौलिक वैज्ञानिक खोज करने का प्रयास किया होता तो उसे अंग्रेजों ने काले पानी भेज दिया होता। भारतीय युवक केवल क्लर्क बनें उससे ज्यादा योग्यता न दिखाएँ, इस ओर अंग्रेजों का विशेष ध्यान था। उन दिनों पश्चिमी देशों में बिजली, पेट्रोल आदि से चलनेवाले नए उपकरण बनने लगे थे। रेलवे तथा समुद्री यातायात का जाल बिछने लगा था। आधुनिक अस्त्र-शस्त्रों की होड प्रारंभ हो गई थी।

तीसरी औद्योगिक क्रांति सन् 1970-2000 के दौरान हुई। उस समय कंप्यूटरों का साम्राज्य आकार लेने लगा था। उसका लाभ अनिवासी भारतीयों ने खूब उठाया। बंगलूरु तथा हैदराबाद के कुछ कल्पनाशील उद्यमियों ने भी इसमें भाग लिया। भारत में कम वेतन पर सुशिक्षित युवक बड़े पैमाने पर उपलब्ध होने से उन्होंने बहुराष्ट्रीय कंपनियों में सेवाएँ दीं। भारत में भी कंप्यूटर, इंटरनेट तथा टेलीफोन का विस्तार

हुआ। मगर भारत में नवीन शोध नहीं हुए। अमेरिका में कुछ भारतीय अभियंताओं तथा वैज्ञानिकों ने गुगल, माइक्रोसॉफ्ट जैसे यशस्वी समूह में महत्त्वपूर्ण जिम्मेदारियाँ निभाईं। लेकिन भारतीय कंप्यूटर उद्योग केवल सस्ती सेवा उपलब्ध कराने से आगे नहीं जा सका।

पहली औद्योगिक क्रांति भारत में भी हुई होती तो वह डेढ़ हजार वर्ष पूर्व हो सकती थी। पृथ्वी सूर्य के गिर्द घूमती है यह शोध आर्यभट्ट ने 499 में अर्थात् कॉपर्निकस के एक हजार वर्ष पूर्व किया। आर्यभट्ट ने गणित शास्त्र में भी महत्त्वपूर्ण शोध कार्य किया। आर्यभट्ट से भी लगभग 800 वर्ष पूर्व कौटिल्य ने अर्थशास्त्र विकसित किया। पतंजलि ने योग शास्त्र तथा पर्याय से आरोग्य शाखा में शोध किया। मगर हमारी गुलामी की मानसिकता के कारण हमारी सरकारी पाठ्यपुस्तकों में भी सूर्य के गिर्द पृथ्वी के भ्रमण के शोध का श्रेय आर्यभट्ट को नहीं कॉपर्निकस को दिया गया है। अर्थशास्त्र के जनक के रूप में हम कौटिल्य के सिद्धांत नहीं पढ़ाते वरन् रिकार्डो तथा एडम स्मिथ के अधकचरे अर्थशास्त्र को पढ़ते-पढ़ाते हैं। आर्यभट्ट और कौटिल्य ने यदि विदेश में जन्म लिया होता तथा उन्हें उनके समय का नोबेल आदि मिला होता तो फिर हम अपने स्कूली पाठ्यक्रम में उनके सिद्धांतों का अध्ययन करते। राष्ट्रीय अस्मिता की बातें करना और विदेशी संगीतकारों के समक्ष नाचना, यह है हमारी प्रवृत्ति। आर्यभट्ट, कौटिल्य, पतंजलि जैसे विद्वान हमारे यहाँ हुए फिर भी प्रथम औद्योगिक क्रांति हमारे यहाँ क्यों नहीं हुई इसका विचार हम कभी नहीं करते। कल अमेरिका यदि अपने किसी यान अभियान का नाम आर्यभट्ट पर रखेगा तब हमें ध्यान में आएगा कि अरे, ये तो हमारे ही वैज्ञानिक थे, उसके बाद हम उनकी जन्मतिथि खोजकर समारोह पूर्वक उसे मनाएँगे। सब राजनैतिक नेता उस समारोह में भाषण देंगे और हम ताली बजाएँगे।

औद्योगिक क्रांति की पहल करने की क्षमता भारत में होते हुए भी अब तक हुई तीनों औद्योगिक क्रांतियों में हम पीछे रहे। अब चौथी औद्योगिक क्रांति होने जा रही है। हमारे यहाँ होशियार युवक हैं, मगर क्या हम अपनी आँखें खोलने को तैयार हैं? अब तक हुई तीनों क्रांतियों की भाँति चौथी औद्योगिक क्रांति का जन्म भी एक स्पर्धा से ही होनेवाला है। यह स्पर्धा कुछ राष्ट्रों अथवा धर्मों के बीच नहीं है। यह स्पर्धा जीव शास्त्र तथा भौतिक शास्त्र के बीच है तथा उसमें अभी प्रारंभ में तो जीव शास्त्र आगे दिखाई दे रहा है।

11 सितंबर, 2001 को अमेरिका पर अलकायदा द्वारा आक्रमण किए जाने के बाद उस राष्ट्र ने सारी दुनिया का ध्यान आतंकवाद पर केंद्रित किया। स्वयं

अमेरिका का ध्यान, सामग्री तथा धन जीव शास्त्र पर केंद्रित हुआ है।

सन् 2001 में ही अमेरिका को मानवपेशियों के बनने का रहस्य ज्ञात हुआ। उसके बाद क्रेंगह्वेंटर नामक वैज्ञानिक के नेतृत्व में अमेरिका ने जीव शास्त्र में जबरदस्त प्रगति की है। ब्रिटेन व चीन भी उससे बहुत पीछे नहीं हैं। भिन्न-भिन्न प्राणियों की पेशियों को प्रयोगशाला में एकत्र कर एक नए जीव के निर्माण का प्रयत्न ये सब देश कर रहे हैं। ब्रिटेन को तो मनुष्य तथा गाय की पेशियों को एकत्र कर एक अद्‌भुत जीव के निर्माण में भी सफलता मिल गई थी। मगर वहाँ की संसद् ने तत्काल प्रस्ताव पारित कर 14 दिन के भीतर उस जीव को नष्ट करने का आदेश दिया। चीन को भी मनुष्य तथा खरगोश की पेशियों को एकत्र कर एक कृत्रिम जीव के निर्माण में सफलता मिली है। ब्रिटेन की संसदीय शासन प्रणाली की भाँति चीन की शासन प्रणाली के पारदर्शक न होने के कारण चीनी वैज्ञानिकों ने उस जीव का क्या किया इसकी बाहरी दुनिया को जानकारी नहीं मिली है।

क्रेंग ह्वेंटर की प्रयोगशाला में भी सन् 2010 में कृत्रिम रीति से नवीन जंतु को जन्म देने में वैज्ञानिकों को सफलता मिली है। सृष्टि के निर्माण की जिम्मेदारी मनुष्य ने स्वयं उठा ली है। मानव स्वयं परमेश्वर बनने लगा है।

नवीन जीव-जंतु कृत्रिम रीति से बनाने में मनुष्य का उद्‌देश्य अच्छा ही है। कैंसर रोग जैसे रोगों को समूल नष्ट करने के लिए मानव पेशियों में ही परिवर्तन करने की वैज्ञानिकों की इच्छा है। कुछ जंतु हवा की कार्बन डाईआक्साइड से पोषण प्राप्त कर उष्णता को कम करेंगे, यह भी एक उद्‌देश्य है। मगर एक बार विज्ञान द्वारा प्रगति करने के बाद उसका दुरुपयोग भी कोई रोक नहीं सकेगा। सौ साल पहले अणु का शोध करते समय उसके पीछे अणु बम बनाने का उद्‌देश्य नहीं था। मगर महत्त्वाकांक्षी राष्ट्रों ने अणु की आंतरिक रचना का विश्लेषण कर प्रथम अणुबम बनाने का विचार किया और आज पृथ्वी जैसे 30 ग्रह पूरी तरह नष्ट किए जा सकें इतना बड़ा अणुबमों का जखीरा दुनिया में इकट्‌ठा कर लिया गया है। जीव शास्त्र की नई खोजों का दुरुपयोग कर जिन नए जीव-जंतुओं का निर्माण होगा वे मानवों का संहार भी कर सकते हैं। अण्वास्त्रों के उपयोग के लिए किसी को निर्णय लेना होता है मगर मानव द्वारा एक बार भयानक जीव-जंतुओं का निर्माण कर देने के बाद फिर वे जीव-जंतु किसी की अनुमति के मोहताज नहीं होंगे।

मानव पेशी में मौलिक परिवर्तन करना यह चौथी औद्योगिक क्रांति का उद्‌देश्य है। धनवान माता-माता यदि यह चाहेंगे कि उनका बेटा अतिशय बुद्धिमान,

नीली आँखोंवाला, तेज गति से चलनेवाला तथा ऊँचा हो तो वे पैसे देकर अपने बेटे के लिए ये सारी विशेषताएँ खरीद सकेंगे। इस प्रकार भविष्य में पृथ्वी पर कुछ लोग जन्मत: सर्व सामान्य मानव होंगे, तो कुछ कृत्रिम रीति से जन्म पेशियों में बदलाव कर तैयार किए गए उच्च कोटि के अति मानव होंगे। अति मानव की कल्पना हम अभी तक परी कथाओं में अथवा काल्पनिक वैज्ञानिक कथाओं में पढ़ते आए थे। ये अद्‌भुत शक्तियाँ अब प्रत्यक्ष रूप से पृथ्वी पर दिखाई देंगी।

अमेरिकी प्रशासन आगामी 25–30 वर्षों में चंद्रमा अथवा अंतरिक्ष में बस्ती बसाने की योजना बनाता है, तो उसके मन में उसके लिए आज का साधारण नैसर्गिक नहीं, बल्कि कृत्रिम पेशियों में मौलिक परिवर्तन द्वारा तैयार किया गया यह अति मानव ही होता है।

दुनिया के अनेक राजनीतिक नेताओं का ध्यान कृत्रिम जीव-जंतुओं के निर्माण, उच्चस्तर के अतिमानव का निर्माण, जीव शास्त्र के उपयोग से नवीन उपकरणों के निर्माण पर केंद्रित हुआ है। भारतीय जलसेना की पनडुब्बी प्रति घंटा 6 नॉट मील की गति से चलती है। अमेरिका में हार्वर्ड विश्वविद्यालय द्वारा जीव शास्त्र के आधार पर विकसित की गई पनडुब्बी प्रति घंटा 40 नॉट मील की गति से चलने में सक्षम है। दुनिया का राजनैतिक, सामाजिक तथा औद्योगिक नेतृत्व एक नवीन सृष्टि के निर्माण में लगा है। वहाँ के वैज्ञानिक उनके हाथ की कठपुतली मात्र हैं। हमारे देश के नेताओं में स्वयं के शयनगृह सुशोभित करने की, जन्मदिन पर बाजारों में अभिनंदन के होर्डिंग्स लगाने की अथवा पुतले खड़े करने की स्पर्धा चल रही है। इस कारण वांछित राजनैतिक अथवा सामाजिक सहयोग के न रहते भी हमारे वैज्ञानिक जितना संभव हो, वैज्ञानिक शोधकार्य में आगे बढ़ने का प्रयास कर रहे हैं। विशेष रूप से अंतरिक्ष के क्षेत्र में चंद्रमा पर पानी की खोज में उनको प्राप्त सफलता जबरदस्त है। उन्हें मिलनेवाली एकाध सफलता पर हम ऐसे फूलकर कुप्पा हो जाते हैं, मानो वह हमारी स्वयं की सफलता हो। बस यही है हमारा पराक्रम।

इस सारे घटनाक्रम से चिकित्सा शास्त्र में भी बहुत परिवर्तन होंगे। अनेक बीमारियों का उपचार शल्य क्रिया के बगैर केवल औषधि से संभव हो सकेगा। कुछ दर्द समूल नष्ट हो जाएँगे। इस क्षेत्र में भारतीय युवकों को बहुत अवसर हैं। मगर हमारे यहाँ चिकित्सा महाविद्यालयों का शुल्क तथा शिक्षण पद्धति केवल धन कमानेवाले डॉक्टर तैयार करने में ही सक्षम है। उनमें शोध कार्य की प्रवृत्ति का पूरी तरह अभाव है। इन महाविद्यालयों की पुनर्रचना कर उनमें बुद्धिमान तथा योग्य

विद्यार्थियों को प्रवेश दिया जाए तो उससे सभी को लाभ होगा। महाविद्यालयों में यदि शोध केंद्र बनाए जाएँ तथा प्रतिभावान विद्यार्थी उसमें शोध कर नवीन खोज करें तो इन महाविद्यालयों को करोड़ और अरब रुपए नहीं डॉलर की आय हो सकती है। इसके लिए उन्हें शोध कार्य में उत्साहपूर्वक जुटनेवाले विद्यार्थियों को खोज निकालना होगा। ऐसे विद्यार्थियों की खोज के लिए विशेष परीक्षाएँ लेकर छात्रवृत्ति देनी होगी। देशभर में इस कार्य के लिए यदि 25 संस्थाएँ भी आगे आती हैं तो भी एक दशक के भीतर भारत इन विकसित देशों की टक्कर में खड़ा हो जाएगा तथा इन संस्थाओं का भी विश्व में नाम होगा।

आगामी युग का दूसरा एक अंग यानी स्वच्छ तथा स्वयं निर्मित ऊर्जा की खोज है। यूरोप तथा अमेरिका में सौर शक्ति तथा पवन चक्की का उपयोग बढ़ रहा है। मेरे कुछ मित्र यूरोप में अपने घरों पर सौर ऊर्जा उत्पादित करनेवाले उपकरण लगाकर अच्छा लाभ कमा रहे हैं। अभी इन दोनों प्रकार की शक्तियों से तैयार होनेवाली बिजली महँगी है। मगर नई खोजों द्वारा उसे धीरे-धीरे सस्ता बनाया जा सकता है। कुछ वर्ष का ही इसमें समय लगेगा।

भारत में तो वर्षा के 2-3 माह छोड़ दें तो आकाश रवि किरणों से सदैव चमकता रहता है। गाँवों में खुली हवा भी भरपूर है। हम यदि सौर शक्ति तथा पवनशक्ति के प्रयोग से तैयार होनेवाली ऊर्जा को सस्ती बनाने हेतु शोध करें तो भारत ऊर्जा का वैश्विक केंद्र बन सकता है। उसके लिए हमारे उद्योगपतियों को मोटर कारें, टेलीविजन सेट, सौंदर्य प्रसाधन निर्माण के व्यवसायों से अपना ध्यान तथा निवेश हटाकर ऊर्जा के क्षेत्र पर ध्यान देना आवश्यक है।

वर्तमान में सौर शक्ति के निर्माण के लिए सिलिकॉन नामक महँगे पदार्थ की आवश्यकता पड़ती है। मगर ताँबे से भी सौर शक्ति का निर्माण हो सकता है। ताँबा बहुत महँगा नहीं है। भारतीय उद्योगपति उसके उपयोग का प्रयोग कर सकते हैं। यदि यह प्रयोग सफल रहा तो देश को बहुत लाभ होगा।

नवीन अर्थव्यवस्था में उपयोगी एक और वस्तु है नैनो प्रौद्योगिकी। नैनो कहते ही हमें रतन टाटा की छोटी कार याद आती है। वास्तव में नैनो का अर्थ किसी धातु अथवा पदार्थ को अत्यंत सूक्ष्म रूप में परिवर्तित करने के लिए उसके अणु-रेणु की नवीन संरचना करने की प्रक्रिया है। एक चीनी उद्योगपति ने नैनो प्रौद्योगिकी से सीमेंट तैयार किया है। उसकी कीमत सामान्य सीमेंट की तुलना में केवल 5 प्रतिशत ही है, जबकि उसका स्तर वर्तमान सीमेंट से बेहतर है। किसी वस्तु का मूल्य यदि 95 प्रतिशत कम हो जाए तो उसकी माँग स्वाभाविक रूप से बढ़ेगी।

भारतीय उद्योगपति नैनो प्रौद्योगिकी के प्रयोग से भवन निर्माण सामग्री, कपड़े तथा सौर ऊर्जा के लिए आवश्यक ताँबे के पैनल का निर्माण कर सकते हैं। इससे मूल्य कम होंगे तथा रोजगार में वृद्धि होगी।

नैनो प्रौद्योगिकी की ही भाँति स्वच्छ प्रौद्योगिकी भी लोकप्रिय होगी, इस प्रौद्योगिकी का संबंध ऊर्जा से है। ऊर्जा के उपयोग तथा ऊर्जा के कारण होनेवाली प्रदूषण को कम करने के लिए इस प्रौद्योगिकी का उपयोग किया जाता है।

पश्चिमी देशों में वाहन, भवन, केबल आदि अनेक उद्योगों में तेल का उपयोग कम-से-कम कैसे किया जा सकता है, इस दृष्टि से उन्हें पुनर्रचित किए जाने पर जोर है। वारेन बफे नामक विश्व प्रसिद्ध निवेशक द्वारा पेट्रोल के स्थान पर बिजली से चलनेवाली गाड़ी तैयार करने के लिए चीन के एक उद्योग समूह को बड़ी राशि दी गई। जनरल मोटर्स कंपनी का दिवाला निकल जाने के बाद अमेरिकी सरकार ने इस कंपनी को भरपूर मदद दी। तब राष्ट्रपति ओबामा का उद्देश्य कंपनी में तकनीकि परिवर्तन कर बिजली से चलनेवाली गाड़ियों का उत्पादन बढ़ाना ही था। यूरोप में बिजली से चलनेवाली गाड़ियाँ दिखाई देती हैं। उनमें स्मार्ट गाड़ी बहुत लोकप्रिय है। इस छोटी-सी गाड़ी में चालक तथा एक यात्री, दो व्यक्ति ही बैठ सकते हैं। पहली बार देखने पर वह गाड़ी एक खिलौने-सी दिखती है। स्मार्ट गाड़ी की लोकप्रियता देख फिएट कंपनी भी वैसी ही गाड़ी बनाने की तैयारी कर रही है। धीरे-धीरे अन्य उद्योग समूह भी ऐसी गाड़ियों के उत्पादन में धन लगाएँगे। टेसला उससे भी महँगी गाड़ी जनवरी 2010 में बाजार में आ भी गई। बिजली से चलनेवाली गाड़ियों की बैटरी रातभर चार्ज करने पर उन्हें दिनभर आराम से चलाया जा सकता है। सामान्यत: 75 हजार किलोमीटर तक चलने जितनी बैटरी की लाइफ होती है। ऐसी गाड़ियाँ शीघ्र ही यूरोप में सब जगह दिखाई देने लगेंगी। इजरायल में सन् 2020 तक सभी गाड़ियों को केवल बैटरी से चलाने की योजना बनाई गई है तथा उस पर तेजी से अमल भी किया जा रहा है।

स्विट्जरलैंड में सोलर इंपल्स नामक एक कंपनी ने सौर शक्ति से चलने वाला विमान तैयार किया है। वह अभी धीमी गति से उड़ता है। राईट बंधुओं द्वारा बनाए गए पहले विमान की गति की तुलना सोलर इंपल्स के इस विमान के साथ की जा सकती है। राईट बंधुओं द्वारा खोज करने के बाद 50 वर्ष में विमान का सफर सहज रूप से संभव तथा गतिमान हो गया था। आगामी 45-50 वर्ष में सौर शक्ति से चलनेवाले विमान का भी सब लोग उपयोग करने लगेंगे। इस स्पर्धा में भारत के भी आगे जाने में हमारी इच्छा शक्ति के अलावा कोई बाधा नहीं है।

अपने भवन, कारखाने, रास्ते और अन्य सभी स्थानों पर भी अलग-अलग प्रकार के तारों (केबल्स) की आवश्यकता पड़ती है। हमारे यहाँ केबल तैयार करते समय बड़े पैमाने पर कार्बन डाईआक्साइड वायु हवा में जाती है। हमारी केबल के कारण कई बार आग लगने से दुर्घटनाएँ होती हैं। उससे आर्थिक नुकसान तथा मनुष्य को भी हानि होती है। चौथी औद्योगिक क्रांति के प्रारंभ में ही नवीन केबल के निर्माण की तकनीक विकसित हो रही है। उन्हें तैयार करते समय धुआँ नहीं निकलता, आग नहीं लगती, खतरा बहुत कम है। अभी कीमत अधिक है पर बड़े पैमाने पर उत्पादन होने पर कीमत में कमी आएगी।

आलपिन तथा तार से लेकर गाड़ियाँ तथा विमानों तक सभी वस्तुओं में आमूलचूल बदलाव होनेवाले हैं। उसके लिए बहुत बड़े पैमाने पर वैज्ञानिक, प्रयोगशालाएँ तथा तकनीकी सहायकों की आश्यकता होगी। भारत अथवा उसका कोई राज्य यदि दुनिया की प्रयोगशाला बनने का स्वप्न देखे तो उद्यमियों को नवीन शोधों से अरबों डॉलर मिल सकते हैं। लाखों लोगों को नवीन क्षेत्र में रोजगार मिलेगा। इनमें से अधिकांश शोध गाँवों में संभव होने के कारण युवकों को शहरों में पलायन करने की जरूरत नहीं रहेगी। गाँव संपन्न होंगे तथा शहरों की स्थिति सुधरेगी।

यदि नवीन अर्थ रचना में हमको आगे आना है, तो स्पर्धात्मक भावना से कुछ भी साध्य नहीं होगा। उसके लिए जिस देश के पास प्रौद्योगिकी है उसके साथ सहयोग करना पड़ेगा। उनकी प्रौद्योगिकी तथा हमारे मानव संसाधन के संगम से संयुक्त प्रकल्प बनाने होंगे। उसका लाभ केवल हमें ही नहीं सारी दुनिया को हो, ऐसी व्यापक दृष्टि रखनी होगी। सारा विश्व ही हमारा कुटुंब है, इसी भावना तथा दृष्टिकोण से हमें मानवता की ओर देखना पड़ेगा। हम सौर शक्ति, पवन शक्ति, नैनो प्रौद्योगिकी, जीव शास्त्र तथा चिकित्सा शास्त्र के नवीन शोधों पर आधारित प्रयोगशालाएँ तथा कारखाने हजारों की संख्या में खोल सकते हैं। उसके लिए शैक्षणिकों संस्थाओं की पुनर्रचना कर इस नवीन विज्ञान में पारंगत वैज्ञानिकों से लेकर सहायकों तक अनेक प्रकार के नवीन विशेषज्ञ हम बड़ी संख्या में तैयार कर सकते हैं। हमारे उद्यमी विदेशी उद्योगपतियों के साथ तथा वैज्ञानिक शोध संस्थानों के साथ सहयोग कर सकते हैं। इसमें स्पर्धा पर आधारित पुरानी अर्थनीति को भूलकर सहकार के आधार पर नवीन अर्थनीति को समझना पड़ेगा। सबके एकत्रित प्रयत्नों से भारत में कम खर्च में नवीन प्रौद्योगिकी पर आधारित वस्तुओं का निर्माण हो सकेगा। जिसका लाभ भारत के साथ ही दुनियाभर के ग्राहकों को

भी हो सकेगा।

सहकारिता की भावना से आर्थिक प्रगति के लिए एक नवीन मानसिकता की आवश्यकता है। उसके लिए यूरोप के अनुभव से सीख ली जा सकती है। पिछले ढाई-तीन हजार वर्षों में यूरोप के देशों ने अनेक गलतियाँ कीं। आपस में महायुद्ध लड़े। दूसरे महाद्वीपों में उपनिवेश बनाए। वहाँ के लोगों का शोषण किया। दो महायुद्धों में उन्हें उसकी जबरदस्त कीमत चुकानी पड़ी। 10 करोड़ लोग मारे गए। जो जीवित बचे उनमें से प्रत्येक अपने पिता, भाई, मामा, काका, मौसा, बुआ में से किसी को खो चुका था। मगर अब वे जाग चुके हैं। सारी मानवता ही एक परिवार है तथा प्रगति का लाभ सभी को मिलना चाहिए, यह विचार अब वहाँ फैलने लगा है। यह अब केवल दार्शनिक लफ्फाजी नहीं रह गई है। अब उसके आधार पर राजनैतिक, आर्थिक तथा वैज्ञानिक नीतियाँ भी बनाई जा रही हैं।

यूरोप में प्रथम महायुद्ध का प्रारंभ ब्रिटेन, फ्रांस तथा जर्मनी की आपसी स्पर्धा से हुआ था। सन् 1870 में बिस्मार्क के नेतृत्व में प्रशिया तथा आस-पास के जर्मन बोलनेवाले छोटे राज्य एकत्र हुए तथा जर्मन राष्ट्र ने जन्म लिया। उसी दौरान फ्रांस में नेपोलियन का भतीजा छोटा नेपोलियन धर्मांध प्रवृत्तियों के समर्थन से राष्ट्रपति निर्वाचित हो गया। उसने देश के आंतरिक असंतोष की तोड़ के रूप में अन्य देशों पर आक्रमण की योजना बनाई। पहले उसने स्पेन से छेड़खानी की। वहाँ कुछ नहीं हुआ। बाद में जर्मनी को डराया। मगर वहाँ का महत्त्वाकांक्षी प्रधानमंत्री बिस्मार्क भी युद्ध का निमित्त ही ढूँढ़ रहा था। फ्रांस तथा जर्मनी में घनघोर युद्ध हुआ, जिसमें फ्रांस पराजित हो गया। मगर इस पराजय का प्रतिशोध लेने के लिए फ्रांस में देशभक्ति की नई संकल्पना प्रतिपादित की गई। राष्ट्रप्रेम के लिए बलिदान देने की भावना गलत तरीके से लोगों में चेताई गई। जर्मनी तथा ब्रिटेन में भी यही भावना जागृत की गई। वास्तव में स्पर्धा तो इन तीनों देशों के महत्त्वाकांक्षी प्रवृत्ति के नेताओं में थी। सामान्य जनता को उसमें कोई रुचि नहीं थी। मगर राष्ट्रप्रेम के नाम पर उन्हें प्रेरित किया गया। जर्मनी तथा ब्रिटेन में नौदल के विस्तार की स्पर्धा शुरू हुई। धीरे-धीरे रशिया, सर्बिया, ऑस्ट्रिया, हंगरी आदि पड़ोसी देश भी इस स्पर्धा की लपेट में आ गए। उनके दो गुट बन गए और फिर उससे प्रथम महायुद्ध भड़क उठा।

प्रथम महायुद्ध की समाप्ति के पश्चात् सन् 1919 में पेरिस में शांतिवार्त्ता प्रारंभ हुई। पेरिस के बाहर वर्साय के प्रासाद में जर्मनी के आत्मसमर्पण का समारोह हुआ। उसमें जर्मन मंत्रियों को अपमानित किया गया। उनको नौदल समाप्त कर सभी शस्त्र सज्जित जहाजों को जल समाधि देने को कहा गया। उसी के साथ अनेक वर्षों तक

विजेता राष्ट्रों को विशेषकर जर्मनी को मुआवजा देने के लिए बाध्य किया गया।

जर्मनी ने ऐसी कठिन परिस्थिति में भी फिर से औद्योगिक प्रगति की। इस अपमान का बदला लेने में सक्षम कठोर नेता ऑडोल्फ हिटलर वहाँ प्रधानमंत्री निर्वाचित हुआ। सत्ता प्राप्ति के बाद वही तानाशाह बन गया, जिससे दूसरे महायुद्ध का बीजारोपण हो गया। महायुद्ध में जर्मनी की विजय हो रही थी। उस काल में ज्यू, पोलिश तथा फ्रेंच लोगों पर हिटलर की सेना ने बहुत अत्याचार किए। मगर अमेरिका तथा रशिया ये दो बलशाली राष्ट्र जर्मनी के विरोध में होने के कारण हिटलर की दाल बहुत दिनों तक नहीं गल सकी। जर्मनी पराजित हुआ तथा हिटलर ने आत्महत्या कर ली।

महायुद्ध में जर्मनी द्वारा किए गए अत्याचारों के बावजूद अमेरिका, फ्रांस व ब्रिटेन ने उसका प्रतिशोध नहीं लिया। इसका कारण यह था कि इस बीच पश्चिमी राष्ट्रों की सोवियत यूनियन के साथ आण्विक शस्त्र स्पर्धा हो गई थी। जर्मनी का पूर्व व पश्चिम भाग में विभाजन हो गया था। उनको बाँटनेवाली बर्लिन की दीवार यूरोप के विभाजन का प्रतीक बन गई थी। युद्ध के विजेता अमेरिका ने जर्मनी सहित सभी पश्चिमी यूरोपियन देशों को भरपूर आर्थिक मदद दी। यह कल्पना अमेरिका के विदेश मंत्री मार्शल ने की थी। मार्शल की योजना के अनुसार विजेता और पराजित सभी यूरोपियन राष्ट्रों के बीच एक-दूसरे के सहयोग से आर्थिक विकास की होड़ शुरू हो गई। इस प्रगति की गति को बढ़ाने के लिए फ्रांस तथा जर्मनी के नेता एक हो गए। औद्योगिकीकरण के लिए सबसे महत्त्वपूर्ण उद्योग था कोयला तथा इस्पात। इन उद्योगों के बाजार का संपूर्ण यूरोपभर में विलय हो गया। जर्मनी को फ्रांस से कोयला और इस्पात आसानी से मिलने लगा, तो फ्रांस के उद्योग समूह जर्मनी के इस्पात बाजार में मुक्त रूप से व्यापार करने लगे। अगले कुछ ही वर्षों में यह सहयोग सभी आर्थिक क्षेत्रों में फैल गया और अंत में यूरोप आर्थिक दृष्टि से एक ही देश बन गया। अधिकांश देशों ने अपनी मुद्राएँ बंद कर यूरो सामूहिक मुद्रा अपना ली। हालाँकि अभी भी ब्रिटेन में पौंड तथा स्विट्जरलैंड में फ्रेंक चल रहे हैं। इन दोनों देशों में भी यूरो प्रारंभ करने के लिए विचार विनियम हो रहा है।

यूरोप के नेता केवल आर्थिक एकता लाकर रुक नहीं गए। वे सांस्कृतिक, शैक्षणिक, सामाजिक तथा राजनैतिक एकता के लिए भी प्रयत्नशील हैं। फ्रांस ने 'इरेस्मस' छात्रवृत्ति की योजना तैयार की। इसके अंतर्गत मेधावी महाविद्यालयीन विद्यार्थियों को अपने देश के बाहर अन्य किसी भी यूरोपीय देश में रहकर अध्ययन

करने के लिए अनुदान दिया जाता है। इस छात्रवृत्ति पर हजारों विद्यार्थी यूरोप के अन्य देशों में पढ़ने गए। उन्होंने राष्ट्रीय अस्मिता की जगह यूरोपीय एकता का स्वप्न देखने में धन्यता मानी।

विद्यार्थी, व्यापारी तथा उद्योगों के सहज फैलाव के लिए यूरोपीय देशों ने वीजा की औपचारिकता भी समाप्त कर दी। राष्ट्रीय सीमा पर गश्त लगानेवाले पुलिसकर्मियों को अन्यत्र भेज दिया गया। अब यूरोप में एक देश कहाँ समाप्त होता है व दूसरा कहाँ शुरू होता है यह पता नहीं चलता। हम देश की सीमा की रक्षा को महत्त्व देते हैं। उसके लिए करोड़ों के शस्त्र खरीदते हैं। अमेरिका तथा यूरोप के देश हमें ये शस्त्र बेचकर भरपूर पैसा कमाते हैं। मगर उन्होंने आपसी सरहदें मिटा दी हैं और यूरोप में सामान्य नागरिकों के लिए सच्ची एकता निर्मित की है। इसका लाभ लाखों लोगों को नवीन शिक्षा, उद्योग, नौकरी-धंधे मिलने में हो रहा है। पूर्वी स्पेन, पुर्तगाल तथा आयरलैंड जैसे देशों के यूरोपियन आर्थिक समूह में आने के बाद 10-15 वर्षों में ही वहाँ के लोगों में समृद्धि आ गई। पिछड़े लोग समृद्ध हो गए।

पश्चिमी यूरोप की यह प्रगति देखकर पूर्वी यूरोप के लोगों ने क्रांति कर दी। सन् 1989 में बर्लिन की दीवार तोड़ दी गई। जर्मनी का विभाजन खत्म हो गया। हंगरी, पोलैंड, चेकोस्लाविया, रूमानिया, बुल्गारिया, ये देश पश्चिमी यूरोप से जुड़ गए। पश्चिमी यूरोप के लोगों ने इनका स्वागत किया। 100 साल पहले अनेक टुकड़ों में बँटे यूरोप का इक्कीसवीं सदी में एक राष्ट्र समूह के रूप में पुनर्जन हुआ है।

जर्मनी की वर्तमान प्रधानमंत्री अंजेला मर्केल आधुनिक यूरोप की प्रतीक बन गई हैं। श्रीमती मर्केल पूर्व जर्मनी की नागरिक हैं। वह एक कनिष्ठ वैज्ञानिक थीं। पूर्वी जर्मनी का पश्चिमी जर्मनी में विलय होने के बाद वे देश की मंत्री तथा बाद में प्रधानमंत्री बनीं। यह घटना पाकिस्तानी नागरिक को भारतीय लोगों द्वारा बड़े बहुमत से प्रधानमंत्री निर्वाचित करने जैसी है। पूर्वी जर्मनी में जिंदगी बितानेवाली मर्केल पश्चिमी जर्मनी के मूल्यों का आदर करती हैं। वहाँ की जनता भी पूरे मन से उन्हें अपना नेता मानती है। इसमें ही उनकी मानसिक ऊँचाई दिखाई देती है।

यूरोप की संसद् के अध्यक्ष पद पर पोलैंड के नेता जर्सी बजेक प्रचंड बहुमत से विजयी हुए हैं। पोलैंड पूर्व में रशिया के मातहत था। दूसरे महायुद्ध की शुरुआत जर्मनी तथा पोलैंड के बीच युद्ध से हुई थी। तब ब्रिटेन ने हस्तक्षेप किया था। आज ब्रिटेन, जर्मनी, फ्रांस सहित 27 देशों के सांसदों ने जर्सी बजेक को

अध्यक्ष निर्वाचित किया, तब ब्रूसेल्स में लोगों ने संगीत की ताल पर नृत्य कर अपनी प्रसन्नता व्यक्त की थी। यह किसी बँगलादेशी सांसद को भारतीय द्वारा दक्षिण एशियाई संसद् के अध्यक्ष पद पर निर्वाचित कर प्रसन्नता से जल्लोष करने जैसा ही है।

बर्लिन की दीवार ध्वस्त हुई, उस घटना की 20वीं वर्षगाँठ 9 नवंबर, 2009 को मनाई गई। उस दिन मध्यरात्रि में एक अलग ही दृश्य यूरोप में दिखाई दिया। समारोह की अध्यक्षता पूर्वी जर्मनी की नागरिक तथा संयुक्त जर्मनी की प्रधानमंत्री अंजेला मर्केल ने की। पुराने शत्रु राष्ट्र के सभी पूर्व प्रधानमंत्री वहाँ उपस्थित थे। पश्चिमी तथा पूर्वी यूरोप के सभी प्रधानमंत्रियों ने हाथों में हाथ लेकर एक प्रतीकात्मक दीवार को धक्का देकर गिराया तथा दुनिया की सभी विभाजनकारी दीवारों को मिटाने का प्रण किया।

दूसरे दिन अंजेला मर्केल फ्रांस गईं, वहाँ फ्रांस सरकार ने 11 नवंबर, 1919 की घटना के स्मृति दिवस का विशेष समारोह आयोजित किया था। उस दिन प्रथम महायुद्ध के पश्चात् जर्मनी ने फ्रांस के सम्मुख आत्मसमर्पण किया था। जर्मनी की पराजय हुई थी। मर्केल ने समारोह में मुसकराते हुए नवीन युग शुरू करने की प्रतिज्ञा की। 16 दिसंबर, 1971 के दिन पाकिस्तान ने भी बँगलादेश के युद्ध में भारत के सम्मुख आत्मसमर्पण किया था। यह हमारे द्वारा 16 दिसंबर, 2011 को उसकी वर्षगाँठ आयोजित करने तथा पाकिस्तानी प्रधानमंत्री द्वारा उसमें मुख्य अतिथि के रूप में उपस्थित रहकर भारत-पाकिस्तान के बीच की दुश्मनी समाप्त करने की घोषणा करने जैसा अथवा पाकिस्तानी सेना प्रमुख द्वारा मुंबई में 26 नवंबर की घटना की वर्षगाँठ के अवसर पर ताज होटल के बॉलरूम में खड़े होकर आतंकवाद को समाप्त करने के लिए संयुक्त मुहिम प्रारंभ करने की घोषणा करने जैसा ही है।

एकता तथा शांति की हवा केवल यूरोप में ही नहीं बाहर भी है। मध्य अमेरिकी महाद्वीप में अनेक वर्ष तक युद्ध तथा आतंकवाद का साम्राज्य था। साल्वाडोर की सरकार निकारागुवा में अपने पिट्ठुओं के मार्फत हिंसाचार करवा रही थी। निकारागुवा की सरकार अलसाल्वाडोर और ग्वाटेमाला में हिंसा करवा रही थी। परिणामस्वरूप सभी देश हिंसा तथा गरीबी के शिकार बने हुए थे। इससे परेशान होकर कोस्टारिका के राष्ट्रपति ऑस्कर आरियास ने मध्य अमेरिका शांति योजना तैयार की। सभी नेताओं को इकट्ठा कर युद्ध, आतंकवाद तथा हिंसाचार हमेशा के लिए बंद करवाया। सभी ने लोकतंत्र, आर्थिक स्वतंत्रता, मानव अधिकार के

मार्ग पर चलने का निश्चय किया। कोस्टारिका, ग्वाटेमाला, अलसाल्वाडोर, निकारागुवा ये छोटे देश हैं, मगर शांति स्थापना के बाद कुछ वर्षों में ही इतने समृद्ध हो गए हैं कि उनके यहाँ के आम व्यक्ति की वार्षिक आय आम भारतीयों की वार्षिक आय से 10 गुना अधिक हो गई है।

दुनिया के सभी विकसित देश चौथी औद्योगिक क्रांति का एकमेव लक्ष्य सामने रखकर चल रहे हैं। उन्होंने आपसी विवाद दूर कर सहयोग का मार्ग अपनाया है। यूरोप के 27 देश, आग्नेय एशिया के 10 देश, उत्तरी अमेरिका के 3 देश, पूर्व एशिया के जापान व चीन, एशिया तथा यूरोप को जोड़नेवाला तुर्की, ये सब इस दिशा में चल पड़े हैं। तुर्की ने ग्रीस, सीरिया, आर्मेनिया के साथ अपने ऐतिहासिक विवाद खत्म कर दिए हैं। अमेरिका के बराक ओबामा ने रशिया तथा चीन, इन दोनों शत्रु राष्ट्रों के सम्मुख दोस्ती का हाथ बढ़ाया है। केवल कोरिया, अफ्रीका के कुछ देशों, इजरायल तथा भारतीय उपमहाद्वीप के झगड़े सुलझने के चिह्न दिखाई नहीं दे रहे हैं।

अमेरिका व चीन, ये चालाक देश हैं। वे नूतन अर्थव्यवस्था पर अपना ध्यान तथा सामग्री खर्च कर रहे हैं, मगर बाहर वे पाकिस्तान जैसे देश को शस्त्र देकर भारत को उपमहाद्वीप की स्थानीय राजनीति में उलझाकर रखते हैं। भारत के मनमोहन सिंह जैसे बुद्धिमान नेता यह समझते हैं, मगर पाकिस्तान में इतनी समझ नहीं है। भारत के लिए कैसे भी, इन स्थानीय विवादों से मुक्त होकर दुनिया के मुख्य प्रवाह के साथ चलना जरूरी है।

पानी की समस्या के कारण पाकिस्तान की कश्मीर घाटी से भी ज्यादा जम्मू पर कब्जा करने में रुचि है। वहाँ सिंधु तथा चिनाब नदियों के प्रवाह में गति है। पाकिस्तान उनपर बाँध बनाकर पाकिस्तानी पंजाब के जमींदारों का भला करना चाहता है।

चीन ब्रह्मपुत्र नदी को मोड़कर उसका पानी उत्तरी चीन में ले जाना चाहता है। चीन के दक्षिण में यांगत्से नदी सन् 2100 तक ठीक रहने की संभावना है। उसका पानी मोड़ कर उत्तर की ओर सूखी पीली नदी में डाला जा रहा है। राजधानी बीजिंग का जीवन तो पूरी तरह मोड़कर ले जाई गई नदियों के प्रवाह पर ही निर्भर है। यांगत्से को मोड़ने में समस्या आई तो चीन ब्रह्मपुत्र को मोड़ेगा। ब्रह्मपुत्र नदी को चीन में यालोंग त्सांगपो कहते हैं। वह अरुणाचल के रास्ते भारत में प्रवेश के पूर्व एक बड़ा मोड़ लेती है तथा बहुत ऊँचाई से नीचे गिरती है। उस मोड़ के पास बाँध बनाकर पानी का प्रवाह बदलने का चीन का इरादा है।

नदियों के प्रवाह के लिए भारत का चीन व पाकिस्तान से युद्ध भी हो सकता है। मगर उससे कुछ भी साध्य नहीं होगा। कुछ वर्ष बाद नदियाँ सूख जाएँगी, अनाज का उत्पादन कम हो जाएगा, उद्योगों को पानी व बिजली नहीं मिलेगी, सभी का बहुत नुकसान होगा। भारत में विशेष रूप से उत्तर प्रदेश, बिहार, पश्चिम बंगाल, असम तथा अरुणाचल प्रदेश का बहुत अधिक नुकसान होगा। वहाँ अनाज के उत्पादन में कमी आने से देश के अन्य भागों में भी महँगाई बढ़ेगी। उत्तर से बड़ी संख्या में दक्षिण की ओर लोगों का विस्थापन/पलायन होगा और सारे देश की अर्थव्यवस्था नष्ट होगी। चीन में भी यही परिस्थिति रहेगी। उत्तर चीन में हमेशा के लिए सूखा पड़ेगा और अराजकता फैल जाएगी। यह सारा महाभारत टालने के लिए यदि संबंधित राष्ट्रों ने अक्लमंदी से काम लेकर आपसी सहयोग का मार्ग स्वीकार किया तथा नदियों की आयु बढ़ाने के लिए बड़ा अभियान चलाया तो इसमें सभी का लाभ होगा। उसके लिए एक नवीन मानसिकता की आवश्यकता है। संकुचित राष्ट्रवाद के स्थान पर एक व्यापक दृष्टिकोण तथा संपूर्ण 'एशिया महाद्वीप एक परिवार' इस प्रवृत्ति से भविष्य की ओर देखने की जरूरत है। यूरोप से एशिया महाद्वीप भी निश्चित ही शांति पर्व सीख सकता है। ऐसा करने से हमारे सम्मान में कोई कमी नहीं आएगी।

जिस प्रकार यूरोप, उत्तरी अमेरिका, दक्षिणी अमेरिका महाद्वीपों ने एकता, सद्भावना और परस्पर सहयोग के मार्ग पर चलने का निश्चय किया है, उसी मार्ग पर एशिया महाद्वीप भी चले, यह आज समय की माँग है। भारत-पाकिस्तान में 60 वर्ष से दुश्मनी है, चीन-जापान में 100 वर्ष से स्पर्धा है। चीन व भारत के बीच झड़पें भी होती हैं। व्यापार भले ही बढ़ गया हो, दोनों देशों के नागरिकों के बीच आपसी सामंजस्य तथा सहयोग का अभाव है। इसे दूर किया जा सकता है। यूरोप के देश यदि हजारों वर्ष से चली आ रही शत्रुता को भूल सकते हैं, तो एशियाई देशों के लिए 50-100 वर्ष के वैमनस्य को भूलना बिलकुल भी असंभव नहीं है।

पंडित नेहरू ने अपने प्रधानमंत्रित्व के समय 'एशियाई शांति परिषद्' का आयोजन कर पहला कदम उठाया था। मगर बात वहीं रह गई। बाद में कुछ ही वर्षों में चीन व पाकिस्तान के साथ हमारे युद्ध भी हुए। उसके बाद का इतिहास सर्व विदित है। हम यदि पीछे मुड़कर देखें तो हमें दूसरों की गलतियाँ दिखाई देंगी। मगर जो व्यक्ति पीछे देखकर चलता है वह किसी जगह ठोकर खाकर गिरता भी है, यह हमें ध्यान में रखना होगा। सारी दुनिया जब आगे की ओर देखकर चल रही है तो हमें भी आगे देखकर ही अपना रास्ता निश्चित करना पड़ेगा।

पंडित नेहरू द्वारा शुरू किए गए प्रयासों को यदि आगे ले जाना है तो भारत सहित पाकिस्तान, चीन, जापान, कोरिया, बँगलादेश, थाइलैंड, सिंगापुर, मलेशिया, इंडोनेशिया को आपस के मतभेद एक तरफ रखकर आपसी सहयोग तथा सुरक्षा की योजना बनानी चाहिए। पानी, अनाज, ऊर्जा, पर्यावरण तथा यातायात इन पाँच क्षेत्रों में यदि सहयोग करेंगे तो संपूर्ण उपमहाद्वीप के करोड़ों लोगों का जीवन स्तर सुधरेगा। आर्थिक क्षेत्र का सहयोग शैक्षणिक क्षेत्र में भी अपनाएँ तथा मेधावी विद्यार्थियों को अपना देश छोड़कर अन्य देशों में शिक्षा प्राप्त करने के लिए कम-से-कम एक लाख छात्रवृत्तियों की घोषणा की जाए तो युवा पीढ़ी को नए अवसर मिलेंगे। इस सब पर प्रतिवर्ष 1 अरब डॉलर खर्च होंगे जो इससे मिलनेवाले परिणामों की तुलना में नगण्य व्यय है। धीरे-धीरे परस्पर विश्वास तथा मैत्रीपूर्ण वातावरण निर्मित होने के पश्चात् वीजा भी शिथिल किया जा सकेगा। राजनैतिक नेताओं को एक मंच पर लाने के लिए अर्द्ध संसदीय स्तर पर एक एशियाई मंच का निर्माण किया जा सकता है।

यह सब सहज संभव है। इसके लिए सर्वप्रथम भारत, चीन, जापान, पाकिस्तान तथा कोरिया—इन पाँच देशों को एशियाई महाद्वीप की एकता का स्वप्न साकार करना होगा। आतंकवाद का खात्मा, शस्त्रस्पर्धा को लगाम तथा आंतरिक समस्याओं के संदर्भ में जनता को जान-बूझकर गुमराह न करना व पड़ोसी राष्ट्रों की आलोचना के मोह को त्यागने जैसे कठोर कदम उठाने होंगे। यह मार्ग भले ही आज असंभव प्रतीत हो रहा हो तो भी उसे स्वीकार करना ही होगा, अन्यथा होनेवाले महायुद्ध में ये नेता, उनकी आगामी पीढ़ियाँ तथा सामान्य जनता सभी को इसका खामियाजा भुगतना पड़ेगा। अहंकार छोड़कर सहयोग की भावना बढ़ानी होगी अन्यथा महाशक्ति बनना दिवा स्वप्न बनकर रह जाएगा।

एशिया की भाँति मध्यपूर्व में भी पानी के कारण संभावित युद्ध को टाला जाए तथा वहाँ के देश भी वसुधैव कुटुंबकम् का दर्शन स्वीकार करें तो दुनिया में लंबे समय तक शांति तथा स्थिरता बनी रह सकेगी।

दुनिया में लगभग 200 देश हैं। दुनिया का 60 प्रतिशत व्यापार केवल 12 देशों के हाथ में है। 90 प्रतिशत व्यापार पर केवल 30 से 40 देशों का नियंत्रण है। लगभग 180 से 170 देश अंतरराष्ट्रीय व्यापार तथा वैश्विक अर्थव्यवस्था के बाहर हैं। ऐसा समझा जा सकता है। जो देश वैश्विक अर्थव्यवस्था में शामिल हैं उनमें भी आंतरिक विषमता है। आज 2010 में विश्व की 700 करोड़ जनसंख्या में से आधे लोग गरीबी में जीवन जी रहे हैं। इतनी बड़ी संख्या में लोग जब तक असंतुष्ट

रहेंगे तब तक अपराध, हिंसाचार तथा आतंकवादी प्रवृत्तियाँ भी बढ़ती रहेंगी। ऐसे ही लोगों की मानसिक कमजोरी का अनुचित लाभ उठाकर, राष्ट्रीयता की झूठी शेखी बघारकर, धार्मिक तथा भाषायी दांभिकता फैलाकर, अनेक कट्टरपंथी नेता पैदा होते रहेंगे। उनकी संकुचित वृत्ति युवकों को आकर्षित करेगी। उनकी राष्ट्रीय अस्मिता की वर्जनाएँ कमजोर घटकों को आकर्षित करेंगी। विश्व में न्याय प्रस्थापित करने की उनकी भाषा गरीबों को प्रभावित करेगी। उसके कारण यदि 21वीं सदी के हिटलर, मुसोलिनी और स्टालिन के वारिस तानाशाह एक साथ पैदा हो गए तो तीसरे महायुद्ध में अण्वास्त्र, कृत्रिम विषाणु, रासायनिक शस्त्रों का मिश्रण उपयोग में लाया जाएगा। जिससे मानव जाति का संहार होगा। दुनिया की जनसंख्या का बड़ा हिस्सा मौत के मुँह में चला जाएगा। जो जीवित रहेंगे उन्हें अपना जीवन स्तर देखकर उससे तो मौत भली, ऐसा महसूस होगा। आप्तजन, जमीन जायदाद, खेतीबाड़ी, गाँव, इस सबका विनाश देखकर तथा कुछ वर्षों में पानी के समाप्त होने के कारण पड़नेवाले सूखे के बजाय मौत भली नहीं क्या?

इक्कीसवीं सदी का भविष्य क्या है? चौथी औद्योगिक क्रांति अथवा तीसरा महायुद्ध? हम दोनों के ही संबंध में जागरूक नहीं हैं। यदि हम अभी भी जागरूक नहीं हुए तो हमारा भविष्य खतरे में होगा। या तो औद्योगिक क्रांति के मार्ग पर हम दब्बू बनकर पीछे रह जाएँगे या फिर यदि दुनिया तीसरे महायुद्ध की ओर कूच करती है तो उसमें सबसे पहले हम बली चढ़ेंगे।

आज मानव संस्कृति ने जो उड़ान भरी है वह दुनिया के भिन्न-भिन्न प्रदेशों तथा विचारों का संयुक्त प्रभाव है। आधुनिक वैचारिक प्रणाली के निर्माण की प्रक्रिया लगभग 2500 वर्ष पूर्व एक साथ ग्रीस, चीन तथा भारत में आरंभ हुई थी। उन दिनों यातायात की सुविधाएँ न होते हुए भी एक साथ नए शास्त्रों का उदय हुआ था। ग्रीस में प्लेटो तथा अरस्तू, भारत में गौतम बुद्ध तथा चाणक्य और चीन में कन्फ्यूशियस द्वारा एक ही काल में अपने दर्शन से समाज को प्रभावित किया गया। बाद में कुछ सदियों तक उन शास्त्रों का तीन टप्पों में विकास हुआ।

उसके बाद इन तीनों देशों की स्थिति में बदलाव आया। ग्रीस तथा रोमन साम्राज्य खत्म हो गया। भारत में समुद्रगुप्त के पश्चात् देश का विभाजन हुआ। अगली कुछ सदियों में सर्वत्र अँधेरा छाया रहा। लगभग 900-1100 ईस्वी के दौरान बगदाद तथा काहिरा के अरब राजाओं ने प्रयत्नपूर्वक प्राचीन ग्रीक, भारतीय तथा चीनी भाषाओं से ज्ञान प्राप्त किया। उसका अनुवाद किया तथा उसमें अनेक सुधार किए। अलक्वारिझमी ने आधुनिक गणित (ALGEBRA) को प्रस्तुत किया।

इब्नहेयान ने रसायन शास्त्र का निर्माण किया। इब्न सिना ने चिकित्सा शास्त्र की पुस्तकें लिखीं। उसने 250 पुस्तकें लिखकर विश्व रिकॉर्ड बनाया।

अरब वैज्ञानिकों द्वारा विकसित किए गए ज्ञान के आधार पर पंद्रहवीं-सोलहवीं सदी में यूरोपियन वैज्ञानिकों ने अनेक शोध किए। उन्होंने जो आधुनिक वैज्ञानिक तत्त्व खोजे उसी के आधार पर अठारवीं-उन्नीसवीं सदी में अमेरिकी वैज्ञानिकों के लिए नवीन प्रौद्योगिकी विकसित करना संभव हो सका।

पिछले 2500 वर्षों में मानवीय विकास की ज्योति ग्रीक, भारतीय, चीनी संस्कृति से अरबों के पास तथा उनसे यूरोपियन विद्वानों के पास होते हुए अमेरिका तक पहुँची है। यह शृंखला यदि बीच में कहीं टूट गई होती तो आज मानव संस्कृति बहुत पिछड़ी होती। हमें आज हवाई जहाज के स्थान पर हाथी-घोड़ों पर बैठकर सफर करना पड़ता।

सूचना युग के कारण संपूर्ण ज्ञान आज वैश्विक स्वरूप प्राप्त कर चुका है। हम जापान से लेकर अमेरिका तक के सारे समाचार-पत्र रोज पढ़ सकते हैं। फेस बुक का प्रयोग कर सारी दुनिया में मित्र बना सकते हैं। बहुराष्ट्रीय उद्योगों में अनेक धर्मों तथा अनेक देशों के लोग एक साथ काम करते हैं। उनका विभिन्न महाद्वीपों में रहना-बसना होता है। देशों के बीच की भौगोलिक सीमाएँ धीरे-धीरे अस्पष्ट होती जा रही हैं।

दुनिया के अनेक महत्त्वपूर्ण प्रकल्प अंतरराष्ट्रीय सहयोग के कारण ही संभव हो सके हैं। सन् 1985-90 से एड्स ने दुनिया को ग्रस रखा है। अमेरिका में एड्स के रोगी हैं। अफ्रीका महाद्वीप में उनकी संख्या अधिक है। इस रोग पर काबू पाने के उपाय के रूप में दवा तथा टीकों की खोज तथा विकास अमेरिका में हुआ है। उसकी दवाओं की अत्यधिक कीमत के निदान हेतु दुनिया के सब राष्ट्रों ने एड्स की दवाइयों को सार्वजनिक संपत्ति घोषित किया है। इससे शोध अमेरिका में, विकास भारत में और वितरण सस्ती दरों पर सारी दुनिया में संभव हुआ है।

लगभग 2003 के दौरान 'सॉर्स' की बीमारी फैली। तब इस बीमारी की दवाओं को भी एड्स की भाँति सार्वजनिक संपत्ति घोषित किया गया। 13 देशों की प्रयोगशालाओं में आपसी सहयोग द्वारा शोध कर नवीन दवाएँ खोजी गईं। सभी देशों की सरकारों ने इस बीमारी का मुकाबला करने के लिए सूत्रबद्ध कार्यक्रम तैयार किया। इससे सॉर्स का फैलाव अधिक नहीं हो सका।

चिकित्सा क्षेत्र की भाँति ही नवीन ऊर्जा स्रोतों का विकास करने के लिए

भी शत्रु देश मैत्री भावना से सहयोग करते हैं। अणु के विभाजन से ऊर्जा का निर्माण होता है। यह निर्माण यदि अणु मिलन के द्वारा हुआ तो दुनिया में ऊर्जा का संग्रह कभी खत्म नहीं होगा, ऐसा वैज्ञानिकों का अनुमान है। इसके लिए फ्रांस में एक प्रयोगशाला बनाई गई है। इस प्रयोगशाला में अमेरिका, यूरोप, चीन, जापान तथा भारत के वैज्ञानिक एक साथ काम कर रहे हैं। ये देश इस प्रयोगशाला का व्यय भी आपस में बाँटते हैं। पिछली सदी में तेल मुख्य ऊर्जा स्रोत था। इससे देशों के बीच स्पर्धा तथा वैमनस्यता बढ़ी। इस सदी में अणु सहयोग, सौर शक्ति तथा पवन यंत्रों द्वारा ऊर्जा निर्माण के लिए अंतरराष्ट्रीय सहयोग में वृद्धि होनी चाहिए।

इक्कीसवीं सदी की अर्थव्यवस्था अंतरराष्ट्रीय लेन-देन पर आधारित है। उसमें अमेरिका तथा चीन का सहयोग महत्त्वपूर्ण है। चीन के समूह, औद्योगिक उत्पादनों को अमेरिका के ग्राहकों को कम मूल्य पर बेचते हैं। इसके कारण चीन में अरबों अमेरिकन डॉलर जमा हो गए हैं। चीन की सरकार अब यह रकम अमेरिका को उधार देने लगी है। उसपर अमेरिकी अर्थव्यवस्था चलती है। चीन तथा अमेरिका में दुश्मनी होते हुए भी आर्थिक रूप से वे परावलंबी हैं। उनमें तलाक संभव नहीं, यदि ऐसा हुआ तो अमेरिकी अर्थव्यवस्था ध्वस्त हो जाएगी। अमेरिका की संपत्ति तथा शहरों को खरीदने का प्रयास चीनी समूह करेंगे। कोई भी स्वाभिमानी देश यह सहन नहीं करेगा और घनघोर युद्ध छिड़ जाएगा।

वैश्वीकरण का लाभ कुछ दुष्ट प्रवृत्तियाँ भी उठा रही हैं। आतंकवादी तथा अपराधी गिरोह अंतरराष्ट्रीय स्तर पर काम करने लगे हैं। संक्षेप में हमें वैश्वीकरण का सिर्फ ऊपरी स्वरूप दिखाई देता है। वैश्वीकरण के फायदे तथा नुकसान दोनों ही हैं। यदि विश्व नेताओं ने दुनिया की तरफ 'वसुधैव कुटुंबकम्' की भावना से देखा तो, चौथी औद्योगिक क्रांति से विकासशील तथा विकसित दोनों ही राष्ट्रों को लाभ होगा। मगर मानव ने अपनी स्वार्थी प्रवृत्ति नहीं छोड़ी तथा सब ओर लोभ तथा संकुचित वृत्ति का फैलाव हुआ तो वह प्रौद्योगिकी का साथ लेकर दुनिया को तीसरे महायुद्ध की खाई में धकेल सकती है।

मेरे एक मित्र ने मुझे एक कहानी सुनाई थी। वह मैंने दुबई के एक व्याख्यान में सुनाई : "एक विद्यालय जानेवाला लड़का था। उसे एक बुजुर्ग ने दुनिया के नक्शे के टुकड़े देकर उन्हें जोड़ने को कहा। उस लड़के ने उस नक्शे को पाँच मिनट में ही जोड़ दिया। सब लोग चकित हो गए। उस लड़के ने बताया कि उस नक्शे के पीछे एक आदमी का चित्र था। टुकड़ों में विभाजित उस आदमी को मैंने जोड़ा और दुनिया अपने आप जुड़ गई।"

डावोस तथा दूसरी बैठकों में मैं जाता हूँ तब मनुष्य को फिर से जोड़ने के बारे में दुनिया के नेताओं से चर्चा करता हूँ। यह चर्चा यदि अमल में आ सकी तो आगामी दो-तीन पीढ़ियों में सारी दुनिया का कायापलट होकर अपनी दुनिया हमें एक अलग स्वरूप में देखने को मिलेगी। स्वयं के लिए नहीं तो कम-से-कम अपनी भावी पीढ़ियों के लिए ही सही; हमें उस नवीन विश्व का हँसते हुए स्वागत करने की तैयारी करनी चाहिए। नींद से जागकर उदीयमान उषाकाल का स्वागत करना चाहिए।

□

प्रयास से परिवर्तन

विशेष सतर्कता विभाग की एक उच्च पदस्थ महिला अधिकारी मुझसे मिलने आई थीं। उनको राष्ट्रीय सुरक्षा की व्यापक योजना का प्रारूप तैयार करने का काम दिया गया था। उस विषय की औपचारिक चर्चा के बाद हम आपस में गप-शप कर रहे थे। गुप्तचर विभाग, नक्सलवादी प्रदेश, शहरी कानून व्यवस्था जैसे व्यापक विषयों पर हमारी बातचीत चल रही थी। उसमें उनके कारणों के बारे में सोचते-सोचते हम संपूर्ण व्यवस्था तक पहुँचे थे। उसी समय मुझे उनकी बातों में अत्यंत निराशा का भाव दिखाई दिया। उन्होंने कहा, "आज भले ही मैं इतने बड़े पद पर हूँ, फिर भी अनेक बातों को पास से देखने पर मुझे बहुत दुःख होता है। अभी जो कुछ चल रहा है उसमें परिवर्तन की कोई संभावना मुझे दिखाई नहीं देती। हमेशा की भाँति चुनाव होते हैं। सत्ता परिवर्तन होता है अथवा नहीं भी होता। कुछ विभागों में अच्छे कार्यक्रम तथा योजनाएँ लागू की जाती हैं। कुछ सड़कों का निर्माण, महाविद्यालयों का विस्तार, कंप्यूटरों से संबंधित उद्योग, किसानों की कर्ज माफी, ऋण मेले जैसे कार्यक्रम होते हैं। मगर यह सब ऊपरी दिखावा है। वास्तविक जरूरतमंदों को उसका कितना लाभ मिलता है, यह शोध का विषय है। कुछ नेता इसके अपवाद हैं, मगर वे भी अधिकतर अपने चुनाव क्षेत्र तक ही सीमित रहते हैं। वे नए प्रकल्प अपने चुनाव क्षेत्र में ही लाते हैं तथा वहीं रोजगारों का निर्माण करते हैं। उसका सर्वांगीण विकास की दृष्टि से अत्यंत सीमित लाभ होता है। यह सब देखने के बाद, एक समाज अथवा देश के रूप में हमने संतोषजनक स्तर प्राप्त किया है ऐसा प्रतीत नहीं होता। सरकार बदल जाने पर प्रारंभ में थोड़े समय तक थोड़े-बहुत अच्छे कार्यक्रम चलाए जाते हैं, मगर गरीब तथा सामान्य वर्ग की स्थिति में कोई परिवर्तन नहीं होता। कभी हमारे तबादले हो जाते हैं। चक्र चलता रहता है। सभी दलों में थोड़े-बहुत अंतर से समानता दिखाई देती है। पैसे का स्वार्थ, अपने

बच्चों अथवा रिश्तेदारों को राजनीति में लाने का मोह, यह मायाजाल फैला हुआ है। परिस्थिति में बदलाव की संभावना दिखाई नहीं देती, इसीलिए मन निराश होता है। इसी सारे वातावरण के कारण बेरोजगारी, अपराध, भ्रष्टाचार, आतंकवाद दिन-प्रतिदिन बढ़ता जा रहा है। मुझे नहीं लगता कोई इस दुश्चक्र से हमें मुक्त कराएगा।''

सरकारी सेवा के अधिकारी अनौपचारिक बातचीत में भी खुलकर बात नहीं करते। मगर इस महिला अधिकारी की व्यथा उसके दिल से निकली थी। इसीलिए वह उसे छुपा नहीं सकी। उसके ये विचार प्रतिनिधिक स्वरूप के कहे जा सकते हैं। चूँकि दूसरे भी अनेक संवेदनशील अधिकारियों की इसी प्रकार की प्रतिक्रियाएँ तथा संवेदनाएँ हैं।

सरकारी अधिकारियों को वर्तमान परिस्थिति तथा आस-पास के वातावरण की समझ है। भविष्य की ओर देखने की दृष्टि भी है। इसीलिए ऐसे दलदल से बचाकर उनमें से अनेक लोग अपने बच्चों को विदेशों में बस जाने के लिए प्रोत्साहित करते हैं। इस निर्णय में ही देश के भविष्य के प्रति उनके मत की अभिव्यक्ति होती है।

हमारे देश की परिस्थिति को देखकर सामान्यजन मन से निराश प्रतीत होते हैं। प्रत्येक व्यक्ति का स्तर तथा उसके आस-पास के घटक कुछ भी हो सकते हैं। मगर जिस समय सामूहिक स्तर पर विचार होता है तब सब लोग हमारे देश की परिस्थिति निराशाजनक होने की बात ही व्यक्त करते हैं। उसके लिए सभी लोग एकमत से राजनैतिक नेताओं के सिर पर ही इसका ठीकरा फोड़ते हैं। यह गलत न हो तो भी दूसरे अनेक कारक भी इसके लिए जिम्मेदार होते हैं। मगर उनका विचार कर परिस्थिति में परिवर्तन लाने के लिए व्यक्तिगत स्तर पर कोई भी प्रयास नहीं करता, यह दुर्भाग्यपूर्ण है।

हमारे समाज तथा देश का आर्थिक तथा सामाजिक विकास केवल राजनीतिज्ञों पर निर्भर है, यह धारणा गलत है। यह निश्चित है कि ये लोग उसमें अड़गे डाल सकते हैं, मगर इसके लिए उनको शक्ति तथा सामर्थ्य भी हमने ही दी है। सुधार के लिए प्रभावी माध्यम हाथ में होते हुए भी वैसी उनकी मानसिकता नहीं होती। इस संदर्भ में दो दिग्गज राजनीतिज्ञों के अनुभव स्थिति स्पष्ट करते हैं।

महाराष्ट्र की राजनीति में वजनदार समझे जानेवाले एक नेता ने मित्रता के नाते मुझे भोजन पर आमंत्रित किया था। आज वह जीवित नहीं हैं, मगर उस समय उनके दल की ही सरकार महाराष्ट्र में थी।

उस भेंट में चर्चा के दौरान उन्होंने कहा, ''तुमसे एक बात करनी है। मुंबई

को सिंगापुर जैसा बनाने के लिए तुम्हारे पास कोई कल्पना है क्या?''

मेरे उनके साथ बहुत निकट के संबंध थे। मैंने कहा, ''मैं कोई नगर विकास शास्त्र का विशेषज्ञ नहीं हूँ, मैं क्या सुझाव दे सकता हूँ?''

उन्होंने हँसकर कहा, ''अरे, नगर विकास विशेषज्ञ तो मुझे हमेशा ही मिलते हैं। इस विषय का एक मंत्री भी है तथा अनुभवी अधिकारी भी हैं। मैं उनसे हमेशा ही बात करता हूँ। मगर तुम्हें दुनियाभर का अनुभव है। साधारण विशेषज्ञ जो विचार नहीं कर सकेंगे वह सुझाव तुम दे सकते हो ऐसी अपेक्षा है। इसीलिए मैंने तुमसे पूछ लिया।''

मैंने थोड़ी देर विचारकर कहा, ''मुंबई अत्यंत अस्वच्छ शहर है। यदि सभी दलों के कार्यकर्ता, सेवाभावी संस्थाएँ, महानगरपालिका तथा राज्य सरकार—ये सब इकट्ठे हो जाएँ तथा सब मिलकर शहर को सिंगापुर की भाँति स्वच्छ करने का संकल्प कर लें तो कम-से-कम समय में यह संभव हो सकता है। सुलभ शौचालय तथा गाडगे महाराज प्रकल्प को बड़ा अनुदान देकर अनेक शौचालय बनाने पड़ेंगे। महानगरपालिका कचरा गाडियों की संख्या बढ़ा सकेगी। यही दो खर्चे हैं, बाकी सारा काम कार्यकर्ताओं के संकल्प तथा लोगों की इच्छा शक्ति पर निर्भर है। मगर यह स्वच्छता अभियान केवल अभिनेताओं के साथ अखबारों में फोटो छपाकर खत्म होनेवाला होगा तो परिस्थिति में कोई फर्क नहीं पड़ेगा। इसके लिए छोटी-छोटी गलियों के निवासियों को भी जिम्मेदारी लेनी पड़ेगी। जहाँ कचरे की पेटियाँ नहीं हैं वहाँ महानगरपालिका को वे उपलब्ध करानी होंगी। रोजाना कचरा इकट्ठा कर उससे खाद निर्माण करने के लिए शहर के बाहर प्रकल्प बनाना पड़ेगा तथा इसके लिए स्थायी तंत्र का निर्माण करना पड़ेगा।''

मेरे मत को सुनकर उनका मोह भंग हुआ। थोड़ा नाराज होकर उन्होंने कहा, ''अरे क्या बेकार की योजना बता रहे हो। मैं तो सोचता था कि तुम दुनिया-भर में घूमते हो तो किसी विदेशी सरकार अथवा विश्व बैंक के सहयोग से करोड़ों रुपयों की कोई ऐसी योजना बताओगे जिससे शहर चमक जाएगा। नए भवन, हवाई, रेल आदि लाने की कोई योजना बनाओगे।''

मैं उनसे सहमत नहीं था, मैंने कहा, ''वह बाद में देखेंगे। पहले यदि शहर को स्वच्छ करने से लोगों में अपने नागरिकत्व का बोध भी हो गया तो हम बड़ी सफलता प्राप्त करेंगे। स्वच्छता के कारण स्वास्थ्य तथा पर्यावरण सुधरेगा तथा उससे लोगों का जीवन स्तर भी विकसित होगा। स्वच्छता की समस्या हल कर लेने के बाद नागरिकों के घर, सड़कें तथा पर्यावरण सुधार की प्रेरणा मिलेगी। उसके

लिए सरकार को कम-से-कम पैसा लगाना पड़ेगा।''

वह इससे भी सहमत नहीं थे, ''मैंने बेकार ही तुम्हारी राय पूछी, वैसे भी तुम कभी कोई काम लेकर नहीं आते। अभी हमारी सरकार है, कोई काम हो तो बताना।'' इतना कहकर उन्होंने विषय समाप्त कर दिया।

उसके बाद एक साल का समय बीत गया। चुनाव हुए तथा महाराष्ट्र में दूसरे दल की सरकार बन गई। सत्तारूढ़ दल के एक वरिष्ठ नेता ने मुझे भोजन के निमित्त चर्चा के लिए आमंत्रित किया। अभी वह नेता प्रसार माध्यमों में बहुत अधिक चर्चित नहीं हैं।

उन्होंने सीधे सवाल किया, ''महाराष्ट्र का ग्रामीण भाग विकसित होना चाहिए। किसानों की समस्याएँ हल होनी चाहिए। इसके लिए आपके पास कोई योजना है क्या?''

मैंने कहा, ''मैं कोई कृषि विशेषज्ञ नहीं हूँ, ग्राम विकास कार्य का भी मुझे अनुभव नहीं है। आपकी पार्टी में खेती, सहकारिता, तथा ग्रामीण विकास का अनुभव रखनेवाले अनेक नेता मौजूद हैं। मैं उन्हें क्या बता सकता हूँ?''

उन्होंने कहा, ''आपको दुनियाभर का अनुभव है। हम जो बातें सोच नहीं पाते, ऐसी बातें आप हमें सुझा सकते हैं, ऐसा हमारे सहयोगियों का कहना है।''

कृषक तथा ग्रामीण विकास को केंद्र में रखकर विकास प्रक्रिया के कुछ मुद्दों का विचारकर मैंने उनको सुझाव दिया कि, ''किसानों का व्यापारियों द्वारा शोषण किया जाता है इसलिए सहकारिता तथा कृषि उपज विपणन समितियों का निर्माण किया गया। इससे कुछ किसानों को लाभ भी हुआ, मगर अब सहकारिता तथा उपज विपणन समितियों में भी निहित स्वार्थ उत्पन्न हो गए हैं, इस कारण ग़रीब किसान गरीब ही बना हुआ है। यदि सहकारिता तथा कृषि उपज विपणन समितियों में सुधार किया गया, किसानों के माल को अधिक मूल्य मिले, इसलिए मुक्त अर्थव्यवस्था को लाया गया, साथ ही किसानों का शोषण न हो इसका ध्यान रखा गया, तो किसानों का लाभ होगा। उनके पास पैसा आएगा तो वे उत्पादन बढ़ाने के लिए खाद व सिंचाई पर खर्च करेंगे। गाँव-गाँव में छोटे वातानुकूलित गोदाम बनाए जाएँ, तो किसानों को जल्दबाजी में सस्ते मूल्य पर अनाज बेचने को बाध्य नहीं होना पड़ेगा। उसके साथ ही किसानों को प्रशिक्षण, बीमा योजना, सस्ती कर्ज व्यवस्था आदि सुविधाएँ उपलब्ध कराई गईं, तो वे अपना उत्पादन बढ़ा सकेंगे। गाँवों में कृषि उपज से खाद्य पदार्थों के निर्माण हेतु कारखाने खोलने के लिए उद्यमियों को प्रोत्साहित किया गया तो किसानों के बच्चे कृषि से कृषि उद्योगों की

और मुड़ सकेंगे।''

मेरे ये विचार उनको अपेक्षित नहीं थे। उन्होंने कहा, ''ये सब छोड़ो! इसमें केवल कुछ किसानों का भला होगा, मगर दूसरों का नुकसान होगा। सभी किसानों को लाभ हो ऐसी एक योजना मेरे पास है। उसके लिए आप का सहयोग मिलेगा ऐसी मेरी अपेक्षा है।''

''ऐसी कौन-सी योजना है और मैं उसमें आपकी क्या मदद कर सकता हूँ?'' मैंने आश्चर्य से पूछा।

''प्रत्येक किसान को मैं एक कंप्यूटर देना चाहता हूँ। उसके लिए अंतरराष्ट्रीय संस्थानों से मदद चाहिए।'' उन्होंने मूल बात बताई।

''प्रत्येक किसान कंप्यूटर का क्या करेगा? पहले सहकारिता तथा कृषि उपज विपणन समितियों में सुधार करना पड़ेगा। परती भूमि को खेती योग्य बनाना पड़ेगा और इस सबमें बहुत समय नहीं लगेगा।''

मगर मेरी राय उन्हें पसंद नहीं आई।

भोजन जल्द समाप्त कर मैं घर लौट आया।

उसके कुछ माह बाद मुझे फिर ऐसा ही अनुभव हुआ। इस बार आंध्र प्रदेश में। वहाँ किसानों के नेता कहे जानेवाले एक राजनीतिज्ञ से मेरी भेंट हुई। उनके पास भी ऐसी ही कंप्यूटरों की योजना थी। और वह जानना चाहते थे कि उसके लिए पैसा कहाँ से मिल सकेगा।

आत्मकेंद्रित राजनीतिक मनोवृत्ति स्वतंत्रता के पश्चात् भारतीयों की शोकांतिका बनी हुई है। राजनीति के खिलाड़ी बदल जाते हैं, मगर उनके दाँवपेच वैसे ही बने रहते हैं। कार्यकर्ता तथा पदाधिकारियों के चेहरे बदल जाते हैं, मगर उनकी मानसिकता वही बनी रहती है। स्वार्थ का स्वरूप बदल जाता है, मगर लोभवृत्ति वही बनी रहती है। उसमें पिसती है सामान्य जनता। मगर उसकी किसी को भी चिंता नहीं होती। किसी नेतृत्व के प्रति भले ही जनता में नाराजगी हो, मगर सही विकल्प सिद्ध हो, ऐसा दूसरा कोई नेता भी जनता को नहीं मिलता। नया नेता कौन बने इसका निर्धारण पार्टी हाईकमान करता है और जनता उसे चुपचाप स्वीकार करे यही उसकी अपेक्षा होती है। प्रामाणिक, दूरदर्शी, कल्पनाशील तथा यशस्वी व्यक्ति को सामान्यजन नेतृत्व सौंप सकते हैं तथा किसी भी दल के वरिष्ठों को उसे स्वीकार करने को बाध्य कर सकते हैं; यह भले ही हमारे लोकतंत्र का सिद्धांत हो मगर वह केवल पुस्तकों में ही है। प्रत्यक्ष व्यवहार में वह लागू नहीं होता।

आम जनता भी इस प्रक्रिया में उतनी ही जिम्मेदार है। राजनीतिज्ञों को गेंडे

की खालवाला कहते समय हम स्वयं भी अपने विकास के लिए कितने संवेदनशील तथा जागरूक हैं यह भी हमें देखना चाहिए, क्योंकि हमारी इन भावनाओं का उपयोग राजनीतिज्ञों पर दबाव बनाने के लिए हो सकता है। मगर मुझे क्या? मैं क्यों पहल करूँ? हम क्यों दुश्मनी मोल लें? जिसे लड़ना होगा वह देख लेगा? यह हम स्वयं से अथवा परिवारजनों से बात करते समय हमेशा ही बोलते रहते हैं। ऐसा करके हम अपने प्रांत का, देश का नुकसान करते हैं तथा इसके लिए हम ही जिम्मेदार हैं, यह भावना उस समय हमारे मन में नहीं आती।

इसके विपरीत दृश्य अमेरिका में दिखाई देता है। वहाँ के नागरिक अपने देश के बारे में कितने भावुक तथा संवेदनशील होते हैं यह मुझे मेरे एक व्याख्यान के समय देखने को मिला।

जॉर्ज बुश जब वहाँ के राष्ट्रपति थे तब देश में बहुत निराशा व्याप्त थी। सरकार पर कर्ज चढ़ गया था, अर्थव्यवस्था के गिरने का भय था। इराक में अमेरिकी सैनिक मारे जा रहे थे। एशिया के दो-तीन देशों को छोड़कर सर्वत्र अमेरिका की आलोचना हो रही थी।

ऐसी परिस्थिति में एक प्रसिद्ध संस्था द्वारा कैलिफोर्निया के बर्कले में मेरा व्याख्यान आयोजित किया गया था। अंत में प्रश्नोत्तर भी हुए। एक महिला ने मुझसे, "अमेरिका के बारे में विश्वभर में क्या मत है?" यह पूछा। मैंने स्पष्ट कहा, "आपका देश सामर्थ्यशाली होकर भी आज उसकी कीमत नहीं है। अमेरिका बड़ा हुआ, क्योंकि स्वातंत्र्य, विश्वास तथा कानून पर आधारित राज्य का आपने पुरस्कार लिया। आज ये मूल्य कुचले जा रहे हैं। आतंकवाद के विरुद्ध युद्ध में अथवा इराक युद्ध में आपको सैनिक विजय मिलेगी। मगर आपकी सरकार ने उन मूल्यों का अर्थात् आपके देश की आत्मा या देश का ही पराभव कर दिया है। दुनिया भर के लोग आपको एक स्वपराभूत देश कहकर आप पर हँस रहे हैं।"

मेरा भाषण समाप्त होने के बाद वह महिला तथा श्रोताओं में से अनेक लोग अक्षरशः रो रहे थे। मैंने रात में आयोजकों से कहा, "जिस देश के नागरिक इतने संवेदनशील हैं, उस देश का भविष्य निश्चित ही उज्ज्वल है।"

उसके बाद केवल दो वर्ष में बराक ओबामा जैसे तब तक अपरिचित रहे कृष्णवर्णीय नेता ने ऐसे लोगों को ढाढ़स बँधाया। ओबामा के पास पैसा नहीं था, संगठन भी नहीं था, मगर उसने इंटरनेट माध्यम का उपयोग कर डेमोक्रेटिक पार्टी पर क्लिंटन पति-पत्नी के वर्चस्व का सफाया कर दिया। बाद में रिपब्लिकन पार्टी को पराजित कर वह अमेरिका के राष्ट्रपति बन गए। सत्ता पर आते ही

उन्होंने तुरंत सुधारों की दिशा में कदम उठाए। देश के इतिहास में पहली बार स्त्रियों को भी पुरुषों के बराबर वेतन का अधिकार दिया। गरीबों के लिए घरों की सुविधा उपलब्ध कराने की योजना तैयार की। सभी गरीबों को चिकित्सा बीमा उपलब्ध कराने के लिए कानून बनाया। प्रबंधकों के अधिकतम वेतन की सीमा निर्धारित की।

राष्ट्रपति बराक ओबामा ने 6 मास में ही दुनिया में अमेरिका की साख बढ़ा दी। अरब राष्ट्रों के साथ संबंध सुधारे। चीन तथा रशिया के साथ वैमनस्य समाप्त किया। केवल पाकिस्तान तथा अफगानिस्तान के संबंध में अपनाई गई गलत नीति को छोड़ दें तो ओबामा ने आंतरिक तथा बाहरी नीतियों में बहुत परिवर्तन किए।

सबसे बड़ी बात यह है कि ओबामा डेमोक्रेटिक पार्टी के सहारे ऊपर नहीं उठे हैं। डेमोक्रेटिक पार्टी में उनका कोई भी स्थान नहीं था। मेरे व्याख्यान के समय आँसू बहानेवाले तथा देशप्रेम समझनेवाले अनेक लोगों ने देश में स्वयं ही आंदोलन खड़ाकर ओबामा का नेतृत्व तैयार किया। इसके लिए ओबामा को व्यक्तिगत रूप से किसी को भी कुछ देना नहीं पड़ा। उन्होंने उन्हें केवल परिवर्तन के मार्ग पर बढ़ता देश दिया। सत्ता पर कौन बैठेगा यह जिस देश में केवल चंद धनाढ्य लोगों द्वारा तय किया जाता था, उस देश में सामान्य लोगों ने पैसे के बगैर एक नूतन नेतृत्व का निर्माण किया।

इसके उलट भारतीय जनतंत्र में जागीरदारी वृत्ति है। पाँच वर्ष में निर्वाचन कर मतदाताओं से कौल माँगना। बाद में लोकतंत्र के नाम पर अपने बच्चों, परिवारजनों तथा रिश्तेदारों को सत्ता के लाभ दिलाना, यह वृत्ति नेताओं में घर कर चुकी है। किसी भी पार्टी की सरकार बने, सत्ता चंद परिवारों के ही हाथों में सिमटी रहती है। शेष सारे लोग इन परिवारों के गुलाम ही बने रहते हैं। जनता भी यह समझती है, मगर कुछ कर नहीं पाती। अमेरिकी लोगों ने बुश तथा क्लिंटन के परिवारों का वर्चस्व समाप्त कर ओबामा को नेता बनाया। अमेरिका में लोकतंत्र के मजबूत होने के कारण यह संभव हो सका।

अमेरिका में परिवर्तन होने के पूर्व लगभग 20 वर्ष तक पूर्वी यूरोप में रक्तहीन राजनैतिक परिवर्तन हुए। इन सब देशों में साम्यवादी राजनैतिक व्यवस्था थी। राजनेताओं को रशियन सेना का समर्थन प्राप्त था। गुप्तचर संस्था का समर्थन भी था। फिर भी पोलैंड में लेंच वैलेसा जैसे सामान्य श्रमिक द्वारा तथा चेक गणतंत्र में वासलाव हावेल जैसे नाटककार द्वारा लोगों को प्रेरणा दी गई। जनता ने तानाशाही उखाड़ फेंकी तथा अपने देश को अपने ही लोगों की फौलादी जकड़न से मुक्त

कराया। धीरे-धीरे यह लहर संपूर्ण पूर्वी यूरोप में फैल गई। आधा महाद्वीप स्वतंत्र हो गया और अब समृद्धि के मार्ग पर है।

आधुनिक समय में सारी दुनिया में ऐसे परिणामकारी परिवर्तन हो रहे हैं। इसकी शुरुआत यूरोप के पूर्वी जर्मनी से हुई। ऐसा कहा जा सकता है, बर्लिन की दीवार पूर्व-पश्चिम यूरोप के विभाजन का प्रतीक थी। उस दीवार के पास उंटेर डेन लिंटन महामार्ग प्रारंभ होता है। उसकी शुरुआत में ही रशियन दूतावास तथा कम्युनिस्ट पार्टी का मुख्यालय स्थित था। पूर्वी जर्मनी के दमन का सूत्र संचालन यहीं से होता था। पूर्वी जर्मनी के नागरिकों की आर्थिक स्थिति अत्यंत दयनीय थी। बिजली की अत्यधिक कमी थी। उस पर सेना की दमनशाही थी। इसलिए पूर्वी जर्मनी के लोग बर्लिन की दीवार फाँदकर पश्चिमी जर्मनी में प्रवेश का प्रयास करते रहते थे। इनमें से कुछ सफल होते थे तो कुछ पूर्वी जर्मनी के सेना की गोली का शिकार हो जाते थे।

उंटेर डेन लिंटन के समीप स्थित फ्रेडरिश स्ट्रॉस मार्ग पर चार्ली नामक चेक नाका था। वहाँ से होकर पश्चिम यूरोप के नागरिक अपने पूर्वी रिश्तेदारों से मिलने के लिए आते थे। जर्मन नागरिकों को वीसा नहीं मिलता था, मगर पूर्वी जर्मनी के भारतीय विद्यार्थियों को वहाँ मुक्त रूप से अध्ययन की अनुमति थी। उनको मिलने के लिए आनेवाले रिश्तेदार चार्ली नाके पर रेलगाड़ी में सवार होकर पूर्वी जर्मनी में प्रवेश करते थे। इनकी जब सैनिकों द्वारा सुरक्षा जाँच होती थी तो उसे देखकर लोग भय से काँप जाते थे। संक्षेप में कहें तो उंटेर डेन लिंटन तथा फ्रेडरिश स्ट्रॉस ये दोनों महामार्ग यानी मौत की ओर ले जानेवाले रास्ते, ऐसी स्थिति 1989 तक बनी हुई थी। बर्लिन की दीवार गिराए जाने के बाद यह स्थिति बदली। नागरिकों का रोष देखकर सेना स्वयं ही वहाँ से भाग खड़ी हुई। इस प्रकार खून की एक बूँद भी गिराए बगैर पूर्व जर्मनी की साम्यवादी शासन व्यवस्था इतिहास में जमा हो गई।

मैं कई बार उंटेर डेन लिंटन तथा फ्रेडरिश स्ट्रॉस गया हूँ। वहाँ की स्थिति अब बहुत बदल गई है। अलग-अलग प्रकार के रेस्टोरेंट, महँगी कारों की दुकानें, इनकी वहाँ भीड़ है। ऐश्वर्य, संपन्नता है तथा लोग जी खोलकर स्वतंत्रता का उपभोग करते दिखाई देते हैं। कोने-कोने पर संगीत शालाएँ तथा भव्य ऑपेरा थिएटर्स हैं। उंटेर डेन लिंटन के आइनस्टाईन कैफे में दोपहर को बैठने की जगह नहीं मिलती। यही स्थिति फ्रेडरिश स्ट्रॉस के रेस्टोरेंट में रात्रि भोजन के अवसर पर होती है। विदेशी पर्यटक बड़ी संख्या में आते हैं तथा स्मृति के लिए वहाँ से बर्लिन की ध्वस्त दीवार के टुकड़े खरीदकर ले जाते हैं।

कुछ वर्ष पूर्व जिन रास्तों को मृत्यु का महामार्ग समझा जाता था, उन्हीं स्थानों पर अल्पावधि में हुई प्रगति तथा परिवर्तन यह केवल सामान्य नागरिकों के परिश्रम, प्रयत्न, आत्मविश्वास तथा संकल्प के कारण ही संभव हुआ है। किसान अथवा निर्माण कार्य करनेवाला मजदूर दिनभर परिश्रम कर पसीना बहाए, तो बैंक का क्लर्क तथा सचिवालय का अधिकारी दिनभर चाय पीने जाए, ऐसा जर्मनी में नहीं होता। वहाँ मजदूर हो अथवा उच्च पदस्थ अधिकारी, सब कठोर परिश्रम करते हैं। इसीलिए दूसरे महायुद्ध में पूरी तरह नष्ट होने के बाद भी यह देश फिनिक्स पक्षी की भाँति फिर से उड़ान भर सका। उंटेर डेन लिंटर तथा फ्रेडरिश स्ट्रॉस में हुआ परिवर्तन केवल स्वतंत्रता प्राप्ति के कारण नहीं हुआ है, वह सामान्यजनों की दृढ़ इच्छा शक्ति, सामूहिक प्रयत्न, भ्रष्टाचार की समाप्ति तथा राजनीतिज्ञों से लेकर सामान्य व्यक्ति तक सभी के साथ समान व्यवहार तथा आदर करने के कारण ही संभव हुआ है।

हिंसक क्रांति से कोई विशेष लाभ नहीं होता, यह हमें पिछले 500 वर्ष के इतिहास से समझ में आ गया है। सन् 1789 में फ्रांस में राज्य क्रांति हुई। क्रांतिकारियों ने धर्मगुरुओं को भगा दिया। देश के राजा तथा रानी को पकड़कर उन्हें सड़क पर फाँसी दे दी गई। मगर क्या परिणाम निकला? उनमें से ही एक नेपोलियन बोनापार्ट को क्रांतिकारियों ने सम्राट् बनाया। फिर से राजतंत्र कायम हो गया। नेपोलियन ने पड़ोसी देशों पर हमला किया। अंत में उसकी भी वाटरलू के मैदान में पराजय हो गई। उसके बाद उसका भतीजा सम्राट् बना। उसे सत्ता में लाने के लिए धर्मगुरुओं ने मदद की। अपनी निजी महत्त्वाकांक्षा के लिए उसने जर्मनी पर आक्रमण किया, जिसमें फ्रांस की पराजय हुई। उसके बाद वहाँ आतंकवाद फैला। संसद् पर भी बड़ी मात्रा में हमले हुए।

रशिया में सन् 1917 में हिंसक क्रांति हुई और दुनिया में पहली बार साम्यवादी सत्ता में आए। स्टालिन जैसा क्रूर नेता सत्तारूढ़ हुआ। बाद में क्रुश्चेव्ह, ब्रेजनेव्ह, आंद्रापोव ने गुप्तचरों की मदद से जनता पर बहुत अत्याचार किए। अंत में मिखाईल गोर्बाचेव ने देश तथा साम्यवाद दोनों को ही खत्म कर डाला। बाद में बोरिस येल्तसिन ने देश को लगभग नीलाम ही कर डाला।

इराक में अयातुल्ला खुमैनी के मार्गदर्शन में सन् 1979 में क्रांति हुई। उसके परिणामस्वरूप अगले 30 वर्ष में देश का उत्पादन 30 प्रतिशत कम हो गया। गुप्तचर पुलिस, आतंकवादी संगठन बसीज तथा धर्मगुरुओं ने स्त्रियों को काले बुरके में बाँध दिया। पड़ोस के अफगानिस्तान में सन् 1993 में तालिबान ने क्रांति की। तत्कालीन

प्रधानमंत्री को फाँसी चढ़ाया। अलकायदा प्रमुख ओसामा बिन लादेन ने तालिबान का आश्रय लिया। बाद में अमेरिका ने अफगानिस्तान पर आक्रमण कर तालिबान शासन को खत्म कर दिया। अमेरिका ने इराक की भी आर्थिक नाकेबंदी की, जिससे वहाँ का धर्म आधारित सिंहासन हिल चुका है।

इसके विपरीत महात्मा गांधी से लेकर मार्टिन लूथर किंग तथा नेल्सन मंडेला से लेच वालेसा तक जो भी रक्तहीन क्रांति से परिवर्तन लाए, वे शाश्वत सिद्ध हुए। 'अहिंसैव जयते' यह युक्ति इन परिवर्तनों पर लागू होती है।

अहिंसक परिवर्तन की प्रक्रिया में लगनेवाला समय तथा मानसिकता तैयार करनी पड़ेगी। अन्य देशों के नागरिकों द्वारा अपनी समस्याओं के निवारण हेतु बुनी गई मानसिकता तथा अपनाए गए मार्गों को यदि समझ लिया तो निश्चित ही हमें उसका लाभ मिल सकता है।

मुझे स्टॉकहोम में तीन अनुभव मिले, जो लोगों की बदली मानसिकता तथा किसी भी गलत बात को नकारने का साहस दरशाते हैं।

एक बार मैंने एक मीठा पदार्थ खाकर उसका रैपर यूँ ही सड़क पर फेंका। मैंने गलती की थी यह जानते हुए भी आलस के कारण उसे सुधारे बगैर आगे बढ़ गया। थोड़ी देर में एक वृद्ध सज्जन दौड़ते हुए मेरे समीप आए तथा नम्रतापूर्वक मुझसे बोले, "आप हमारे देश में मेहमान लगते हो, इसलिए आपसे कुछ नहीं कहता। हमें सड़क पर कचरा पसंद नहीं। मैंने आपके द्वारा फेंका गया कचरा उठाकर अपनी जेब में रख लिया है। आगे आनेवाले कचरे के डब्बे में मैं उसे डाल दूँगा। मगर कृपया आप ऐसी गलती भविष्य में न दोहराएँ।"

एक बार मैं पेट्रोल पंप पर गाड़ी में पेट्रोल भरवा रहा था। मेरा बेटा साहिल उस समय 7 वर्ष का था। अचानक वह कार से बाहर निकला तथा सड़क पर स्केटिंग करने लगा। दोपहर का समय था। सारे घरों के दरवाजे बंद थे। मगर थोड़ी ही देर में सब घरों के दरवाजे खुल गए। अनेक लोग बाहर निकल आए। उन्होंने कहा, "आप विदेशी लगते हो। हमारे देश में बच्चों द्वारा हेलमेट पहने बगैर स्केटिंग करना अवैध है। बच्चा गलती से गिर गया तो सिर फट सकता है।" बाद में एक ने मुझे एक कागज दिया जिस पर समीप के हेलमेट विक्रेताओं के पते लिखे थे, मैं उनसे माफी माँगकर वहाँ से रवाना हुआ।

ऐसी ही एक दोपहर थी। हम कार द्वारा बाहर से घर की तरफ जा रहे थे। पीछे से एक कार आकर हमारी गाड़ी को टक्कर मारते हुए तेजी से आगे चली गई। हम सही-सलामत थे। हमारी गाड़ी को थोड़ा नुकसान हुआ था। अनावश्यक कलह

क्यों की जाए, यह सोचकर हम आगे बढ़ गए। मगर रास्ते की सभी गाड़ियाँ रुक गईं। सभी चालक एक-दूसरे से अपरिचित थे। एक ने हमसे गाड़ी को एक तरफ खड़ी करने को कहा। पास आकर हमारी खैरियत पूछी। दूसरे ने टक्कर मारनेवाली गाड़ी का पीछा कर उसका नंबर नोट किया। तीसरे ने पुलिस को फोन किया। थोड़ी ही देर में पुलिस की गाड़ी आई। उसने वायरलेस से संदेश भेजा। 15 मिनट में पुलिस की दूसरी गाड़ी टक्कर मारनेवाली गाड़ी को लेकर वहाँ आई। हमारी तथा दूसरे वाहन चालकों की गवाहियाँ ली गईं, दोषी वाहन चालक से जुर्माना वसूलकर रसीद दी गई। हमें हमारी निर्दोषिता का प्रमाण-पत्र देकर गाड़ी को मरम्मत हेतु बीमा कंपनी के पास भेजने को कहा गया। कुछ ही क्षणों में सभी अपने-अपने रास्ते चले गए। यह सब आधे घंटे में हो गया। दुर्घटना के समय पुलिस सामने नहीं थी। केवल नागरिकों द्वारा स्वप्रेरणा से जवाबदारी निभाने के कारण हमें न्याय मिल सका। दोषी को दंड पत्र मिला।

मुंबई-पुणे में यदि दुर्घटना होती है तो हम घायलों की मदद करने से तो घबराते ही हैं, आरोपी को पकड़ने भी नहीं दौड़ते। मवाली लोग रेल में स्त्रियों को परेशान करते हैं यह देखकर हम मुँह फेर लेते हैं। कभी हम किसी गुंडे को चोरी करते हुए अथवा किसी को डराते हुए देखते हैं तो भी 'हमने देखा ही नहीं' ऐसा दिखावा करते हैं। इस कारण समाज में गुंडों को मौका मिल जाता है। धीरे-धीरे आतंकवादी भी ऐसे संवेदनाहीन समाज का फायदा उठाते हैं। सन् 1992 के आतंकवादी हमले में पाकिस्तान से आर.डी.एक्स. विस्फोटक पदार्थ आया। वह आया ही कैसे? तटरक्षक दल, कस्टम अधिकारी, बंदरगाह के किनारे पर रहनेवाले क्या कर रहे थे? अपराध तथा आतंकवाद का सक्रिय विरोध नहीं किया तो हम ही उसके शिकार बनेंगे यह बात उनके ध्यान में नहीं आई? हमला होने पर हम केवल घायलों की मदद करें और अपराधी की ओर से नजर फेर लें तो यह एक प्रकार का दोगलापन ही है।

मैं अपने चीन यात्रा के दौरान बीजिंग से लगभग 250 किलोमीटर दूर एक गाँव में किसानों के घर गया था। आम किसान के घर में बिजली, पानी, लैट्रिन, फोन, टी.वी. आदि सभी सुविधाएँ थीं। वे किसान दूध का कारोबार कर खुश थे। केवल 10 वर्ष में वहाँ दूध उत्पादन लगभग 10 गुना बढ़ गया था। इस कारण लागत न बढ़ाकर भी उनकी आय बढ़ गई थी। उनको मिलनेवाला लाभ वे बच्चों की पढ़ाई, दुग्ध व्यवसाय के प्रसार, तथा उनको ग्राम विकास के अन्य कामों में खर्च करते हैं। क्या भारतीय गायों तथा भैंसों के दुग्ध उत्पादन की वृद्धि के लिए सामान्य

कृषकों को भारत में नियमित रूप से कोई मार्गदर्शन दिया जाता है? पुणे के चितले बंधु, गुजरात के अमूल अपवाद हैं। मगर भारतीय किसान सामान्यत: गरीब ही बना हुआ है। किसान के बच्चे कुपोषण के शिकार होते हैं। इसी कारण पिछले 10–15 वर्षों से किसान आत्महत्या पर विवश हो रहे हैं।

चीन में समृद्धि है, वहाँ के सभी किसान बहुत संतुष्ट हैं, ऐसा नहीं है। चीन में लोकतंत्र इसलिए न होते हुए भी वे प्रदर्शन, अधिकारियों के खिलाफ आंदोलन अथवा अन्य मार्गों से अपना विरोध व्यक्त करते हैं। ऐसे विरोध वहाँ बड़ी संख्या में होते रहते हैं। चीनी किसान नक्सलवादी मार्ग पर चलकर हिंसा में भाग नहीं लेता न ही वह आत्महत्या करता है। वह आधुनिक प्रौद्योगिकी तथा व्यवस्थापन का लाभ लेता है तथा जरूरत पड़ने पर दमन का विरोध करते हुए अपना जीवनयापन करता है।

चीन के प्रमुख राजनीतिक नेता हमेशा किसान, गरीबी तथा भुखमरी के बारे में बोलते रहते हैं। अमेरिका की राजनीति, सिने अभिनेताओं के जीवन, उद्योगपतियों के साथ पाँच सितारा होटलों में मेजबानियाँ जैसी बेकार की बातों में अपना समय नष्ट नहीं करते। इसका अर्थ चीनी नेता बहुत शुद्ध हैं ऐसा भी नहीं है। अनेक नेताओं के बच्चे पूँजीवादी बन गए हैं तथा सरकारी ठेके लेते हैं। मगर किसानों को यह पता चलने पर वे ऐसे प्रकल्पों का विरोध करते हैं। चीन की राजनीति अधिकतर विकास की है। राजनेताओं के साथ किसानों का अकसर संघर्ष होते हुए भी वहाँ की सकारात्मक राजनीति को हमें ध्यान में रखना चाहिए। वहाँ की सरकार ने आर्थिक सुधारों की शुरुआत खेती से की है। किसानों ने भी नक्सलवाद के बजाय वैधानिक मार्गों से विरोध करते हुए आधुनिक प्रौद्योगिकी के प्रयोग से कृषि का विकास किया है।

सामाजिक परिवर्तन का अर्थ सभी पुरानी बातों का त्याग करना नहीं है। परिवर्तन को इस अर्थ में लेना उचित नहीं होगा। अनेक देशों ने सैकड़ों साल तक अपनी सरकारें, संस्थाएँ तथा विचार सफलतापूर्वक चलाए हैं। दमिश्क जाने पर मैं वहाँ के पुराने बाजार में जाता हूँ। यह बाजार पिछले 2500 वर्षों से अस्तित्व में है। उसमें बिकनेवाली वस्तुएँ समय के अनुसार बदलती गईं, मगर दुकानें ईसापूर्व से बनी हुई हैं। फिर भी वे हमेशा संपन्न दिखाई देते हैं। इस बाजार के सामने उम्मायुद मसजिद है। वहाँ लोग पिछले 2500 वर्ष से प्रार्थना कर रहे हैं। पहले वहाँ रोमन लोगों का ऊँचे स्तंभोंवाला प्रार्थना स्थल था। फिर ईसाइयों ने वहाँ चर्च बनाया। आज भी उस स्थान पर पुराने चर्च तथा उसके पूर्व के रोमन प्रार्थना स्थल के भागों

को व्यवस्थित रूप से संरक्षित कर रखा गया है। पिछले 2500 वर्ष में दमिश्क में धर्म परिवर्तन हुआ, मगर यह पुराना बाजार तथा उसके सामने का प्रार्थना स्थल वैसा ही बना हुआ है। नवीन धर्म के प्रार्थना स्थल के निर्माण के समय पुराने धर्मों के प्रार्थना स्थलों के हिस्सों को वैसे ही संरक्षित करके सुरक्षित रखा गया है।

इटली जाने पर मैं कागज की दुकान 'फैब्रियानो' में अवश्य जाता हूँ। वहाँ चित्रकला के लिए आवश्यक उच्च कोटि का कागज मिलता है। वहाँ कागज से बनाई गई आकर्षक उपहार योग्य वस्तुएँ भी मिलती हैं। यह दुकान सन् 1264 से है। अभी भी एक ही परिवार उसे चला रहा है। अब उसकी अनेक शाखाएँ भी खुल गई हैं। हम सात सौ साल तक कोई दुकान चला सकते हैं? कोई भवन 30-40 वर्ष पुराना होने पर हम उसे बिल्डर को बेचकर पैसा बनाने में धन्यता मानते हैं। सुप्रसिद्ध चित्रकार मायकल एंजेलो 'फेब्रियानो' से कागज क्रय किया करता था। आज यूरो के नोटो की छपाई भी इसी दुकान के कागज पर होती है।

ज्यूरिक के समीप एगिलासो नामक एक गाँव है। हाईन नदी के किनारे अंगूर की वादियों से घिरा घने जंगलों के बीच बसा यह गाँव है। एक बार गरमियों में वहाँ के एक होटल में मैं ठहरा हुआ था। वह होटल पाँच सौ वर्ष पुराना है। उसके कमरों में रखी अलमारियाँ ढाई-तीन सौ वर्ष पुरानी हैं। इतने वर्षों से इस होटल का व्यवसाय अखंड रूप से चल रहा है। गाँव में घूमने पर पाँच-छह सौ वर्ष पुराने अनेक मकान दिखाई देते हैं।

लंदन में ऑक्सफोर्ड तथा कैंब्रिज विश्वविद्यालय भी पाँच सौ वर्ष से अधिक पुराने हैं। उनमें तभी से विद्यादान का कार्य अखंड रूप से चल रहा है।

हम अपना भूतकाल भूल गए हैं। राजस्थान के कई प्रासाद अब होटल में परिवर्तित हो गए हैं। रायगढ़ जैसे किले उपेक्षा का शिकार हो गए हैं। भूतकाल की अनेक मूल्यवान वस्तुओं के दुर्लभ खजाने को हम अनदेखा कर रहे हैं। हम अपनी राष्ट्रीय अस्मिता में नहीं रमते। महापुरुषों के पुतले सड़कों पर खड़े कर हम अपने कर्तव्यों की इतिश्री मान लेते हैं। 'फेब्रियानो' के मालिक अपनी दुकान अभी और हजार वर्ष तक चल सके ऐसा प्रयास करते दिखाई देते हैं। हमारे यहाँ नालंदा जैसा विश्वविख्यात विश्वविद्यालय बंद हो जाने पर भी हमें किंचित् भी दुःख नहीं होता। कविवर रवींद्रनाथ ठाकुर का निधन हुए अभी सौ साल भी नहीं हुए, मगर शांति निकेतन की स्थिति जिस प्रकार दयनीय हो गई है, उसे देखकर हमारी गरदन शर्म से झुक जानी चाहिए। हमें आत्मालोचन करने की आवश्यकता है। हमें ईमानदारी से वह करना चाहिए। मेकडोनॉल्ड-कोकाकोला, हॉलीवुड तथा बॉलीवुड के सिनेमा

से हमें अब बाहर आना पड़ेगा। भारत की अतिशय समृद्ध परंपरा का संरक्षण करना होगा। हमारे ऐतिहासिक वैभव की केवल चर्चा करने के बजाय हमारी संस्थाएँ हजारों वर्ष तक कैसे चलेंगी तथा उनके द्वारा सकारात्मक परिवर्तन कैसे होंगे, इसका विचार करना पड़ेगा। उसके लिए हमें आत्मविश्वास पैदा करना पड़ेगा। भारत में यदि सकारात्मक राजनीति, समाजनीति तथा अर्थनीति अपनाई गई तो आगे के अनेक मार्ग हमें दिखाई देने लगेंगे। हमारी सामाजिक मनोवृत्ति सामान्यत: सकारात्मक नहीं होती। कोई आगे बढ़ता है, तो उसका पैर कैसे पीछे खींचा जाता है यह हम जानते हैं, मगर इस खींचतान में हम भी गिरते हैं, यह हमारे ध्यान में नहीं आता। सकारात्मक राजनीति में यदि दूसरे को हाथ दिया तो दोनों ही ऊपर उठ सकते हैं।

तुर्की के प्रधानमंत्री अर्दोगान, इजरायल के मंत्री एफ्रेम स्नेह, अरब महासंघ के प्रमुख आम्रे मुसा, जर्मनी के उप-विदेशमंत्री हॉयर, उत्तरी आयरलैंड के पूर्व सभापति लॉर्ड ऑल्डर डाईस, अमेरिका के प्रसिद्ध सांसद सैमब्राउन बैंक, कनाडा के पूर्व प्रधानमंत्री पॉल मार्टिन जैसे अनेक नेताओं ने उनके देश के विकास के संबंध में मुझसे चर्चा की तथा सलाह माँगी। उसमें उन्हें संकोच नहीं हुआ। दूसरों से वे नई कल्पनाएँ लेते हैं। उसी प्रकार स्वयं के देश में विपक्ष के नेताओं से भी देशहित के लिए हमेशा बातचीत करते रहते हैं। राष्ट्र के निर्माण में वे राजनैतिक विवाद आड़े नहीं आने देते। इसीलिए इन देशों की प्रगति होती है।

औद्योगिक दृष्टि से विकसित देशों के श्रमिक कभी भी व्यर्थ में हड़ताल नहीं करते। जापान में हड़ताल की व्याख्या काली पट्टी बाँधकर हमेशा से अधिक काम करना, यह है। यूरोप तथा अमेरिका में कामगार संगठन तथा उद्योग समूह के मालिक एक साथ बैठकर कामगारों का भला कैसे होगा तथा कामगारों की उत्पादन क्षमता कैसे बढ़ेगी, इसके लिए विचार-विमर्श करते हैं।

विविध पार्टियों में स्पर्धा यह तो लोकतंत्र का भाग है। मगर अपने देश के विकास के लिए राजनीतिक पार्टियों द्वारा मिलकर योजना बनाना लोकतांत्रिक समाज की परिपक्वता का परिचायक है। उद्योगपति तथा कामगार संगठनों का एकत्र होकर पर्यावरण के संतुलन को सँभालनेवाले उत्पादनों को बढ़ाना तथा लाभ में कामगारों को भी समुचित हिस्सा देना, यह परिपक्व अर्थनीति का द्योतक है। सारी दुनिया आगे दौड़ रही है, मगर हम जोड़-घटाव के गणित में उलझकर पिछड़े बने हुए हैं। जब हम विधायक दृष्टिकोण अपनाएँगे तभी हमें योग्य दिशा मिल सकेगी, अन्यथा आगे की पीढ़ी को भी हम कुछ नहीं दे सकेंगे। उनकी भी अधोगति

के लिए हम ही जिम्मेदार होंगे। दिन-प्रतिदिन बढ़नेवाली वैश्वीकरण की प्रक्रिया में हमें मिल रही चुनौतियाँ भी बढ़ रही हैं। ऐसे तूफान में हमें एक-दूसरे की सहायता से अपनी नौका को पार लगाना है।

दुनिया के अनेक देशों ने भूकंप तथा प्रलय जैसी अनेक प्रकार की विपत्तियों से अपने नागरिकों को बचाया है। प्राकृतिक विपदा यानी पैसे कमाने का नया मार्ग ऐसी भावना कुछ स्वार्थी प्रवृत्ति के नेताओं तथा कुछ स्वयंसेवी संगठनों में भी दिखाई देती है। मगर विदेशों में ऐसा नहीं है। अमेरिका के कैलिफोर्निया तथा जापान में हमेशा ही भूकंप आते रहते हैं। कभी वे 5 अथवा 6 रिक्टर स्केल पर भी होते हैं। मगर कैलिफोर्निया अथवा जापान में इस कारण एक भी व्यक्ति की मृत्यु नहीं होती। वहाँ के मकानों का निर्माण भूकंप का विचार करनेवाले स्थापत्य शास्त्र के आधार पर होता है तथा शहर बसाते समय भूकंप में मनुष्य की हानि न हो इस बात का ध्यान रखा जाता है। जिन देशों में मकान बनाते समय इसका ध्यान नहीं रखा जाता, राजनेता तथा अधिकारी गलत मार्ग से निर्माण की अनुमति देते हैं, निर्माणकर्ता लाभ बढ़ाने के लिए घटिया सामग्री का उपयोग करते हैं, उसमें मिलावट करते हैं, ऐसे देशों में भूकंप होने पर हजारों ही नहीं लाखों लोगों की मौत होना निश्चित है।

किसी बड़े भूकंप में कितने लोग मरते हैं यह उस देश के राजनैतिक प्रशासन के स्तर और नागरिकों के सामाजिक मूल्यों पर निर्भर करता है। प्राकृतिक प्रकोप अथवा मानवीय लापरवाही के कारण उत्पन्न होनेवाली चुनौतियों में प्राणहानि का संकट हमारे समक्ष प्रमुख रूप से होता है। इस प्राणहानि को रोकने के लिए हम प्रत्येक स्तर पर सफल प्रयास कर सकते हैं। नैसर्गिक विपत्ति हो अथवा मानव निर्मित संकट, ऐसे समय मृत्यु पर कैसे विजय प्राप्त कर हम अधिकतम लोगों को जीवन दान दे सकते हैं, इसी का महत्त्व होता है।

बिगड़ी राजनीतिक तथा सामाजिक परिस्थिति हो या फिर प्राकृतिक अथवा मानव निर्मित विपत्ति, अथवा अन्य कोई समस्या, ये हमारे दैनिक जीवन को प्रभावित करती हैं, हमारे सामाजिक स्वास्थ्य पर भी असर डालती हैं। इसलिए उनसे घबराकर बैठने के बजाय, हमें उनसे निपटने का मार्ग ढूँढ़ना चाहिए। असंभव कुछ नहीं होता। हममें मानवता है, मगर सामाजिक समता तथा न्याय के लिए आग्रह भी होना आवश्यक है। एक ही दिन में सभी लोगों में परिवर्तन नहीं होगा, मगर किसी को कहीं से तो परिवर्तन की शुरुआत करनी ही पड़ेगी। एक बार शुरुआत हो जाए तो फिर बाद में उसकी गति भी बढ़ जाती है। हमारे देखते-देखते समाज परिवर्तित हो जाता है।

लगभग डेढ़ सौ वर्ष पूर्व अमेरिका में गुलामी का काल था। वह नष्ट होगी तथा कोई अश्वेत व्यक्ति अमेरिका का राष्ट्रपति बन जाएगा ऐसा कोई सपने में भी नहीं सोच सकता था। मगर कुछ लोगों ने गुलामी का विरोध किया। असंभव लगनेवाला परिवर्तन संभव हो गया। लगभग सन् 1990 तक लोग हवाई अड्डे पर, सिनेमाघरों तथा सड़कों पर धूम्रपान करते थे। उससे कैंसर होता है यह लोगों को पता चला। पहले हवाई जहाज में धूम्रपान पर पाबंदी लगाई गई। फिर हवाई अड्डे पर धूम्रपान बंद हुआ। बाद में सार्वजनिक स्थानों पर, सरकारी भवनों में और अन्य स्थानों पर भी बंदी लगाई गई। धीरे-धीरे लोगों ने धूम्रपान बंद कर दिया। मैं अपने घर में भी धूम्रपान नहीं करने देता। मेरे किसी नजदीकी मित्र को भी धूम्रपान करना हो तो मैं उसे बाहर धूम्रपान करके बाद में घर में आने को कहता हूँ। मेरी मित्रता में कोई कमी नहीं आई, उलटे मित्रों का धूम्रपान कम हुआ।

पहले स्त्रियों को कम अधिकार थे। इंग्लैंड अथवा अमेरिका के विकसित लोकतंत्रों में भी स्त्रियों को 100 वर्ष पूर्व ही मतदान के अधिकार दिए गए। अमेरिका में तो वेतन की समानता ओबामा के राष्ट्रपति बनने के बाद आई। भारत में स्वतंत्रता के बाद स्त्रियों को मतदान के अधिकार के लिए लड़ना नहीं पड़ा। पंचायत राज आने पर 33 प्रतिशत आरक्षण स्त्रियों के लिए रखा गया। संसद् में भी महिलाओं का प्रतिनिधित्व बढ़ाने के लिए प्रयत्न किए जा रहे हैं। लोकसभा अध्यक्ष एक दलित महिला नेत्री हैं। सबसे बड़े राजनैतिक दल की अध्यक्ष एक महिला हैं। देश की राष्ट्रपति भी महिला हैं।

जिस प्रकार गुलामी, धूम्रपान तथा स्त्रियों के अधिकारों में कमी जैसी बातें इतिहास में दफन हो चुकी हैं, उसी प्रकार भ्रष्टाचार, सामंतवादी प्रवृत्ति तथा भ्रष्ट व अकार्यक्षम लोकतंत्र को भी इतिहास में दफन करना संभव है।

हममें अगर अपने गाँव तथा शहरों को सुधारने की इच्छा हो तो उसके लिए बहुत समय अथवा बहुत अधिक व्यय की आवश्यकता नहीं होगी। यह वर्तमान आर्थिक ढाँचे में भी किया जा सकता है। इसके लिए जरूरत है केवल समाजोन्मुख नेतृत्व की तथा जागरूक नागरिकों की। हमारा विकास, समय अथवा धन की कमी के कारण नहीं रुका है। जब हमें दूरदृष्टिवाले नेता तथा जागरूक और सक्रिय नागरिक बड़ी संख्या में मिलेंगे तब थोड़े समय तथा कम लागत में देश से बेरोजगारी, बीमारी तथा भूख की समस्याएँ भी मिट जाएँगी।

इसके लिए भी किसी को तो शुरुआत करनी पड़ेगी। किसी व्यक्ति ने सबसे पहले जमीन पर एक लकीर खींचकर कहा कि यह जगह मेरी है। तभी से

निजी संपत्ति की धारणा समाज में रूढ़ हुई। किसी व्यक्ति ने पहली बार हाथ में हल पकड़ा तथा संपूर्ण जगत् में खेती की कल्पना रूढ़ हो गई। किसी व्यक्ति ने दो पत्थरों को घिसकर चिंगारी पैदा की और विश्व में ऊर्जा की कल्पना अस्तित्त्व में आई। किसी व्यक्ति ने 1, 0, 1, 0 ऐसे द्विमान अंकों की गिनती की तथा कंप्यूटर शास्त्र का निर्माण हो गया। किसी मनुष्य ने कविता कही और साहित्य का निर्माण हो गया। किसी मानव ने गुफा की दीवारों पर छोटे पत्थर से लकीरें खींचीं और कला का उदय हो गया। किसी ने ईश्वर की कल्पना बताई और धर्म का निर्माण हो गया। किसी ने दूरबीन तैयार की और हमारे मन का विस्तार विश्व के पार तक फैल गया।

किसी अज्ञात व्यक्ति द्वारा किए गए छोटे से बदलाव के कारण ही मानव संस्कृति का निर्माण हुआ है। कुछ शोधों के जनकों को हम जानते हैं, मगर जिन्होंने मूलभूत शोध किया है उनके बारे में हमें कुछ पता नहीं है। वेद तथा उपनिषद् लिखनेवाले कौन ऋषि थे हमें नहीं पता। मगर उनका उपयोग कर साम्राज्य खड़ा करनेवाले आधुनिक धर्मगुरुओं से हम परिचित हैं।

दुनिया का ताजा अनुभव देखकर यह स्पष्ट होता है कि, राजनीतिक तथा सामाजिक परिवर्तन के लिए अब बहुत अधिक प्रयास नहीं करने पड़ते। नागरिक यदि धैर्य तथा सक्रिय जागरूकता प्रदर्शित करते हैं तो नया सबेरा सहज संभव है। मगर इसके लिए परिवर्तन की शुरुआत हमें स्वयं से ही करनी होगी। भ्रष्टाचार तथा केवल अपने परिवार का ही भला करनेवाली राजनीति को समूल नष्ट करना पड़ेगा। बच्चों को अपने व्यवसाय में न खींचकर उन्हें स्वतंत्र रूप से जीवन जीने की शिक्षा देनी पड़ेगी। पात्रता न होने पर भी केवल विरासत के बल पर अपनी सत्ता बनाए रखने के लिए डॉक्टर का बेटा डॉक्टर, अभिनेत्री की बेटी अभिनेत्री, पुलिस अधिकारी का बेटा पुलिस अधिकारी बनना बंद होगा तभी सांसद का बेटा सांसद अथवा विधायक न बने ऐसा हम सोच सकेंगे। हम अपने घर में अपने लड़के में योग्यता न होते हुए भी उसे अपने व्यवसाय का वारिस बनाने का प्रयास करते हैं। यदि उसी प्रकार राजनीतिक नेता भी अपने बेटे को अपना वारिस बनाने का प्रयास करता है तो उसमें गलत क्या है?

परिवारवाद रोकने के साथ ही, रिश्वत न देना भी सामान्यजनों की जिम्मेदारी है। अपनी नैतिक अधोगति केवल राजनीतिक क्षेत्र तक मर्यादित नहीं है। स्वयं को सफेदपोश कहनेवाले बैंकों तथा वित्तीय संस्थाओं के अधिकारी आर्थिक घोटाले करते हैं। शेयर बाजार में उठापटक करते हैं। अनेक उद्योगपतियों को परिचय के

कारण अथवा रिश्वत लेकर कर्ज देते हैं। कर्ज वापसी के प्रयास नहीं करते। हमें यदि स्वच्छ राजनीति चाहिए तो पहले स्वच्छ अर्थनीति भी लानी पड़ेगी। इसके लिए लोगों को जागरूक रहकर आर्थिक व्यवहारों पर नजर रखनी पड़ेगी। यह काम सेवाभावी संस्थाएँ ही कर सकती हैं। प्रसार माध्यम तथा नुक्कड़ नाटक तथा सभाओं जैसे पुराने माध्यमों का उपयोग कर घोटाले करनेवाले उद्योगपतियों की वास्तविकता लोगों के सामने लानी चाहिए। ऐसे उद्योगपतियों के माल अथवा शेयरों का लोगों द्वारा बहिष्कार करना चाहिए। कुछ उद्योग समूह रत्नों का व्यवसाय करते समय अफ्रीका के गरीब देशों का शोषण करते हैं तथा स्थानीय जमातों में अपने स्वार्थ के लिए संघर्ष भी करवाते हैं। ऐसी जानकारी मिलने पर यूरोप, अमेरिका के ग्राहकों ने इन उद्योगों द्वारा तैयार किए गए रत्नों का बहिष्कार कर दिया था। इससे वे उद्योग समूह अपना व्यवहार बदलने को मजबूर हो गए। उन्होंने अपने व्यवहार के तत्त्वों को बदल दिया। भारत में भी जागरूक नागरिक यहाँ के व्यापारियों को ऐसा ही सबक सिखा सकते हैं।

हमारे यहाँ मानवता, उद्यमिता, लोकतंत्र तथा कुछ अन्य मूल्य भी हैं। उनमें से कुछ मूल्यों के बारे में हमारे मन में संभ्रम है तो कुछ मूल्यों को हम काल बाह्य मानने लगे हैं। हमारे पास जो है उसका सकारात्मक उपयोग कर, अहिंसात्मक मार्ग से परिवर्तन किए जाएँगे तो एक नवीन समाज का निर्माण हो सकेगा।

मेरे मित्र ने मुझे एक कहानी सुनाई। उसने भी वह किसी से सुनी थी। एक तालाब के किनारे सौ बंदर बैठे थे। वे शक्करकंद खा रहे थे। शक्करकंद में लगी मिट्टी के साथ ही बंदर उन्हें खा रहे थे। गलती से एक बंदर के हाथ से शक्करकंद तालाब में गिर गया। उसके द्वारा उसे उठाने पर वह धुलकर साफ हो गया था। बंदर को उसका स्वाद अच्छा लगा। उसने दूसरे शक्करकंद को स्वयं ही पानी में डालकर निकाला। स्वच्छ होने पर उसे स्वाद से खाया। उसकी देखा-देखी दूसरे बंदर ने भी ऐसा ही किया। सारे शक्करकंद उसने धोकर खाए।

धीरे-धीरे चौथे तथा पाँचवे बंदरों ने भी पहले दो बंदरों की देखा-देखी शक्करकंद धोकर खाना शुरू किया। उनको देखकर अन्य बंदरों ने भी ऐसा किया तथा अंत में सभी सौ बंदर शक्करकंद धोकर खाने लगे। तब चमत्कार हुआ। उस द्वीप के सभी बंदरों ने शक्करकंद धोकर खाना शुरू कर दिया। जिन बंदरों ने पहले सौ बंदरों को नहीं देखा था उन को भी शक्करकंद धोकर खाने की आदत लग गई थी। कुछ ही समय में अन्य द्वीपों के बंदरों में भी शक्करकंद धोकर खाने की आदत लग गई। कुछ ही महीनों में यह आदत संपूर्ण प्रदेश के बंदरों ने अपना ली तथा बंदरों

के शक्करकंद खाने की पद्धति हमेशा के लिए बदल गई।

गंदे शक्करकंद तथा अस्वच्छ राजनीति और घोटालों की अर्थनीति, इनमें बहुत फर्क नहीं है। हम उसके आदी हो चुके हैं। यदि कुछ लोग इस आदत को बदल दें तो धीरे-धीरे यह बदलाव सर्वव्यापी बन जाएगा।

दुनिया में सब ओर रचनात्मक परिवर्तन संभव है। तुर्की, मलेशिया, सिंगापुर जैसे देशों में यह अल्पसमय में ही हो गया है। उसके लिए रक्तरंजित क्रांति अथवा धन के सहयोग की जरूरत नहीं पड़ी। नागरिकों ने स्वयं स्वच्छता से लेकर अनेक कार्यक्रमों को लागू किया। भ्रष्टाचारी, सामंतवादी तथा अकार्यक्षम नेताओं की केवल आलोचना करने के बजाय हम उसके लिए कितने जागरूक हैं यह राजनेताओं को प्रत्यक्ष दिखाना पड़ेगा। साथ ही राजनीतिज्ञों से उनकी विश्वसनीयता के लिए जवाब भी माँगना पड़ेगा। यदि सब लोग ऐसा करने लगेंगे तो समाज के बदलने में देर नहीं लगेगी। यह विचार भी दूध पीनेवाले गणेशजी की भाँति एक दिन में दुनियाभर मैं फैल सकता है। यह विचार फैला तथा नागरिक कार्यक्षम अधिकारियों के पीछे खड़े रहे तो स्थिति में फर्क पड़ सकता है।

संत रामदास ने कहा है, ''प्रयत्न करने से ही परिवर्तन होता है, पहले प्रयत्न तो प्रारंभ करें।'' हमें पहले अपने भटकते मन को एक लक्ष्य पर केंद्रित करना पड़ेगा। उसके लिए कुछ प्रयोग करने होंगे। वेद, उपनिषद, गीता, कौटिलीय अर्थशास्त्र इन भारतीय ग्रंथों ने तत्कालीन ग्रीक तथा चीनी दर्शन के साथ मिलकर आधुनिक दर्शन की नींव डाली। हम उसमें से राजनीतिक तथा सामाजिक सिद्धांतों को सीख सकते हैं। उसकी ही आज सर्वाधिक जरूरत है। पिछले 500 वर्षों में हॉब्स, लॉक, रूसो, कांट तथा रसेल ने इस दार्शनिक चर्चा को आगे बढ़ाया। उस दौरान हमारी वैचारिक प्रगति के अधिक न होने के कारण दुनिया के राजनीतिक तथा सामाजिक आदर्शों को हम कैसे अमल में ला सकते हैं, इसका भी अध्ययन हमें करना होगा। वेदों को भुलाकर मार्क्स को गले लगाना, आर्यभट्ट को भुलाकर कॉपर्निकस की पूजा करना, कौटिल्य को परे रखकर केन्स से सबक प्राप्त करना यह व्यवहार हमारी राष्ट्रीय आत्मविश्वास की कमी दरशाता है। मगर उसी के साथ हमारी तीन हजार वर्ष पुरानी प्रगति की शेखी बघारकर आधुनिक ज्ञान की ओर पीठ फेरना भी मूर्खता ही है। 21वीं सदी का भारत पूर्व तथा पश्चिम दोनों ओर के आदर्श तत्त्वों के आधार पर अपना रास्ता तय करनेवाला होना चाहिए।

हमारा सर्वांगीण तथा सामूहिक विकास हो सके इसके लिए हमको एक जिम्मेदार राजनीतिक नेतृत्व की आवश्यकता है। इसके लिए जनता को आगे आकर

सुयोग्य नेतृत्व का निर्माण करना पड़ेगा। उसके लिए राजनीतिक दलों की परिवारवादी तथा पारंपरिक राजनीतिक पद्धति का त्याग करना पड़ेगा। परिवर्तन लाते समय यह ध्यान में रखना चाहिए कि हिंसा से कुछ साध्य नहीं होता। परिवर्तन का अर्थ सभी पुरानी बातों का त्याग करना नहीं है। हजारों अथवा कम-से-कम सैकड़ों वर्ष तक सामाजिक संस्थाओं को अखंडित और सुचारु रूप से कार्यरत रखकर उनके माध्यम से सकारात्मक परिवर्तन करने की कला हमें सीखनी होगी। गुणात्मक राजनीति तथा अर्थनीति अपनानी होगी। आत्मविश्वास तथा अच्छे मूल्यों के आधार पर दुराग्रही शक्तियों को झुकाना होगा। जीवन का मूल्यमापन सफलता अथवा असफलता के आधार पर न करते हुए उचित अथवा अनुचित के मापदंड पर करना होगा। उसमें से ही हमें एक दिशा मिलेगी।

□

नियति, निश्चय, निर्माण

न्यूयॉर्क के 'वर्ल्ड ट्रेड सेंटर' पर अलकायदा के आतंकवादियों ने 11 सितंबर, 2001 को आत्मघाती हमला कर जुड़वा मीनारों को ध्वस्त कर दिया था। उससे सारी दुनिया में तहलका मच गया। उससे जो हानि हुई उसकी खबर बाद के दिनों में आती रही। मगर उसमें कुछ बातें छुपी रहीं। 110 मंजिल की इन इमारतों को बनाते समय उनकी नींव मजबूत रहे, इसलिए वास्तुविदों ने उनसे सटकर पाँच छोटी इमारतें भी बनाई थीं, उसमें से 22 मंजिलों की एक इमारत तो इन दोनों मीनारों को आपस में जोड़ती थी। सन् 1981 में उसे मॅरियट वर्ल्ड ट्रेड सेंटर के नाम से होटल में रूपांतरित कर दिया गया था। यह इमारत भी वर्ल्ड ट्रेड सेंटर के साथ इस हमले में पूरी तरह ध्वस्त हो गई। उसमें कोई भी जीवित नहीं बचा था।

यह हमला हुआ उस दिन होटल के ग्रींस कैफे में अंतरराष्ट्रीय सुरक्षा तथा शांति विषय पर मेरे साथ चर्चा के लिए अमेरिका के विचारक आनेवाले थे। 10 सितंबर की रात को उस होटल में निवास हेतु बुकिंग भी कर दी गई थी। मेरी सहयोगी इल्मास फतेह अली पहले ही न्यूयॉर्क पहुँच गई थी। कार्निगी कौंसिल फॉर इथिक्स इन इंटरनेशनल रिलेशंस इस अंतरराष्ट्रीय संस्था के कार्य के निमित्त दूसरे होटल में ठहरी थी। उनका होटल न्यूयॉर्क के उत्तरी हिस्से में यानी वर्ल्ड ट्रेड सेंटर से दूर था। मेरा न्यूयॉर्क पहुँचना जरूरी था। मैंने तैयारी भी कर रखी थी। मगर नियति के मन में कुछ और ही था। मैं अमेरिका न जा सकूँ ऐसी स्थिति बन गई। ऐन वक्त पर मुझे यात्रा रद्द करनी पड़ी और मैं उस हमले में बलि होने से बच गया, अन्यथा मृतकों की सूची में मेरा भी नाम दिखाई दिया होता।

अमेरिका की मेरी यात्रा रद्द होने का कारण था चीन से अचानक बुलावा आना। 'अंतरराष्ट्रीय सुरक्षा तथा शांति' और 'भारत की कृषि व्यवस्था व दुग्ध

व्यवसाय का भविष्य' इन दोनों विषयों पर प्रतिवेदन बनाने का मेरा काम समांतर रूप से चल रहा था। चीन के कृषि वैज्ञानिक, शासकीय अधिकारी तथा नेताओं के साथ अनेक महत्त्वपूर्ण चर्चा सत्र बीजिंग में होने थे, चीन द्वारा कृषि क्षेत्र में की गई प्रगति की जानकारी उसमें मुझे मिलनेवाली थी। अमेरिका के सुरक्षा विशेषज्ञों तथा चीन के किसानों द्वारा मुझे 11 से 15 सितंबर की तारीख दी गई थी। चीन के नेता आग्रही होते हैं। निश्चित तारीखों में वे अमूमन परिवर्तन नहीं करते। उनकी तिथियों पर यदि मैं वहाँ न जाता तो फिर मुझे 6-7 माह तक दूसरी तिथियाँ नहीं मिलतीं और भारतीय किसानों से संबंधित मेरा प्रतिवेदन भी पूरा नहीं हो पाता। इसलिए अंतरराष्ट्रीय सुरक्षा तथा शांति के विषय के स्थान पर मैंने किसानों की समस्याओं को प्राधान्य दिया तथा अमेरिका की बुकिंग रद्द कर 11 सितंबर को शंघाई जा पहुँचा।

अब जब मैं वर्ल्ड ट्रेड सेंटर के हमले को याद करता हूँ, तो मेरे शरीर के रोंगटे खड़े हो जाते हैं। इस दुर्घटना में नियति ने मुझे जीवनदान दिया था। वह एक उद्देश्य के लिए। नियति अपने अस्तित्व का परिचय अच्छी अथवा बुरी घटनाओं के माध्यम से देती है, मगर उसका अंतिम ध्येय सकारात्मक कृति ही होता है। इसका अनुभव मुझे जीवन में अनेक घटनाओं से प्राप्त हुआ है। नियति तथा निश्चय दोनों के मिलाप से नव निर्मिति होती है। यह जीवन का मूलभूत तत्त्व है। नियति के संकेतों को समझकर किए गए निश्चय पर यदि हम स्थिर रहें तो एक नवनिर्मिति का आनंद हम अपने साथ अपने आस-पास के लोगों तथा समाज को भी दे सकते हैं। वर्ल्ड ट्रेड सेंटर पर हमले के बाद सारी दुनिया आतंकवाद के खतरे तथा शांति के महत्त्व से परिचित हुई थी। इसके कारण ही विश्व स्तर पर हमारे द्वारा किए जा रहे कार्य को अनेक लोगों का समर्थन मिलने लगा। संघर्ष तथा शांति भंग की जड़ तक जाने का हमने निश्चय किया। रोग का उपचार करने के बजाय रोग न हो इस बात का प्रयास करते हुए उसे समूल नष्ट करने के लिए क्या किया जा सकता है, यह जानने का हमारा प्रयास था।

भविष्य का अनुमान लगाने के लिए 'सिनेरियो प्लानिंग' नामक एक नवीन तंत्र विकसित हुआ है। इस तंत्र के अनुसार राजनैतिक, सामाजिक, आर्थिक, धार्मिक ऐसी अनेक बातों का विश्लेषण कर आगामी 15-20 वर्षों में कौन-सी नई परिस्थिति जन्म लेगी, इसका अनुमान लगाया जाता हैं। एक प्रकार से यह आधुनिक कुंडली बनाने जैसा है। मगर इसमें ग्रह-तारों के बजाय वैज्ञानिक घटनाक्रम को आधार बनाया जाता है। उसके सहारे भविष्य का अनुमान लगाया जाता है जिससे सामाजिक

हित के लिए कदम उठाने में मदद मिलती है। सन् 2001 में अमेरिका का रक्षा विभाग तथा बहुराष्ट्रीय तेल कंपनियों को यह तंत्र अवगत था। इसके साथ ही शेल कंपनी से सेवानिवृत्त हुए कुछ अधिकारियों ने अमेरिका के बर्कले विश्वविद्यालय के परिसर में एक निजी संस्था प्रारंभ की थी, जिसमें इस तंत्र के आधार पर वे बड़े उद्योग समूहों को सलाह देते थे। मगर इस अतिशय परिणामकारी तंत्र का उपयोग समाज, राष्ट्र तथा विश्व के विकास के लिए भी हो जिससे विश्व में शांति प्रस्थापित हो सके, इस दृष्टि से कार्य करनेवाली कोई संस्था विश्व में कार्यरत नहीं थी। यह मेरे ध्यान में आया। इसलिए मैंने राजनीति, समाजनीति तथा अर्थनीति के आधार पर इस तंत्र के माध्यम से विश्व शांति के लिए नूतन विचारों के निर्माण हेतु एक संस्था के निर्माण का निश्चय किया। चूँकि विश्व को ग्रस रहे आतंकवाद तथा अशांति के विकारों का उपाय खोजना हम सबके भविष्य के लिए अत्यंत आवश्यक हो गया था।

इस निर्णय को मैं एक विशिष्ट मर्यादा तक ही आगे ले जा सकता था। इस व्यापक विषय पर सातत्यता से कार्य करने के लिए तथा भविष्य के सही अनुमान लगाने के लिए आवश्यक तंत्र खड़ा करने के लिए मुझे समविचारी सहयोगियों की आवश्यकता थी। किसी भी कार्य को अकेले के बल पर प्रारंभ तो किया जा सकता है, मगर कुछ समय बाद वह सीमाबद्ध हो जाता है। निःस्वार्थ भाव से कार्य करनेवाले सहयोगी हों तो कार्य का विस्तार तेजी से होता है। ऐसे कई उदाहरण मेरी आँखों के सामने थे। सौभाग्य से इल्मास फतेह अली तथा श्रीकांत मेंजोगे जैसे समविचारी मित्रों के साथ चर्चा में उन्होंने इस कार्य में जुटने का मुझे विश्वास दिलाया। विश्वभर के दूसरे कई मित्रों ने भी सहयोग का आश्वासन दिया। तत्काल इस शुभ कार्य का श्रीगणेश हो गया।

विश्वस्तर पर शांति स्थापित हो, इसके लिए 'सिनेरियो प्लानिंग' तथा अन्य आधुनिक तकनीकी का प्रयोग करनेवाली एशिया की पहली संस्था 'स्ट्रेटेजिक फोरसाइट ग्रुप' की स्थापना मुंबई में 1 जनवरी, 2002 को हुई।

'पाकिस्तान का भविष्य' विषय पर संस्था ने सन् 2002 में एक प्रतिवेदन प्रकाशित किया। उस समय पाकिस्तान में राष्ट्रपति परवेज मुशर्रफ को जनमत का समर्थन मिल चुका था। तब हमने कहा था कि आगामी 5 वर्ष में मुशर्रफ पदच्चुत हो जाएँगे। दो वर्ष में ही उन्हें हटाने के प्रयास भी शुरू हो जाएँगे। उस समय की परिस्थिति में लोगों ने हमारे अनुमान पर आश्चर्य भी व्यक्त किया था। मगर हमारा अनुमान सही सिद्ध हुआ। दो वर्ष में ही उनकी हत्या का प्रयास हुआ तथा पाँच

नहीं तो छ: वर्ष में उन्हें हटा भी दिया गया।

पाकिस्तान के अतिरिक्त पश्चिम एशिया, मध्य एशिया, दक्षिण एशिया आदि एशिया के विविध भागों के भविष्य के बारे में तथा अंतरराष्ट्रीय आतंकवाद के संबंध में भी हमने अनेक प्रतिवेदन प्रकाशित किए। उसकी प्रतिध्वनि भारतीय संसद्, ब्रिटिश संसद् तथा दुनिया का भविष्य निर्माण करनेवाली डावोस परिषद् में भी हुई। यूरोपियन पार्लियामेंट तथा अरब राष्ट्रसंघ ने तो 'स्ट्रेटेजिक फोरसाइट ग्रुप' के साथ सहयोग का अनुबंध भी किया। इस अनुबंध द्वारा पश्चिमी राष्ट्रों तथा मुसलिम राष्ट्रों के बीच के वैमनस्य को खत्म करने का दायित्व हमें सौंपा गया था। साथ ही आतंकवाद के मूल को खोजकर उसके लिए वैश्विक उपाय योजना के लिए प्रस्ताव तैयार करने का दायित्व भी हमें सौंपा गया था। युरोपियन पार्लियामेंट के ब्रुसेल्स स्थित भवन में हमने पश्चिमी नेताओं के साथ मुसलिम नेताओं की बैठकें आयोजित कराई। उसमें सऊदी अरेबिया के राजकुमार से लेकर मलेशिया के पूर्व उप प्रधानमंत्री तक तथा डेनमार्क के पूर्व प्रधानमंत्री से लेकर अंडोरा के विदेश मंत्री तक अनेक लोगों का समावेश था। इसके अतिरिक्त अनेक देशों के प्रधान मंत्रियों ने मुझे व्यक्तिगत चर्चा के लिए भी आमंत्रित किया।

जून 2007 में लंदन के हाउस ऑफ लॉर्ड्स में लॉर्ड ऑल्डर डाइस ने मध्यपूर्व के देशों में शांति प्रक्रिया के लिए अरब लीग तथा यूरोप-अमेरिकी महाद्वीपों के राष्ट्रों के प्रतिनिधियों को आमंत्रित किया था। पहले लॉर्ड साहब उत्तर आयरलैंड की संसद् के सभापति थे। उत्तरी आयरलैंड में अनेक शतकों से चले आ रहे हिंसाचार को समाप्त करने में उनका महत्त्वपूर्ण योगदान रहा है। अब मध्यपूर्व के अरब देशों तथा इजरायल के बीच का संघर्ष समाप्त करने हेतु प्रयास करने की उनकी इच्छा थी। उसके लिए उन्हें स्ट्रेटेजिक फोरसाइट ग्रुप का सहयोग चाहिए था। उनके द्वारा आयोजित बैठक में अरब लीग के विशेष दूत तथा अमेरिका के उच्च अधिकारी ने संयुक्त रूप से स्ट्रेटेजिक फोरसाइट ग्रुप से निवेदन किया कि वह मध्यपूर्व के संघर्ष की—वहाँ के देशों तथा विश्व को क्या कीमत चुकानी पड़ेगी इसका विश्लेषण कर एक प्रतिवेदन जारी करे। यूरोप ने भी इसका समर्थन किया। संपूर्ण वैश्विक समूह द्वारा संयुक्त रूप से निवेदन किए जाने के कारण हमारी नैतिक जिम्मेदारी भी बढ़ गई थी। इजरायल तथा अरब दोनों राष्ट्रों को मान्य हो ऐसे तटस्थ राष्ट्रों पर इस अध्ययन का निरीक्षण करने की जिम्मेदारी सौंपी गई थी। इनमें तुर्की, नार्वे, स्विट्जरलैंड, व उस समय तटस्थ रहे कतार के प्रतिनिधि शामिल थे।

मध्यपूर्व के संघर्ष का कारण केवल आर्थिक ही नहीं वरन् सामाजिक, राजनीतिक, मानसिक, पर्यावरण संबंधी तथा ऐसे 100 से अधिक क्षेत्रों में होने वाले परिणाम तथा हानि के संबंध में साधार जानकारी जुटाने की हमने शुरुआत की। दुनिया में ऐसा प्रयोग पहली बार किया जा रहा था। हमारे शोधकर्ता भारतीय थे, मगर उनको मध्यपूर्व की 50 से अधिक संस्थाओं ने सहयोग देकर आवश्यक विविध प्रकार की जानकारी उपलब्ध कराई थी। ये संस्थाएँ मुख्य रूप से इजरायल, फिलिस्तीन, जॉर्डन, इराक, लेबनान, मिस्र, कतार, सऊदी अरेबिया, कुवैत आदि देशों की थीं।

'मध्यपूर्व के संघर्ष का मूल्य' शीर्षक से यह प्रतिवेदन जनवरी 2009 में प्रकाशित हुआ। संघर्ष के कारण अब तक मध्यपूर्व के लोगों का 12 हजार अरब डॉलर का नुकसान हुआ है यह इसका प्रमुख निष्कर्ष था। इसके अलावा पिछले आठ वर्षों में फिलिस्तीनी नागरिकों के 10 करोड़ घंटे इजरायली चेक नाकों पर व्यर्थ हुए, इस प्रकार की जानकारी भी उसमें थी। इस प्रतिवेदन के प्रकाशन के एक माह पूर्व इसका प्रारूप इजरायल, फिलिस्तीन व तुर्की के राष्ट्रप्रमुखों को दिया गया था। फिलिस्तीनी सरकार के अध्यक्ष मोहम्मद अब्बास, इजरायल के तत्कालीन प्रधानमंत्री एहूद ओल्मर्ट ने इस प्रतिवेदन का स्वागत करने के लिए संयुक्त विज्ञप्ति जारी करने का निश्चय किया। मगर दुर्भाग्य से इजरायल की सेना ने गाजा पट्टी पर हमला कर वहाँ फौजी भेज दिए। इस हमले में बड़ी संख्या में निर्दोष नागरिक मारे गए। इससे फिलिस्तीनी अध्यक्ष तथा तुर्की के प्रधानमंत्री संतप्त हो गए। इस कारण यह संयुक्त विज्ञप्ति जारी करने का काम रद्द हो गया। मगर संयुक्त राष्ट्रसंघ की जेनेवा बैठक में विश्व नेताओं के समक्ष इस प्रतिवेदन का प्रकाशन हुआ तथा विस्तार से चर्चा भी हुई। विश्व के नेता हमारे प्रतिवेदन से सहमत थे। ब्रिटेन की संसद् में भी इस प्रतिवेदन पर चर्चा हुई। अन्य देशों द्वारा भी धीरे-धीरे इस प्रतिवेदन का स्वागत किया गया। जॉर्डन के राजा, फ्रांस व जर्मनी के विदेशी मंत्री, मिस्त्र के विदेशी मंत्री, अरब लीग के महासचिव, इजरायल के नेता तथा दूसरे विश्व नेताओं ने प्रतिवेदन का स्वागत करते हुए संदेश भेजे। इस्तंबूल में अनेक देशों के केंद्रीय मंत्रियों की एक विशेष बैठक में इस प्रतिवेदन पर विचार किया गया।

प्रतिवेदन में मध्यपूर्व में शांति के लिए अनेक उपाय सुझाव गए थे। मध्यपूर्व में अब तक हुए संघर्ष का कारण भूमि विवाद था। मगर भविष्य में यह संघर्ष तेज होगा पानी को लेकर। पानी का यदि समय पर सुयोग्य नियोजन तथा वितरण हुआ तो मध्यपूर्व में भविष्य में शांति बनी रहेगी। इसलिए उसका गहराई से अध्ययन

होना चाहिए, ऐसी महत्त्वपूर्ण राय प्रतिवेदन में व्यक्त की गई थी। इस राय के आधार पर मध्यपूर्व में शांति प्रक्रिया के लिए पानी का वितरण कैसे किया जा सकता है इसका अध्ययन करने के लिए अंतरराष्ट्रीय समुदाय द्वारा हम से निवेदन किया गया। स्विट्जरलैंड तथा स्वीडन जैसे तटस्थ देशों की सरकारों ने आगे आकर हमें हर प्रकार का सहयोग तथा मर्गदर्शन देने का प्रस्ताव किया। वर्तमान में यह अध्ययन प्रगति पर है।

अध्ययन के साथ ही मध्यपूर्व की सरकारों के बीच चर्चा कराकर सहयोग के समझौते करवाने का कार्य भी हमें सौंपा गया है। टेगरिस व यूफ्रेटीस नदियाँ तुर्की, सीरिया तथा इराक में बहती हैं। ओरांटिस नदी सीरिया तथा लेबनान में बहती है। यार्मुक नदी सीरिया व जॉर्डन में बहती है। एक नदी की घाटी में जो योजनाएँ लागू की जाती हैं उसका प्रभाव दूसरी नदियों की घाटी में होता है। इसलिए तुर्की, सीरिया, इराक, लेबनान व जॉर्डन के बीच समझौते की पूर्व तैयारी करने का अवसर एक भारतीय संस्था को दिया गया है। इससे यह स्पष्ट होता है कि हम दुनिया में विधायक परिवर्तन करने में कितने सक्षम हैं। इसके साथ ही इजरायल तथा तुर्की व इजरायल व फिलिस्तीन की सरकारें उनके आपसी विवादों को सुलझाने के लिए मेरे साथ विचार-विमर्श करती हैं।

समांतर राजनीति के बिना दुनिया का गठन कैसे हो इस विषय पर भी हमारा चिंतन जारी है। सन् 2005 में कनाडा के तत्कालीन प्रधानमंत्री पॉल मार्टिन ने जी-20 ग्रुप की योजना बनाई। इस योजना को मूर्त रूप देने के लिए उन्होंने भविष्य का वेध लेनेवाली कुछ संस्थाओं से संपर्क किया। उसमें स्ट्रेटेजिक फोरसाइट ग्रुप भी शामिल था। मुझे याद है उस समय कई लोगों ने हमारी हँसी उड़ाई थी और जी 20 ग्रुप मात्र दिवास्वप्न सिद्ध होगा, ऐसी भविष्यवाणी की थी। बाद में पॉल मार्टिन चुनाव हार गए, मगर उनकी कल्पना 4-5 वर्ष के भीतर ही दुनिया में साकार हो गई।

वर्तमान जी-20 के स्वरूप में अभी कई खामियाँ हैं। चौथी औद्योगिक क्रांति तथा तीसरे महायुद्ध की छाया दोनों संभावनाएँ एक साथ ही अस्तित्व में आ रही हैं। इसलिए सारे विश्व का आर्थिक तथा राजनीतिक व्यवस्थापन का ढाँचा कैसा हो इस संबंध में हमारा शोध तथा विश्व नेताओं के साथ सलाह मशविरा अभी जोर शोर से चल रहा है। पिछले 10 हजार वर्षों में भारतीय, चीनी, अरबी, ग्रीक, रोमन आदि विविध संस्कृतियाँ थीं, मगर कभी भी वैश्विक संस्कृति नहीं थी। मगर जैविक शास्त्र में क्रांति के बाद राष्ट्रीय अथवा महाद्वीपीय दृष्टिकोण से

दुनिया को यदि देखा गया तो उसमें अनेक खतरे हैं। संपूर्ण विश्व को वसुधैव कुटुंबकम् की दृष्टि से कैसे देखा जा सकता है तथा उसके लिए विश्व का राजनीतिक ढाँचा कैसे तैयार करना पड़ेगा, यह अत्यंत कठिन चुनौती है। उसका सामना करने का साहस स्ट्रेटजिक फोरसाइट ग्रुप ने दिखाया है।

इस कार्य के चलते मुंबई में स्ट्रेटेजिक फोरसाइट ग्रुप द्वारा 'संपूर्ण विश्व का भविष्य तथा हमारा दायित्व' विषय पर एक अंतरराष्ट्रीय सेमिनार का आयोजन किया गया। इसका उद्घाटन भारत की राष्ट्रपति प्रतिभा देवीसिंह पाटिल ने किया। एशिया के भारत, पाकिस्तान, चीन, बँगलादेश के भावी आपसी संबंध केवल जल समस्या के कारण बिगड़ सकते हैं, इसलिए उसे टालने के लिए जल नियोजन करके शांति को अक्षुण्ण बनाए रखना चाहिए। हिमालय का तापमान बढ़ने से नदियों के सूखने की प्रक्रिया प्रारंभ हो गई है। हिमालय का ज्वर समय पर कम करने के लिए सामूहिक प्रयास प्रारंभ करने की आवश्यकता है। इस मुद्‍दे की गंभीरता स्पष्ट करने में यह सेमिनार सफल रहा। इसी में भारतीय उपमहाद्वीप में जल समस्याओं का अध्ययन करने की जिम्मेदारी भी हमें सौपी गई है। जून 2010 में एशिया महाद्वीप के जल मंत्रियों की बैठक सिंगापुर में आयोजित की गई थी। उस अवसर पर एशिया की जल समस्याओं के संदर्भ में हमारा प्रतिवेदन 'हिमालय की चुनौती' प्रस्तुत किया गया। प्रतिवेदन में बताया गया है कि आगामी 20 वर्षों में जलवायु परिवर्तन के कारण नदियों का प्रवाह सूखकर भारत, चीन, नेपाल, बँगलादेश में 250 अरब घन मीटर पानी की कमी होगी। उसी प्रकार सन् 2050 तक इन देशों में अनाज के उत्पादन में 40 से 50 प्रतिशत की कमी होगी। नवीन रोग, राजनीतिक अस्थिरता तथा कलह पाँव पसारेगी। ऐसा अनुमान हमने लगाया। साथ ही इन समस्याओं को मिलकर हल करने के लिए हिमालय की गोद में बसे देशों के परस्पर सहयोग की योजना भी हमने प्रस्तुत की तथा 'हिमालय आयोग' के तत्काल गठन का सुझाव दिया। इस विषय पर अभी भी हमारा शोधकार्य जारी है।

एक दशक पूरा होने के पूर्व ही स्ट्रेटेजिक फोरसाइट ग्रुप को वैश्विक मान्यता मिल गई। 11 सितंबर, 2001 के हमले में मेरी रक्षा कर नियति ने मुझे अवसर दिया था। उसके बाद जो कुछ घटित हुआ वह नियति के साक्षात्कार और उसमें से हुए निश्चय की निर्मिति थी। इसके पूर्व भी जीवन में अनेक बार नियति ने इसी प्रकार दर्शन देकर मुझे निश्चय करने की प्रेरणा दी थी।

इराक ने सन् 1991 में कुवैत पर हमला किया था। उस समय अमेरिका ने कुवैत की मदद करते हुए खाड़ी में घनघोर युद्ध किया था। उससे अरब राष्ट्रों

में नवीन संघर्ष दृष्टिगोचर होने लगा। उसी दौरान दो अमेरिकी विचारकों के लेख प्रकाशित हुए। अमेरिकी विदेश मंत्रालय के अधिकारी फ्रांसीस फुकोयामा ने 'दी ऐंड ऑफ हिस्ट्री' तो, हार्वर्ड विश्वविद्यालय के प्रो. सेम्युअल हटिंगटन ने 'क्लॅश ऑफ सिविलाइजेशन' शीर्षक से लेख लिखा। उनके विचारों तथा निष्कर्षों से खलबली मच गई। उसी समय मेरे मन में विचार आया कि दुनिया में तेजी से परिवर्तन हो रहा है, जिससे भविष्य में नई चुनौतियाँ उत्पन्न होंगी। उसमें से नए संघर्ष जन्म लेंगे। मानवजाति पर संकट के रूप में विश्वशांति संकट में आएगी। इसलिए शांत प्रक्रियाओं के अध्ययन के लिए अभी से एक संस्था होनी चाहिए। उन के अध्ययन के निष्कर्षों से सकारात्मक कार्यों को गति मिलेगी या फिर इस प्रक्रिया को शुरू होने में मदद मिलेगी।

यह विचार मन में चल रहा था कि उसी दौरान भारत के पूर्व प्रधानमंत्री राजीव गांधी से भेंट हुई। राजीव गांधी कैंब्रिज के विद्यार्थी थे तो मैं ऑक्सफोर्ड का। दोनों विश्वविद्यालयों के पूर्व विद्यार्थियों की दिल्ली में नियमित रूप से चायपान पर मिलने की परंपरा है। ऐसी ही भेंट में मैंने उन्हें अपनी संकल्पना बताई। उन्हें वह पसंद आई। उसी क्षण उन्होंने मुझे काम शुरू करने को कहा। चुनाव बाद मैं निश्चित रूप से प्रधानमंत्री बनूँगा, उसके बाद हम इस पर कार्य करेंगे, ऐसा उन्होंने कहा। दुर्भाग्य से चुनाव प्रचार के समय ही उनकी हत्या हो गई।

राजीव गांधी से मेरी चर्चा के अनुसार 'न्यू वर्ल्ड ऑर्डर' पुस्तक प्रकाशित करने का मैंने निश्चय किया। इसमें शीत युद्ध के बाद की दुनिया कैसी होगी इस पर दुनिया के प्रसिद्ध नेताओं तथा शोधकर्ताओं के विचार प्रस्तुत करना तय किया। यह कल्पना मैंने दुनिया के अनेक नेताओं को बताई। उस समय मिखाईल गोर्बाचेव सोवियत संघ के राष्ट्रपति थे। उन्होंने तत्काल तार भेजकर मुझे मॉस्को बुलाया। उन दिनों मॉस्को जाने के लिए रिजर्व बैंक से अनुमति लेनी पड़ती थी। मैंने रिजर्व बैंक के डिप्टी गवर्नर को मिखाईल गोर्बाचेव की तार दिखाई। उन्होंने अनुमति देना मंजूर किया।

दोपहर में मैं अनुमति-पत्र लेने गया, तो रिजर्व बैंक के संबंधित क्लर्क ने वह देने से इनकार कर दिया। डिप्टी गवर्नर चेंबर नहीं थे। मैंने उस क्लर्क से बहुत विनती की मगर वह टस से मस नहीं हुआ। मैं मुँह लटकाकर बाहर आ गया। केवल उस क्लर्क के अड़ियलपन के कारण मैं गोर्बाचेव का निमंत्रण स्वीकार नहीं कर पा रहा था। रास्ते में मुझे मेरे मित्र श्रीकांत मेंजोगे मिले। वे मुझे लेकर पुनः रिजर्व बैंक में गए। हम चतुर्थश्रेणी कर्मचारियों के यूनियन ऑफिस में गए। उनको

मैंने किस्सा सुनाया। मैंने उनको यह भी बताया की कैसे डोंबिंवली की एक चाल से अपना जीवन शुरू कर मैं, रशियन राष्ट्रयपति के प्रासाद तक पहुँचा हूँ। मेरी बात से प्रभावित होकर रिजर्व बैंक के चतुर्थश्रेणी कर्मचारियों ने तुरंत संबंधित क्लर्क का घेराव कर दिया। शाम हो जाने पर भी उसे जगह से उठने, फोन उठाने तथा बाथरूम जाने से भी रोके रखा। आखिर क्लर्क ने घबराकर आदेश-पत्र मेरे हाथ में दे दिया और इस प्रकार मैं चतुर्थश्रेणी के कर्मचारियों की मदद से दो दिन बाद मॉस्को पहुँच गया।

मेरी राजीव गांधी के साथ हुई चर्चा की जानकारी उनके सहयोगी मणि शंकर अय्यर को भी थी। उन्होंने इस संबंध में सोनिया गांधी तथा तत्कालीन प्रधान मंत्री पी.वी. नरसिंह राव को बताया। राजीव गांधी की इच्छानुसार शांति प्रक्रिया का काम आगे बढ़ाने के उद्देश्य से सरकार ने राजीव गांधी फाउंडेशन के माध्यम से अंतरराष्ट्रीय शांति परिषद् का आयोजन करना निश्चित किया। इस परिषद् के आयोजन की पूरी जवाबदेही मुझे सौंपी गई। सन् 1993 में सोनिया गांधी की अध्यक्षता में यह परिषद् संपन्न हुई। इस दो दिन की परिषद् में पूर्व राष्ट्रपति, विदेश मंत्री तथा नोबेल पुरस्कार विजेता वैज्ञानिक उपस्थित थे।

इसी कालावधि में 'न्यू वर्ल्ड ऑर्डर' पुस्तक अनेक मान्यवरों तक पहुँची। वह कश्मीर के आतंकवादियों द्वारा भी पढ़ी गई। कश्मीरी आतंकवादियों तक हुए पुस्तक के सफर की जानकारी मुझे बाद में मिली। भारतीय प्रशासनिक सेवा के अधिकारी वजाहत हबिबुल्ला के पास पुस्तक की कुछ प्रतियाँ थीं। उनके राजीव गांधी फाउंडेशन में मुख्य कार्यकारी अधिकारी रहते मैंने उन्हें वे भेंट की थीं। बाद में जम्मू कश्मीर में स्थानांतर होने पर एक जेल की भेंट के दौरान कुछ कैदियों ने उन्हें मानवता की भावना से कुछ अच्छी पुस्तकें पढ़ने को देने का निवेदन किया था। तब उन्होंने यह पुस्तक उन्हें दी। यह पुस्तक पढ़ने के बाद आतंकवादियों के दृष्टिकोण में परिवर्तन हुआ। आतंकवाद से समस्या हल नहीं होगी यह उन्हें समझ में आ गया। इसलिए इस बारे में और समझने के उद्देश्य से एक प्रमुख कश्मीरी नेता ने मुझसे मिलने की इच्छा व्यक्त की। यह इच्छा आगे चलकर पूरी हुई।

कश्मीर में आतंकवाद सन् 1989-90 से जोर पकड़ रहा था। सन् 1991 से अमेरिकी सरकार की प्रेरणा से भारत-पाकिस्तान के बीच समांतर राजनैतिक बातचीन शुरू हुई। समांतर चर्चा को अधिकृत दर्जा नहीं होता। मगर दोनों प्रतिनिधि मंडल अपनी सरकारों को इस चर्चा की जानकारी देते रहते हैं। समांतर चर्चा में प्रगति हो तब ही अधिकृत चर्चा प्रारंभ की जाती है। अमेरिका तथा पुराने सोवियत

संघ के बीच शीत युद्ध के काल में समांतर राजनैतिक चर्चा अनेक वर्ष तक चालू थी। इस प्रयोग के कुछ अच्छे परिणाम निकले थे। इसलिए अमेरिका ने भारत-पाकिस्तान के बीच यह प्रयोग करने के लिए दोनों सरकारों से अप्रत्यक्ष सहमति प्राप्त की।

दोनों प्रतिनिधि मंडलों में सेना के निवृत्त वरिष्ठ अधिकारी, राजदूत, पूर्व मंत्री तथा विचारकों की नियुक्ति की गई थी। मैं भी भारतीय प्रतिनिधि मंडल का सदस्य था। प्रतिनिधि मंडल की सदस्य संख्या 7-8 ही थी। यह समांतर चर्चा प्रत्येक चार-पाँच माह में भारत तथा पाकिस्तान में अदल-बदल कर होती थी। ऐसी ही एक चर्चा में पाकिस्तान के आग्रह के कारण कुछ आतंकवादी तथा कश्मीरी अलगाववादी भी आए थे। उस समय एक कश्मीरी नेता ने मुझे श्रीनगर आकर प्रत्यक्ष स्थिति देखने का आग्रह किया। इस नेता को भारत सरकार ने तभी जेल से मुक्त किया था। उसी ने जेल में रहते 'न्यू वर्ल्ड ऑर्डर' पुस्तक पढ़ी थी।

उस समय यानी सन् 1995 में कश्मीर में हिंसा तेज थी। चरारे-शरीफ पवित्र प्रार्थना स्थल को आग लगाए जाने के कारण श्रीनगर में दंगे तथा हत्याकांड भड़क उठे थे। जम्मू कश्मीर के इतिहास का वह सबसे अधिक हिंसक वर्ष था।

कश्मीरी नेता के निमंत्रण को स्वीकार कर मैं श्रीनगर गया, साथ में कुछ सहयोगी भी थे। कश्मीर के विद्रोह का वहाँ के सामान्य लोगों पर क्या प्रभाव है, यह हम देखना चाहते थे। कश्मीर जानेवाले सरकारी अधिकारी, गैर-सरकारी संस्था तथा विचारक दशहत में होते थे। कभी कोई निरीक्षण के लिए वहाँ जाते थे तो सुरक्षा के लिए 10-12 सेना की गाड़ियाँ साथ होती थीं। मैं बगैर किसी सुरक्षा के श्रीनगर गया था। सरकारी तंत्र से सुरक्षा लेने पर आतंकवादियों का मेरी ओर विशेष ध्यान जाएगा, इसलिए मैं तथा मेरे सहयोगी बगैर किसी सुरक्षा के नि:शस्त्र वहाँ गए थे।

श्रीनगर के सफर में एक आतंकवादी ग्रुप के साथ रात्रि में चर्चा करना तय हुआ था। रात में 10-12 बजे के बीच 15-20 आतंकवादियों का गुट ए के-47 जैसे आधुनिक शस्त्रों से लैस होकर वहाँ आया। हमारे नौकागृह के दरवाजे बंद थे। मैं तथा मेरा सहयोगी अंदर बैठे थे। चारों ओर से उन्होंने हमें घेर रखा था।

चर्चा के प्रारंभ में ही आतंकवादी गुट के नेता से बातचीत हुई तथा उसके सहयोगी शस्त्र का प्रयोग नहीं करेंगे यह उसने वादा किया। यह भी तय हुआ कि मैं तथा मेरे सहयोगी शांति से अपनी बात कहेंगे तथा उनका पक्ष सुनेंगे।

रात में दो-ढाई बजे के लगभग चर्चा विफल हुई। हम आतंकवाद गलत

रास्ता है, यह समझाने का प्रयास कर रहे थे। इसलिए कुछ आतंकवादी चिढ़ गए। उन्होंने बंदूकें तान लीं। मैंने उनके नेता को वादा याद दिलाया। मगर उसने आरोप लगाया कि मेरे सहयोगी ने ही चर्चा में कठोर भाषा का प्रयोग किया। उसके आरोप में कुछ तथ्य भी था। फिर भी उसने अपने साथियों को समझाने का प्रयास किया, मगर ए के-47 के उन्माद में डूबे उसके साथियों को शांति की बातें नीरस लग रही थीं।

एक बंदूक मुझ पर तनी हुई थी। मैं पूरी तरह निःशस्त्र था। एक आतंकवादी ने ए के-47 मुझ पर तानी, उसका दाहिना हाथ बंदूक की चाप पर था, वह गोली चलाने ही वाला था। मेरा जीवन वहीं खत्म होनेवाला था। कुछ दिन तक किसी को भी यह पता नहीं चलता। मुंबई में मेरा बेटा साहिल उस समय केवल 6 वर्ष का था। रोज शाम को पिताजी घर आएँगे यह सोचकर दरवाजे की घंटी की प्रत्येक आवाज पर वह दौड़कर जाएगा। उसकी याद मुझे आई। मेरी मौत के लिए अब बचे थे केवल कुछ क्षण।

तभी अचानक मैंने हाथ उठाकर बंदूक ताने उस आतंकवादी से उर्दू में कहा, "मुझे तुमसे एक सवाल पूछना है।"

उसने कहा, "ठीक है।"

मैंने पूछा, "तुमसे कोई लड़की प्रेम करती है क्या?"

मेरा प्रश्न सुनकर वह आश्यर्चचकित हुआ। इस राजनीतिक चर्चा में मैंने अचानक यह व्यक्तिगत प्रश्न पूछा था, इसलिए वह स्तंभित हो गया था।

उसने कहा, "कई लड़कियाँ मुझे पसंद करती हैं। मैं उनका हीरो हूँ।"

मैंने कहा, "तुम्हें पसंद करना तथा तुमसे प्रेम करना इसमें बहुत फर्क है। तुमने कभी सच्चे प्रेम को अनुभव किया है?"

वह और भी भौचक्का हो गया। उसने मुझसे सच्चे प्रेम तथा झूठे प्रेम का अंतर पूछा। उसने बंदूक एक तरफ रख दी। अगले 2-3 घंटे मैं प्रेम विषय पर उस आतंकवादी से बात कर रहा था। प्रेम, ममता, सेक्स इसमें क्या फर्क है। उसी प्रकार कोई स्त्री केवल अपनी दोस्त अथवा हितचिंतक है या प्रेमिका है अथवा भावी पत्नी है, यह कैसे पहचाना जाता है, ऐसी भावना प्रधान बातों का मैंने विश्लेषण किया। उन युवकों ने कभी इन बातों पर विशेष ध्यान नहीं दिया था। मैंने उन्हें अपने स्वयं के अनुभव बताए। ऑक्सफोर्ड में पढ़ते समय मुझे अनेक दोस्त मिलीं। मगर उनमें प्रेमिका कोई भी नहीं थी, यह जानकर उन्हें आश्चर्य हुआ। हम राजनीति पूरी तरह भूल गए। उन्होंने बंदूकें नीचे रख दीं।

हमारे कश्मीर सफर के दौरान वे बार-बार मुझसे मिलने आते रहे। उन्हें

सच्चे प्रेम की चाह थी। सच्चा प्रेम कैसे पहचानें? प्रेमिका का दिल कैसे जीतें? यह जानने की लालसा उनमें पैदा हो गई थी। हम चुपचाप मुंबई आए तो हमें वहाँ लड़कियाँ मिलेंगी क्या? इतना खुलकर वे हमसे बातें करने लगे थे।

आगे चलकर कुछ महीनों, वर्षों में उनमें से अधिकांश आतंकवादियों ने विवाह कर घर बसा लिए। उन्होंने आतंकवाद की राह छोड़ दी। मगर कश्मीर की स्वतंत्रता का सपना अभी छोड़ा नहीं है। शांति और सत्याग्रह के मार्ग पर चलने का निर्णय उन्होंने किया है। गुजरात में जब भूकंप आया था तब उन्होंने रक्तदान का अभियान चलाकर गुजरात में रक्त भेजने का प्रयास किया था।

आगे चलकर यानी सन् 2000 में भारत तथा पाकिस्तान के संबंध कैसे सुधारे जा सकते हैं इस पर सेंटर ऑफ पीस इनेशिएटिव और पाकिस्तान के इंस्टिट्यूट फॉर रिजनल स्टडीज ने संयुक्त रूप से एक निबंध प्रकाशित किया। इसमें संबंधों में सुधार का प्रारूप भी तैयार किया गया था। अब दोनों देशों के बीच यह प्रक्रिया प्रारंभ हो जाने से हमारा काम वहीं खत्म हो गया, मगर इस प्रारूप के अनुसार जब दोनों के बीच चर्चा होती है तब उसमें सफलता मिलती नजर आती है तथा जब प्रारूप के बाहर की बात होती है तो संबंध बिगड़ते हैं।

नगिन सरोवर की उस अँधेरी रात में, बंदूकों की गूँज के बीच मुझे एक अनोखे सत्य की अनुभूति हुई, कि मृत्यु अटल नहीं है। अर्थात मनुष्य अमर नहीं। मगर कई बार मृत्यु पर विजय सहज रूप से प्राप्त की जा सकती है। चिकित्सकीय समस्या, भूकंप—ऐसे अनेक संकटों में हम मौत को लौटा सकते हैं। इस सत्य का मुझे अनेक बार अनुभव हुआ है। इस सबके पीछे नियति नाम की एक शक्ति होती है। इसकी भी मुझे इसमें अनुभूति हुई। अभी बहुत काम करना है, सकारात्मक दिशा में इसी तरह आगे बढ़ते रहो यही संकेत मैंने इन अनुभवों से प्राप्त किए हैं।

केवल मृत्यु से बचाकर ही नियति ने अपने संकेत नहीं दिए हैं। जीवन के प्रारंभिक दिनों में भी उसने अपना अस्तित्व प्रदर्शित किया था। उसे समझकर ही ध्येय की प्राप्ति के लिए निष्ठापूर्वक आगे बढ़ने का विचार मन में आया और प्रतिकूल परिस्थिति में भी सफलता मिलती गई। डोंबिवली जैसे मुंबई के उपनगर से प्रारंभ हुआ यह सफर इसीलिए आज सात समंदर पार पहुँच गया है। दुनिया के कोने-कोने में स्थित देशों के सर्वोच्च पद पर आसीन व्यक्तियों तक पहुँचने का अवसर उस अद्भुत शक्ति को पहचानने के कारण ही मुझे मिला है, यही मेरी आस्था है।

मुंबई में गिरगाँव स्थित खोत की वाड़ी में सन् 1959 में एक साधारण परिवार में मेरा जन्म हुआ। 5-6 वर्ष का था तभी दादाजी ने डोंबिवली में स्थायी

रूप से बसने का निर्णय किया। सन् 1964 में डोंबिवली एक छोटा गाँव था। वहाँ की एक चाल में 10 × 10 फीट के दो कमरों के घर में हम रहने लगे। वहीं की धुलेबाई की पाठशाला में मेरा नाम पहली कक्षा मे लिखवाया गया। पिताजी एक कंपनी में सेल्समैन थे। वे काम के लिए दौरे पर रहते थे। मेरी तथा मेरी छोटी बहन अर्चना की देखभाल मेरे दादा-दादी करते थे। पहली कक्षा में था तभी सिर से माँ का साया उठ गया था। मेरी तथा मेरी बहन की देखभाल में कमी न हो, इसलिए मेरे पिता ने युवावस्था होते हुए भी दूसरा विवाह न करने का निश्चय किया और अपना ध्यान हमारी शिक्षा और लालन-पालन पर लगाया। पाँचवीं कक्षा में जाने पर पिताजी ने मेरा तथा अर्चना का नाम डोंबिवली के तिलक विद्या मंदिर मराठी माध्यम के विद्यालय में लिखवाया। पढ़ाई में मैं अच्छा था। केवल पढ़ाई में ही नहीं विद्यालय की विभिन्न स्पर्धाओं में भी मैं बढ़-चढ़कर भाग लेता था। कक्षा में दूसरों की तरह मस्ती भी करता था। आम बच्चों की तरह मेरा जीवन भी चल रहा था।

आकाश में हवाई जहाज की आवाज आते ही मैं तुरंत दौड़कर बाहर आता था। उसमें दूसरे बच्चों की भाँति विमान देखने की जिज्ञासा भर नहीं थी। वरन् उसकी आवाज मुझे पुकारकर अपनी तरफ खींच रही है ऐसा मैं महसूस करता था। उसके साथ मेरा कोई रिश्ता है ऐसा मुझे लगता था। विमान दृष्टि से ओझल होने तक मैं उसे निहारता रहता था। उस रिश्ते का अर्थ आज मेरी समझ में आ रहा है। प्रत्येक सप्ताह 15 दिन में मेरा कम-से-कम एक विदेश दौरा विमान से होता है। कभी-कभी तो एक ही दिन में 2-3 देशों में भी यही विमान मुझे ले जाता है। सुबह का नाश्ता एक देश में, भोजन दूसरे देश में तो रात्रि की नींद तीसरे देश में, ऐसा मेरा नियमित जीवनक्रम हो गया है। लेकिन बचपन में जब विमान की आवाज मुझे खींचती थी, तब भविष्य में ऐसा होनेवाला है यह स्वप्न में भी मैंने सोचा नहीं था।

मेरे पाँचवीं में रहते यानी जुलाई 1969 में वैश्विक स्तर पर एक क्रांतिकारी घटना घटित हुई। मानव ने चंद्रमा पर कदम रखा। संपूर्ण मानव जाति को उसका गर्व था। दुनियाभर में इसे अलग-अलग तरीके से समारोह आयोजित कर मनाया गया। डोंबिवली में स्थानीय लॉयंस क्लब द्वारा इस विषय पर स्क्रेप बुक बनाने की स्पर्धा आयोजित की गई थी। मेरे सहित अनेक स्कूलों के बच्चों ने इसमें भाग लिया। उन सबमें मैं सबसे कम आयु का स्पर्धी था। मैंने रद्दीवाले की दुकान में जाकर वहाँ अनेक पुस्तकें छानकर जानकारी तथा चित्र इकट्ठे किए और प्रोजेक्ट तैयार किया। स्पर्धा में मुझे प्रथम पुरस्कार मिला। पुरस्कार मिलने की खुशी के

साथ मुझे इस बात का अहसास भी हुआ कि मेरी रुचि तथा क्षमता एक अलग क्षेत्र में है।

विश्व स्तर पर मुझे काम करते रहना चाहिए, ऐसी इच्छा मेरे मन में तभी से जागृत होने लगी थी। उसी समय दुनियाभर की जानकारी संबंधी पुस्तकें पढ़ने का विचार मन में आया। सभी रिश्तेदारों से मैंने निवेदन किया कि दीवाली के समय मुझे पटाखे अथवा मिठाई का उपहार न देकर—मुझे विश्व की जानकारी दे—ऐसी पुस्तकें भेंट में दें। मेरी इच्छा की प्रशंसा करते हुए मेरी गिरगाँव की बुआ तथा फूफा ने पु.ल. देशपांडे की 'अपुर्वाई' तथा 'पूर्व रंग', आचार्य अत्रे की, 'केल्याने देशाटन' तथा नरेंद्र ताम्हणे की 'हिम फुलांच्या देशात' जैसी पुस्तकें दीं और इन्हें पढ़ने का मुझे शौक ही लग गया।

छुट्टियों में मैं बुआ के घर जाया करता था, वहाँ जाने पर मुझे मलाबार हिल्स, गेट वे ऑफ इंडिया के परिसर में घूमने का अवसर मिलता था। एक बार मलाबार हिल के क्षेत्र में मेरी भेंट एक जर्मन सज्जन से हुई। वे मुंबई के मैक्समूलर भवन में कार्यरत थे। मैं स्वयं उनसे बात करने लगा। उनके उत्तर देने पर मेरा उत्साह बढ़ा। उसके बाद तो विदेशी लोगों से बात करने का मुझे चाव ही लग गया। मलाबार हिल, गेट वे ऑफ इंडिया परिसर में आनेवाले विदेशी पर्यटकों से मैं स्वयं आगे बढ़कर बातें करने लगा। उनके माध्यम से मैं उनके देश की जानकारी प्राप्त करने लगा। इसके साथ ही मुझे विदेशी सिक्के तथा डाक टिकट जमा करने का शौक भी लग गया।

ऐसे वातावरण में मेरी विद्यालयी शिक्षा पूरी हुई। 11वीं की परीक्षा में मुझे 75 प्रतिशत अंक मिले। उन दिनों के हिसाब से मैट्रिक की परीक्षा में यह बहुत अधिक माने जाते थे। यह देखकर पिताजी ने मुझे सिडनहॅम महाविद्यालय में भरती करवा दिया। डोंबिवली से द्राविड़ी प्राणायाम करते हुए मैं रोज चर्चगेट के अपने कॉलेज में जाने लगा। सिडमहॅम धनाढ्य तथा उच्च वर्ग के विद्यार्थियों का कॉलेज समझा जाता था। मैं मराठी माध्यम का विद्यार्थी होने के कारण प्रारंभ में अन्यों की भाँति घबरा गया था। मराठी भाषियों का संकोची स्वभाव भी आड़े आ रहा था। इसलिए मैं दूसरे विद्यार्थियों में घुलता-मिलता नहीं था। उनसे दूर ही रहता। केवल मराठी माध्यमवाले विद्यार्थियों से मेरी थोड़ी-बहुत दोस्ती थी।

कॉलेज में रहते कक्षा प्रतिनिधि का चुनाव उस दौर का आकर्षण होता था। हमारी कक्षा में भी यह चुनाव था। माधवी कोटेचा इंग्लैंड से लौटकर मुंबई आई एक छात्रा इस चुनाव में एक उम्मीदवार थी। प्रचार के लिए वह मेरे पास आई।

मराठी माध्यमवाले विद्यार्थी उसे मत दें ऐसा निवेदन मैं उन्हें करूँ, ऐसा उसने कहा। मैंने यह किया, क्योंकि दूसरे किसी भी उम्मीदवार ने हमसे ऐसा निवेदन नहीं किया था। इसलिए सभी मराठी विद्यार्थियों ने उसे मत दिया। धनवान विद्यार्थियों के वोट आपस में बँट गए और थोक मराठी वोट मिलने से माधवी चुनाव जीत गई। मेरे कारण ही उसे विजय मिली ऐसा उसे लगा। उसने मेरे प्रति कृतज्ञता व्यक्त की। उसके बाद उसका मेरे प्रति स्नेह बढ़ता गया। मेरे द्वारा उसकी की गई मदद बहुत साधारण थी। मगर उसने मेरे प्रति जो आस्था प्रदर्शित की उसके पीछे निश्चित ही कोई संकेत था। उस समय मुझे उसका ज्ञान नहीं था। मगर आगे चलकर मेरे जीवन में उसकी भूमिका महत्त्वपूर्ण सिद्ध हुई।

मराठी माध्यम का विद्यार्थी होने के कारण मैं अंग्रेजी अच्छी नहीं बोल पाता था। इस कारण मैं असहज अनुभव करता था। इसलिए मैंने अंग्रेजी क्लास में प्रवेश लिया, वहाँ एक दूसरे कॉलेज की नीतू परांजपे से मेरा माधवी कोटेचा की भाँति ही स्नेह हो गया। मुझमें कोई हीनभावना न रहे इस हेतु वह मुझे सतत प्रोत्साहन देती रहती थी। अनेक बातों में उसका मुझे नैतिक समर्थन मिलता रहता था। मेरे विश्वस्तर के विचारों की ऊर्मि को उसने पहचाना था। उस दिशा में मैं आगे बढ़ूँ ऐसी उसकी आंतरिक इच्छा थी तथा इस हेतु वह मेरा मार्गदर्शन भी करती थी। उसी के कारण अलग-अलग देशों की मुंबई स्थित संस्थाएँ, उनके विविध केंद्र, संगठन, इनकी जानकारी जुटाने लगा, साथ ही उनके उपक्रमों में शामिल भी होने लगा।

माधवी कोटेचा तथा नीतू परांजपे दोनों का ही सही समय पर मेरे जीवन में प्रवेश हुआ था। जैसे नियति की पूर्वनियोजित समय-सारिणी का ही भाग था।

इंडो अमेरिकन सोसाइटी के कार्य में सहभागी होने के उपरांत मैंने वहाँ उसकी छात्र विंग तैयार की। उसमें मुझे उनके कार्यक्रमों के संयोजन का अवसर मिला। उससे मुझे प्रसिद्धि भी मिली। उद्योगपति जे.आर.डी. टाटा से भी मेरा परिचय हुआ। उन्होंने लेस्ली सॉनी प्रोग्राम नाम की संस्था स्थापित कर सांसद मीनू मसानी के हाथ में उसकी बागडोर दी थी।

इस लेस्ली सॉनी शैक्षणिक संस्था ने लिबरल इंटरनेशनल द्वारा स्पेन में आयोजित अंतरराष्ट्रीय आर्थिक संबंधों की वैश्विक परिषद् में एक युवा विचारक को भारतीय प्रतिनिधि के रूप में भेजने का निर्णय किया था। इस प्रतिनिधि के चयन के लिए उन्होंने एक खुली निबंध स्पर्धा का आयोजन किया था। अनेक विद्यार्थियों को डाक द्वारा मुद्रित पत्र भेजकर स्पर्धा में शामिल होने का अनुरोध

किया गया था। यह पत्र मुझे भी मिला। उस दिन 1 मई, 1979 की तारीख थी। निबंध भेजने की अंतिम तारीख 10 मई, 1979 थी। 12 मई से मेरी वाणिज्य स्नातक अंतिम वर्ष की परीक्षा होनेवाली थी। पत्र पाकर मुझे प्रसन्नता हुई। मैंने अपने नजदीकी मित्रों को वह पत्र दिखाया। मगर किसी को भी उसकी खुशी नहीं हुई। सबने कहा ऐसे छपे पत्र तो सभी को भेजे गए हैं, इसलिए इसमें समय बरबाद मत करो। पढ़ाई करो और अच्छे नंबरों से पास होओ। सबके द्वारा यही कहे जाने के कारण मैं असमंजस में पड़ गया था। क्या करूँ समझ नहीं पा रहा था। मुझे तो स्पर्धा में नवीन अवसर दिखाई दे रहा था।

उसी समय नीतू अचानक किसी काम के लिए मुंबई से डोंबिवली आई थी। वह मेरे घर आई। मेरी असमंजसता उसके ध्यान में आई। वैश्विक घटनाक्रम के संबंध में मेरी रुचि को वह जानती थी। मेरे मन के ठोस निर्णय के लिए उसने मुझे संबल दिया। बी.कॉम. की परीक्षा तो बगैर पढ़ाई के भी तुम कम-से-कम पास तो कर ही लोगे, क्योंकि इतने होशियार तो तुम हो ही। मगर अंतरराष्ट्रीय स्तर पर अपनी योग्यता सिद्ध करने का अवसर बाद में तुम्हें फिर मिलेगा यह आवश्यक नहीं और मुझे विश्वास है कि इस स्पर्धा में तुम निश्चित रूप से विजयी होओगे। अब अधिक सोचो मत। तैयारी में लगो।

यह कहकर नीतू ने मेरे सिर का बड़ा बोझ उतार दिया था, मानो नियति ने ही मुझे नैतिक बल देने के लिए उसे डोंबिवली भेजा था।

मेरे निश्चय को बल मिला और मैं तैयारी में लग गया। आर्थिक विषयों पर पुस्तकें लेने मैं मुंबई विश्वविद्यालय की लाइब्रेरी में गया। मगर वहाँ केवल स्नातकोत्तर विद्यार्थियों को ही पुस्तकें मिलती थीं। इसलिए मुझे वहाँ से मदद नहीं मिल सकी। तब मैंने अमेरिकन सेंटर के वाचनालय से जानकारी जुटाई। बाद के 5-6 दिन में ही मैंने निबंध लिखकर 10 मई के बजाय 8 मई को ही जमा कर दिया। बाद में परीक्षा की पढ़ाई शुरू की।

लेस्ली सॉनी संस्था के पास सारे भारत से निबंध आए थे। मेरा निबंध कसौटी पर खरा उतरा, मुझे प्रथम पुरस्कार प्राप्त हुआ। स्पेन की परिषद् में जाने के लिए मेरा चयन हुआ। आयु के 20वें वर्ष में ही मुझे विदेश यात्रा का अवसर मिला। पहली विदेश यात्रा होने के कारण मुझे वहाँ के वातावरण तथा विदेशी मुद्रा आदि की कोई जानकारी नहीं थी। यूनाइटेड बैंक ऑफ इंडिया के श्रीकांत मेंजोगे की मुझे इस संबंध में बहुत मदद मिली। उन्होंने मुझे विदेशी मुद्रा की जानकारी तथा उसे कैसे प्राप्त करना, कैसे खर्च करना यह तो समझाया ही साथ ही विदेश

के वातावरण के बारे में भी जानकारी दी। वहीं से उनके साथ मेरे स्नेह संबंध हुए। बाद में वे युनाइटेड बैंक के संचालक बने। आज वह स्ट्रेटेजिक फोरसाइट ग्रुप के संचालक हैं।

स्पेन की परिषद् में मैं पहुँचा तो मैंने देखा कि, अन्य सभी प्रतिनिधि दुनिया भर के वित्त मंत्री, सांसद तथा शोध संस्थाओं के संचालक स्तर के थे। सबसे छोटे वक्ता के रूप में मेरा नाम पुकारे जाने पर मैं आत्मविश्वास के साथ मंच पर गया। और 'दुनिया की आर्थिक संरचना' विषय पर विश्लेषण करते हुए नवीन अर्थनीति का अवलंब कैसे हो, उसके लिए भविष्य के विषय में हमारी दृष्टि क्या हो, ऐसे अनेक मुद्दों का मैंने अपने भाषण में जिक्र किया। सर्वांगीण विकास के लिए एक नवीन योजना भी प्रस्तुत करने का मैंने प्रयास किया। लिबरल इंटरनेशनल की इस परिषद् में मेरी बहुत प्रशंसा हुई। अनेक लोगों ने मुझसे परिचय लिया तथा मुझे अपने देशों में आने का निमंत्रण भी दिया।

मैंने नए विश्व में प्रवेश किया था, इसका मुझे अहसास हुआ। यही मेरी दुनिया है। मेरा कार्यक्षेत्र यही सारी दुनिया है। इसका अहसास मुझे उसी कच्ची आयु में हो गया था। स्पेन से मैं लौटकर भारत आया। मगर अभी भी मेरा मन उसी विश्व में रमा हुआ था। यहाँ घरवाले मुझे यह कह रहे थे कि पढ़ाई पूरी हो गई है, अब नौकरी प्राप्त कर कहीं स्थिर हो जाओ। सामाजिक परिस्थिति के अनुसार वे मुझे समझाने का प्रयास कर रहे थे। मगर मेरा मन उसे स्वीकार नहीं कर पा रहा था। मन में द्वंद्व चल रहा था। मैं घंटों लाइब्रेरी में बैठकर विचार करता रहता। अंतरराष्ट्रीय पत्रिकाएँ पलटता रहता। पुस्तकें पढ़ता रहता। मगर यह कब तक चल सकता था। मुझे मेरी दिशा निर्धारित करनी ही थी। मेरे लिए एक दिशा की खोज मुझे करनी थी, और फिर उस मार्ग पर आगे बढ़ना था।

एक दिन मैं लाइब्रेरी में बैठा था तभी माधवी कोटेचा एक युवक को साथ लेकर मेरी ओर आती दिखाई दी। मैंने उनकी ओर देखा। माधवी ने उस युवक से मेरा परिचय कराया। जल्द ही वे दोनों विवाह करनेवाले थे। मेरा परिचय कराते समय उसने, मैं किस प्रकार प्रतिकूल परिस्थिति में भी आगे आकर अंतरराष्ट्रीय विषय में कैसे पारंगत हुआ इसकी जानकारी दी। अब आगे क्या करोगे, इसकी चर्चा शुरू हुई। मेरे घर की स्थिति सामान्य होने के कारण इच्छा न होते हुए भी मुझे मुंबई में ही कहीं नौकरी ढूँढ़कर स्थायी होना पड़ेगा। अलग रास्ते पर चलने की मेरी इच्छा पूरी नहीं हो सकेगी इसके लिए मैंने दुःख भी व्यक्त किया। उस समय उस मित्र ने मुझे बताया कि तुमको यदि बगैर कोई खर्च किए आगे की पढ़ाई

करना हो तथा विश्वस्तर पर अपनी प्रतिभा सिद्ध करनी हो तो इसका एक ही विकल्प है छात्रवृत्ति प्राप्त कर विदेश में अध्ययन करना।

भारत में अनेक संस्थाएँ ऐसी छात्रवृत्तियाँ देती हैं, मगर उनमें से अनेक संस्थाएँ निष्पक्ष नहीं होतीं, यह सब जानते हैं। इसलिए उसने कहा, ऑक्सफोर्ड विश्वविद्यालय की एक ही ऐसी छात्रवृत्ति है जिसमें दुनियाभर के विद्यार्थियों का चुनाव गुणवत्ता के आधार पर होता है। यह चुनाव इंलैंड में ही होता है। उसके लिए प्रयत्न करना चाहिए।

मैंने उससे वहाँ का पता पूछा। उसने बताया मगर उसे उतारने के लिए हममें से किसी के पास भी कागज नहीं था। मैंने वह पता एक बार फिर ध्यान से सुना और याद कर लिया। छात्रवृत्ति के लिए स्नातकोत्तर होना जरूरी होता है, इसलिए उसने मुझे एम.कॉम. करने की सलाह दी।

नियति ने भाग्य में पता नहीं क्या लिख रखा है; इसका विचार करते समय उसी ने अचानक माधवी कोटेचा को भेजकर मार्ग दिखाया था। नीतू जैसे उचित समय पर डोंबिवली आ गई थी, बिलकुल वैसे ही। इस प्रसंग के बाद माधवी मुझे कभी नहीं मिली। मगर उसकी स्नेह पूर्ण यादें मेरे मन में सदैव के लिए बस गई हैं। बाद के जीवन में उससे कम-से-कम एक बार तो भेंट होनी चाहिए थी। मेरी सफलता से वह परिचित होती ऐसी मेरी इच्छा थी। अपने समीप के मित्रों से लेकर आज के इंटरनेट के युग में आधुनिक प्रौद्योगिकी द्वारा भी उसे देश-विदेश में ढूँढ़ने का मैंने बहुत प्रयास किया, मगर वह कहीं नहीं मिली। कक्षा की सहपाठी इतने वर्ष सामने रही, जिसने मेरे जीवन को दिशा देने में मदद की, उसका कोई पता न मिल सके, यह रहस्य मेरे जीवन में बना हुआ है। एक साल बाद उसके मित्र द्वारा दिए गए पते पर मैंने आवेदन भेजा, वह पता मैंने भले ही लिखा नहीं था, मगर याद कर लिया था। मुझे जवाब आया। उस एक छात्रवृत्ति के लिए दुनिया भर से अनेक आवेदन प्राप्त हुए थे। इसलिए मुझे सफलता मिलेगी इसमें सबको संदेह था। नौकरी ढूँढ़ने के बजाय बेकार के धंधे कर रहा हूँ, यह सोचकर घर के लोग भी नाराज थे।

ऑक्सफोर्ड विश्वविद्यालय को प्रस्तुत अपने आवेदन में मैंने पढ़ाई के अलावा विश्वविद्यालय के बाहर मेरे द्वारा किए गए कार्य की भी जानकारी दी थी। मुझे उसी का लाभ हुआ। दुनियाभर के अन्य आवेदकों ने अपने विश्वविद्यालय की पढ़ाई में अपनी प्रतिभा का परिचय दिया था। मगर दुनियाभर में चर्चित हुए स्पेन की अंतरराष्ट्रीय परिषद् के मेरे निबंध ने मेरा स्तर बढ़ा दिया था। विश्व बैंक में

भी उस विषय पर चर्चा हुई थी। उसके अध्यक्ष अन्य देशों के वित्त मंत्री तथा ओपेक संघ में भी इस विषय पर हुई चर्चा के कारण मुझे आए पत्रों को भी मैंने आवेदन के साथ जोड़ा था। इसलिए ऑक्सफोर्ड विश्वविद्यालय ने विशेष आमंत्रित विद्यार्थी के रूप में मेरा चयन किया। मुझे अनेक सुविधाएँ दी गईं। उसमें विमान यात्रा के साथ अन्य खर्चे तथा दैनिक व्यय सभी समाविष्ट थे। इससे मैं पूर्णतया सभी आर्थिक भारों से मुक्त हो गया।

ऑक्सफोर्ड विश्वविद्यालय के अंतर्गत सभी महाविद्यालयों में प्रथम स्थान का दर्जा रखनेवाले सेंट जॉन्स कॉलेज में मुझे प्रवेश दिया गया था। ब्रिटेन के प्रधानमंत्री बने टोनी ब्लेयर भी इसी कॉलेज के विद्यार्थी रहे हैं।

ऑक्सफोर्ड में मेरा दर्शन शास्त्र, राजनीति शास्त्र तथा अर्थशास्त्र का अध्ययन प्रारंभ हुआ। वहाँ की शिक्षा पद्धति पारंपरिक नहीं है। प्राचीन भारत की गुरुकुल पद्धति से वहाँ अध्यापन होता है। चौदहवीं शताब्दी से ऑक्सफोर्ड में यह पद्धति चली आ रही है। प्रत्येक विद्यार्थी का वैयक्तिक रूप से एक विषय का एक गुरु होता है। पढ़ाई में गुरु का चर्चा पर अधिक जोर रहता है। गुरु पहले अपने विचार बताता है। फिर उस पर मुक्त रूप से शिष्य को चर्चा करनी होती है। यदि उसमें कोई कमी होती है तो गुरु उसे निबंध लिखने तथा शोध करने के लिए उसको मार्गदर्शन देता है। वाचनालय में पुस्तकें पढ़कर स्वयं शोध करना पड़ता है। इस गुरु को केवल पढ़नेवाला नहीं वरन् पढ़ाई के अतिरिक्त अन्य कार्यों में भी सहयोग देने वाला शिष्य पसंद होता है। उसके लिए वे उसे प्रोत्साहन देते हैं। अलग-अलग विद्यार्थी आपस में मिलें इसके लिए उपक्रम किए जाते हैं। उसमें भी भाग लेना पड़ता है।

मेरे अध्ययन के दौरान ही स्पेन में प्रस्तुत मेरे निबंध में दी गई आर्थिक विकास की योजना के संबंध में विविध देशों में चर्चा प्रारंभ हो चुकी थी। अनेक देशों से मुझे उस चर्चा के लिए निमंत्रण आने लगे थे। अनुमति लेकर मैं उन चर्चाओं में भाग लेता रहता था। यह क्रम बाद में बढ़ने लगा। कभी-कभी तो सप्ताह में एक बार सवेरे विमान से जाकर शाम को पुन: ऑक्सफोर्ड लौटने का क्रम भी चल पड़ा। गुरुजन भी मेरे कार्य को देखकर प्रसन्न थे। उन्होंने मुझे इसके लिए सदैव प्रोत्साहन दिया। वह मेरे पढ़ाई के समयचक्र को भी तदनुसार समायोजित कर देते थे। ऑक्सफोर्ड में नंबर अथवा गुणवत्ता की स्पर्धा न होने के कारण मेरे सहाध्यायी भी मेरी सफलता पर प्रसन्न होते थे। मेरे उस समय के मित्रों में से जॉन ग्रोगान आज ब्रिटेन की लेबर पार्टी के नेता हैं। वे कई बार सांसद भी रहे हैं। जॉन

गोग्रान तो मेरे अभिन्न मित्र हैं ही, मगर दूसरे भी अनेक सांसद मेरे साथ ऑक्सफोर्ड में रहने के कारण मेरे परिचित हैं। मेरे प्रतिवेदन जब ब्रिटिश संसद् में पेश होते हैं तब वे भी प्रसन्न होते हैं तथा चर्चा को प्रोत्साहित करते हैं।

ऑक्सफोर्ड में पढ़ते समय मेरा बारबार विदेशों में जाना होता रहता था। इसलिए कई बार हिथ्रो हवाई अड्डे पर मजेदार घटनाएँ भी घटती थीं। केवल 22 वर्ष की आयु में यह लड़का बार-बार सवेरे किसी देश जाकर शाम को लौट आता है। हाथ में केवल एक सादी बैग होती है। उसे इतनी यात्राएँ कैसे पोसाती हैं? इस बैग में वह क्या ले जाता है? ऐसी शंकाएँ कस्टम अधिकारियों के मन में उठती थीं। इसलिए वे कठोरतापूर्वक मेरी जाँच करते। उससे मुझे परेशानी भी होती। मगर बाद में जैसे-जैसे उन्हें मेरी जानकारी मिलती गई मेरे प्रति उनका आदर भी बढ़ता गया।

मेरे बारे में विश्व के नेताओं में चर्चा होने लगी थी। एक बार स्वीडन के प्रधानमंत्री ओलाउल्सटेन ने प्रधानमंत्री श्रीमती इंदिरा गांधी को, इन दिनों विश्वभर में आपके ही भारत के संदीप वासलेकर के निबंध पर चर्चा हो रही है, ऐसा बताया। वे मुझसे परिचित नहीं थीं, मगर उन्हें जिज्ञासा थी। यह बात ओलाउल्सटेन ने मुझे बताई तथा मुझे इंदिराजी से संपर्क करने की सलाह दी। मैंने उन्हें पत्र लिखा, इसका उत्तर इंदिराजी ने स्वयं के हस्ताक्षर में दिया तथा मुझे मिलने का समय दिया। दिल्ली के प्रधानमंत्री कार्यालय में मेरी उनके साथ निजी भेंट हुई।

हमारी अनेक विषयों पर बातें हुईं। मुझे भारत में रहकर अपनी बुद्धिमत्ता का प्रयोग देश के लिए करना चाहिए, ऐसा उन्होंने सुझाव दिया। मैं भी यही चाहता था, मैंने उनको हाँ कर दी। उसके बाद उनके सहयोगियों ने मुझे अपनी पार्टी में पदाधिकारी अथवा सरकार में शासकीय अधिकारी बनाने के प्रस्ताव दिए। मगर मुझे उसमें रुचि नहीं थी।

इंदिरा गांधी ने राष्ट्रीय तथा अंतरराष्ट्रीय स्तर पर शांति के लिए तटस्थता पूर्वक कार्य करनेवाले एक समूह की स्थापना करने की योजना बनाई। मैंने उसमें काम्र करने के लिए सहमति दी। मगर बाद के दिनों में ऑपरेशन ब्लू स्टार के कारण परिस्थितियाँ बदल गईं। देश में आंतरिक समस्याएँ बढ़ गईं। इससे इंदिराजी का अंतरराष्ट्रीय गतिविधियों की तरफ से ध्यान बँट गया। तभी उनकी हत्या हो गई और हमारी योजना भी टल गई।

मैं भारत में स्थायी रूप से आ तो गया, मगर तात्कालिक रूप से जीवन निर्वाह के साधन के रूप में मुझे कोई काम चाहिए था। मैंने मुंबई के विल्सन तथा हिंदुजा कॉलेजों में अर्थशास्त्र का अध्यापन शुरू किया। बदलती परिस्थितियों से

परिचित बने रहने के लिए मैंने इंडियन एक्सप्रेस के संपादकीय विभाग में भी काम किया, मगर उन दिनों वहाँ वेतन बहुत कम था, इसलिए बहुराष्ट्रीय कंपनियों अथवा बड़े उद्योग समूह में काम करने का दबाव मेरे घरवाले मुझ पर डाल रहे थे। मैंने बड़े उद्योग समूहों के अध्यक्षों को पत्र लिखना शुरू किया। उसमें एक कंपनी थी विम्को। निजाम के वारिस अकबर हैदरी उसके अध्यक्ष थे, मैनेजमेंट ट्रेनी के रूप में मेरा चयन हुआ था। एक औपचारिकता अथवा परिचय के लिए अकबर हैदरी से भेंट करने की वहाँ परिपाटी थी। मेरी उनसे भेंट हुई। श्री हैदरी ने मेरे अंतरराष्ट्रीय अध्ययन तथा शोधकार्य की जानकारी प्राप्त की। भेंट के बाद उन्होंने मुझे कहा, ''मैंने यदि यह नौकरी तुम्हें दी तो ईश्वर मुझे कभी माफ नहीं करेगा। इसलिए मैं तुम्हें यह नौकरी नहीं दूँगा।''

मैं नाराज हो गया। मगर यह भी समझ गया कि उनका उद्‌देश्य मुझे नाराज करना नहीं प्रोत्साहन देना है। उन्होंने मुझे एक घटना बताई। ''अनेक वर्ष पुरानी एक घटना की यह पुनरावृत्ति हो रही है। लंदन के कार्यालय में संचालक के रूप में इंटरव्यू लेते समय ऐसे ही एक प्रतिभाशाली युवक से मेरी भेंट हुई थी। उसका लेखन देखकर मैंने उसे नौकरी देने से इनकार कर दिया, उस पर नाराज होकर उसने कहा मैं गरीब हूँ, इसलिए मुझे जीवन निर्वाह के लिए नौकरी करना आवश्यक है फिर मैं क्या करूँ? मैंने कहा तुम कुछ भी करो मगर लेखन बंद मत करो, यह कहकर मैंने उसे लिखने के लिए प्रोत्साहित किया। वह युवक था नोबेल पुरस्कार विजेता विद्याधर नायपॉल। वही प्रसंग आज इतने वर्ष बाद फिर मुझ पर आया है। मैं दुनिया से कुछ छीन रहा हूँ, ऐसा मुझे लग रहा है। इसलिए तुम नौकरी मत करो। तुमको व्यक्तिगत रूप से कोई मदद चाहिए तो मैं अवश्य करूँगा।''

बाद के वर्षों में भी मेरा उनसे संपर्क बना रहा, मेरी प्रगति देखकर उन्हें प्रसन्नता होती है।

मैंने अपना रास्ता खोजना शुरू किया। उस समय सन् 1985 को राष्ट्रसंघ ने अंतरराष्ट्रीय युवा वर्ष घोषित किया था और सन् 1986 को अंतरराष्ट्रीय शांति वर्ष। सन् 1986 में विश्वभर के युवा संगठनों ने कनाडा में अंतरराष्ट्रीय शांति के लिए भव्य परिषद् का आयोजन किया था। मेरे बारे में जानकारी होने से उसके संयोजकों ने मुझे उसमें मुख्य मार्गदर्शक के रूप में आमंत्रित किया। परिषद् में अनेक वरिष्ठजन आनेवाले थे। मगर मार्गदर्शन के लिए एक युवा वर्ग का प्रतिनिधि उन्हें चाहिए था। उन्होंने उसके लिए मेरा नाम तय किया था। केवल उद्‌घाटन के लिए कनाडा जाकर वापस लौट आना मुझे ठीक नहीं लग रहा था। इसके साथ ही मेरा कुछ और उपयोग

हो ऐसा मैंने मत व्यक्त किया। इस पर विचार कर उन्होंने रोम से ओटावा तक शांति यात्रा निकालने तथा उसका नेतृत्व करने का दायित्व भी मुझे सौंपा। विभिन्न राष्ट्रों में जाकर शांति का संदेश देना। उसके लिए पदयात्रा, बस, रेलवे, हवाई यात्रा आदि के द्वारा यात्रा कर कनाडा में यात्रा का समापन करना था। आयु के सत्ताइसवें वर्ष में मुझे विश्व शांति यात्रा का नेतृत्व करने का अवसर प्राप्त हुआ था। राष्ट्रमंडल के महासचिव ने लंदन में हमारी यात्रा का स्वागत किया। अनेक महत्त्वपूर्ण नेता उस अवसर पर वहाँ उपस्थित थे। ओटावा में वहाँ के महापौर ने हमारा स्वागत किया। उस समय क्यूबेक तथा ओटेरियो को जोड़नेवाले पुल पर यात्रा का भव्य समापन समारोह संपन्न हुआ। उस दिन के लिए उस मार्ग का नाम ब्यूलेवार्ड डी ला पेक्स अर्थात् अंतरराष्ट्रीय शांति मार्ग रखा गया था।

डोंबिवली में पले-बढ़े एक भारतीय युवक को विश्व स्तर पर यह सम्मान प्राप्त हुआ था।

ओटावा शांति यात्रा के बाद मैं भारत लौटा। उस समय दुनिया के बढ़ते व्यापार के कारण भिन्न-भिन्न स्तरों पर परिस्थिति का अध्ययन करने के लिए नई पद्धति रूढ़ होती मुझे दिखाई दी। इसके लिए दुनियाभर में शोध संस्थाएँ प्रारंभ हो रही थीं। अमेरिका की यह पद्धति भारत में भी अपनाई जा रही थी। सरकार के बाहर रहकर इस प्रकार के कार्य करनेवाली सेंटर फोर पॉलिसी रिसर्च नामक संस्था दिल्ली में कार्यरत थी। उसमें अनेक विचारक तथा शोधकर्ता शामिल थे। उसके संचालक गोवा के विष्णु पाणंदीकर थे। शासकीय सेवा से निवृत्त होकर उन्होंने इस कार्य में स्वयं को लगा दिया था। सन् 1986 में मैंने उन्हें पत्र लिखकर इस संस्था में कार्य करने की इच्छा व्यक्त की। वहाँ कार्यरत लोगों की औसत आयु 60 वर्ष थी। मगर मैं 27 वर्ष का था। इसलिए उन्होंने मुझे कनिष्ठ पद पर काम करने का अवसर देकर बाद में गुणवत्ता के आधार पर उच्चपद पर आने की सलाह दी। इसके साथ उन्होंने इसके लिए दिल्ली जाने के लिए राजधानी एक्सप्रेस का किराया भी दिया। इस संस्था में शोध करते हुए मैंने बड़े उद्योग समूहों को आर्थिक मार्गदर्शन तथा सलाह देने का काम भी शुरू किया।

इस दौरान भारत-पाक आर्थिक संबंध बिगड़े हुए थे। जनरल जिया द्वारा कड़ी नीति अपनाई जा रही थी। दोनों देशों के बीच बनी इस स्थिति का हल निकालने के लिए अथवा सुचारु रूप से व्यापार तथा अन्य आर्थिक व्यवहार के लिए क्या किया जा सकता है, इसका विचार सेंटर फॉर पॉलिसी रिसर्च में हो रहा था। श्री पाणंदीकर ने इस पर शोध करने का दायित्व मुझे दिया। इस कार्य के लिए

पाकिस्तान से कुछ जानकारी जुटानी थी। दोनों देशों के बीच नागरिकों का आवागमन भी बंद था। सौभाग्य से उसी समय बंगलुरु में सार्क सम्मेलन हुआ। उस अवसर पर वहाँ आए पाकिस्तानी विदेश सचिव श्री अब्दुल सत्तार से मैंने भेंट की। उन्हें अपनी योजना बताई। अब्दुल सत्तार ने विषय की गंभीरता समझकर पाकिस्तान में मुझे अतिथि के रूप में आमंत्रित किया। वहाँ मेरा स्वागत हुआ तथा जानकारी भी उपलब्ध हुई। बाद में मैंने उसके आधार पर अध्ययन कर उसके निष्कर्ष अपने प्रतिवेदन में शामिल किए। मेरे प्रतिवेदन पर दोनों देशों में बड़े स्तर पर चर्चा हुई।

मैं दुनियाभर में घूम ही रहा था, मगर अब विवाह कर किसी का होने का विचार मन में आ रहा था। सन् 1988 में नैना के साथ मेरा विवाह हुआ। कुछ ही समय बाद साहिल का जन्म हुआ। मैं परिवार सहित मुंबई में था। अब मुंबई में रहकर ही कुछ काम करना चाहिए ऐसा विचार आया। शांति के लिए कार्य करने वाली संस्था बनाने का विचार भी मन में आया। उसका स्वरूप थिंक टैंक का होगा, मगर प्रत्यक्ष कार्य भी किए जा सकेंगे। इसी विचार से, समविचारी मित्रों को साथ लेकर मैंने पीस इनिशिएटिव संस्था की शुरुआत की। बाद में कुछ लोग अपने दूसरे कामों में संलग्न हो गए।

मुझे अलग-अलग संस्थाओं तथा उद्योग समूहों से इन विषयों पर व्याख्यानों के लिए आमंत्रण आते रहे। आनंद महिंद्रा तथा अतुल चौकसी ने प्रारंभ में आर्थिक सहयोग भी दिया। एक्सेल समूह में मेरे व्याख्यान के पश्चात् उनके शोध विभाग में कार्यरत एक महिला वैज्ञानिक मुझसे मिलने आईं। उनकी इच्छा अंतरराष्ट्रीय स्तर पर शांति तथा सामंजस्य के निर्माण के लिए सक्रिय रूप से कार्य करने की थी। आपके साथ मैं वह कार्य कर सकती हूँ ऐसा उनका कहना था। पूरे समय की नौकरी छोड़ने पर ही यह काम किया जा सकता है। मगर अधिक वेतन देना मेरे लिए संभव नहीं होगा, यह मैंने पहले ही स्पष्ट किया। इस कार्य के प्रति लगाव तथा इच्छा शक्ति होने के कारण वेतन मायने नहीं रखता ऐसा उनका कहना था। उस महिला का नाम इल्मास फतेह अली था। स्ट्रेटेजिक फोरसाइट ग्रुप की वह वर्तमान कार्यकारी संचालक तथा मेरी सहयोगी हैं।

सन् 1996 में स्टॉकहोम स्थित एक अंतरराष्ट्रीय संगठन में वरिष्ठ पद पर मेरी नियुक्ति हुई। मैं दो वर्ष के लिए परिवार सहित वहाँ गया था। उस दौरान इल्मास फतेह अली ने श्रीकांत मेंजोगे तथा योगेश दिगंबर के सहयोग से पीस इनिशिएटिव का काम व्यवस्थित रूप से संचालित किया था। उसी दौरान मुझे मृत्यु ने अपने अस्तित्व की झलक दिखाई थी, मगर में उसे शर्मिंदा करने जैसी परिस्थिति

निर्माण करने में सफल रहा।

सारी दुनिया में स्वीडन चिकित्सा शास्त्र के क्षेत्र में पहले नंबर पर है। चिकित्सा शास्त्र का नोबेल पुरस्कार स्टॉकहोम के केरोलिनस्का इंस्टिट्यूट द्वारा दिया जाता है। स्टॉकहोम का दांदरिद चिकित्सालय प्रसूति शास्त्र में दुनिया का प्रथम नंबर का चिकित्सालय माना जाता है। मेरे दूसरे बच्चे का जन्म स्टॉकहोम में होगा यह पता चलने पर मैंने अपनी पत्नी का नाम दांदरिद चिकित्सालय में दर्ज करा दिया। जन्म 3 अगस्त को संभावित था। लेकिन 2 अगस्त से ही जन्म का आभास होने लगा। इसलिए उसे अस्पताल में भरती कर दिया गया। 2 तारीख व 3 तारीख निकल गई, 4 तारीख भी निकल जाएगी ऐसा लग रहा था। आखिर 4 तारीख को रात 8 बजे फोर्सेप्स द्वारा बच्चे को बाहर लाने का निश्चय किया गया। बच्चे को बाहर निकालते समय अंतिम 100 सेंकड में दुर्घटना हो गई। फोर्सेप्स से उसका गला दब गया। जन्म के समय उसकी गरदन के नीचे जानेवाली विशेष रूप से फेफड़ों की तरफ जानेवाली नसें टूट गई थीं। जन्म होते ही बच्चे को वेंटिलेटर पर रखना पड़ा।

मैंने जब पाँच मिनट के राहुल को देखा तो वह अनेक उपकरणों की असंख्य नलियों से जुड़ा था।

दांदरिद चिकित्सालय ने उसे तत्काल करोलिनस्का इंस्टिट्यूट में स्थानांतरित करने का निर्णय लिया। उसे एंबुलेंस द्वारा वहाँ ले जाया जानेवाला था। साथ में केवल डॉक्टर थे। मैं निजी कार से उसके पीछे जानेवाला था।

रवाना होने के पूर्व डॉक्टर ने मेरे कंधे पर हाथ रखकर कहा, "हमें वहाँ पहुँचने में लगभग 12 मिनट लगेंगे, संभव है हमारे वहाँ पहुँचने तक राहुल इस दुनिया में न रहे। इसलिए तुम उसे एक बार जी भर के देख लो।"

मैंने इनकार कर दिया। मैंने डॉक्टरों से कहा कि यदि उन्होंने आत्मविश्वास रखकर उपकरण सँभाले तो यात्रा सफल होगी। जैसा मैंने कहा था वैसा ही हुआ। हमारे दूसरे अस्पताल में पहुँचने पर वहाँ के निरीक्षकों ने मुझे रहने का कमरा दिया तथा रात वहीं रुकने को कहा। उनका कहना था बच्चा सबेरे तक नहीं रहेगा।

मैं वहीं रुक गया। मगर शांत था। दूसरे दिन काँच से राहुल को देखा। उसने रात निकाल दी थी। मैंने डॉक्टरों को धीरज बँधाया तथा प्रयत्नों को जारी रखने का निवेदन किया। उनमें प्रयत्न करने की इच्छा तो थी मगर स्वीडन मैं ऐसी दुर्घटना पहले कभी नहीं हुई थी। 'बायलैटरल फ्रेनिक नर्व' टूटने का अर्थ श्वसन क्रिया के तंत्र से संपर्क टूटना, चिकित्सा क्षेत्र की इस चुनौती का सामना कैसे करें

यह उनको सूझ नहीं रहा था।

मैंने इंटरनेट पर जाकर जानकारी जुटाना शुरू किया। दुनियाभर के मित्रों को जानकारी भेजी। उन दिनों स्वीडन में सुशील दुबे भारत के राजदूत थे। उन्होंने तथा उनकी पत्नी ने भी बहुत प्रयास किए। विकसित देशों के भारतीय दूतावासों तथा राजदूत दुबे के व्यक्तिगत मित्रों को संदेश भेजे गए। मेरे अनेक स्वीडिश मित्रों ने भी दुनियाभर में संदेश भेजे तथा इस समस्या के उपचार की जानकारी जुटाना शुरू किया।

राहुल का मौत से संघर्ष जारी था। अंत में हमें जानकारी मिली की अमेरिका में कोलंबिया विश्वविद्यालय के चिकित्सा वैज्ञानिक इस दुर्घटना से परिचित हैं। मैंने उनसे संपर्क किया तथा स्वीडन के डॉक्टरों से उनका फोन पर परिचय करा दिया। उन्होंने उनका मार्गदर्शन किया।

बाद के कुछ दिनों में और भी तीन-चार शोध केंद्रों से जानकारी जुटाई, वह भी मैंने डॉक्टरों को बताई। नए उपचार शुरू हुए। एक शल्यक्रिया भी हुई। राहुल ने लगभग चार माह गहन चिकित्सा विभाग में व्यतीत किए। धीरे-धीरे सुधार प्रारंभ हुआ। कुछ महीनों के बाद केरोलिनस्का चिकित्सालय के डॉक्टरों के साथ वह मुंबई आया। अब राहुल 12 वर्ष का है। उसका स्वास्थ्य आम बच्चों की तरह ही है। वह अच्छी फ्रेंच बोलता है। विश्व के घटनाक्रम की जानकारी उसे है। ओबामा तथा मैकेन के बीच हुए चुनाव के बारे में वह मुझे हमेशा बताता रहता था।

कई बार राहुल को देखकर मुझे स्टॉकहोम की वह शाम याद आती है। वह 12 मिनट की यात्रा तथा उसके पूर्व डॉक्टर द्वारा दी गई सलाह। मैं समझ गया कि मृत्यु अटल नहीं होती। फिर वह आतंकवादी युवकों की बंदूक की नली पर खड़ी हो अथवा पूर्णतया अपरिचित किसी चिकित्सकीय समस्या के रूप में हो, मृत्यु के दरवाजे से जीवन की ओर यात्रा हमारे लिए संभव है।

राहुल के जीवन में घटित यह प्रसंग मेरे लिए नियति का संकेत ही था। मैंने उसे समझा। परिवार की दृष्टि से अब स्वीडन में रहना उचित नहीं था। भारत लौटना ही ठीक था। संस्था के संचालकों ने भी इसे समझा। उन्होंने भी वापस लौटने की अनुमति देकर मुझे सहयोग दिया।

भारत में लौटने के उपरांत मैंने, हमारी राजनीति तथा समाज कैसे विकसित हो इस पर चिंतन किया। मनुस्मृति, महाभारत, वेद, उपनिषद्, चाणक्य का अर्थशास्त्र आदि का अध्ययन किया। भारतीय शास्त्रों में राज्य पद्धति के बारे में क्या विचार व्यक्त हुए हैं तथा वे 21वीं सदी में कैसे अमल में लाए जा सकते हैं इस पर शोध

किया। अध्ययन के आधार पर मैंने धर्मराज्य नामक एक छोटा ग्रंथ लिखा। वह उपप्रधानमंत्री लालकृष्ण आडवाणी के हाथों लोकार्पित हुआ। इसमें मैंने कहा है कि धर्म का अर्थ हिंदू अथवा कोई भी दूसरा धर्म नहीं है। धर्म का अर्थ है नैतिक तत्त्वों पर आधारित शाश्वत मूल्य।

इस ग्रंथ के प्रकाशन के उपरांत, मैं राजनीति में प्रवेश करूँ ऐसे संकेत मुझे कुछ राजनैतिक दलों से मिले, मगर मुझे उसमें रुचि नहीं थी। साथ ही भारत के अति पिछड़े वर्ग के लोगों की परिस्थिति समझकर उसे सुधारने के लिए शोध तथा प्रयास करने की मेरी इच्छा थी। तत्कालीन कृषि मंत्री श्री सोमपाल मेरे बहुत अच्छे मित्र बन गए थे। उन्होंने भारतीय किसानों की स्थिति का अध्ययन करने का निवेदन मुझसे किया। ''भारत के लिए यदि आप वास्तव में कुछ करना चाहते हैं तो कृषि क्षेत्र के लिए कुछ करें, यह आपका बड़ा योगदान होगा।'' ऐसा उन्होंने मुझसे कहा था, इसलिए मैंने इस कार्य के लिए समय देने का निश्चय किया।

भारत में किसानों की स्थिति बहुत व्यापक विषय है। उसके लिए उन्होंने मुझे चीन के कृषि क्षेत्र का भी अध्ययन कर उसके आधार पर योजना बनाने को कहा। इसमें भी विशेष रूप से चीन में दुग्ध व्यवसाय करनेवाले किसानों का अध्ययन करना था। मेरा यह काम आगे भी जारी रहा। इसी काम ने मुझे न्यूयॉर्क के आतंकवादी हमले से बचाया था और नवनिर्माण के संकेत दिए थे। उससे ही स्ट्रेटेजिक फोरसाइट ग्रुप का निर्माण हुआ और दुनियाभर में शांति प्रक्रिया के कार्य को गति मिली। यह सफर अभी भी जारी है। कभी-कभी राष्ट्रसंघ, राजनीतिक दल, बड़े उद्योग समूहों की ओर से प्रलोभन मिलते हैं। कभी-कभी समस्याएँ भी आती हैं। उनमें से बाहर निकलने का रास्ता दिखाई नहीं देता। मन विचलित होता है। फिर रॉबर्ट फ्रॉस्ट की कविता याद आती है—

यह सामने का दृश्य बहुत मोहक है,
यहीं रुकने का मन करता है,
मगर मैंने नियति को वचन दिया है,
अभी बहुत दूर जाना है,
अभी बहुत दूर जाना है।

जीवन के भूतकाल में जब मैं झाँकता हूँ, तब ये सारी घटनाएँ किसी चलचित्र की भाँति मेरी आँखों में तैरती हैं। खाकाबद्ध जीवन जीना क्या मेरे लिए संभव था? वैसा किया होता तो आज मैं कहाँ होता? नियति के संकेत समय पर समझ लेने से और उसमें निश्चय को जोड़ने के कारण नवनिर्माण का स्वप्न साकार

करना मेरे लिए संभव हो सका। एक दिशा की खोज सकारात्मक दृष्टि से करने के कारण ही तो नियति ने मेरा साथ दिया। अनेक कठिन प्रसंगों में मौत के मुँह से वापस आने की शक्ति दी। प्रयत्नों की पराकाष्ठा करने की शक्ति बढ़ानेवाला यश दिया। असंभव प्रतीत होनेवाली बातें उसके कारण संभव होती गईं। इसी कारण तो एक छोटे से गाँव के साधारण परिवार में पले बच्चे का आकाश से बुलाते विमान के साथ नाता जुड़ गया। उसमें से ही सारे विश्व को शांति प्रक्रिया की दिशा में इकट्ठा कर वसुधैव कुटुंबकम् की संकल्पना को साकार करने की दिशा में छोटा-सा प्रयास करने का अवसर मिला।

मेरे लिए जो संभव हो सका वह किसी भी युवक के लिए संभव है। उसके लिए पैसे की जरूरत नहीं। बड़े लोगों के सहारे की आवश्यकता नहीं। इतना ही नहीं, असामान्य बुद्धिमान होना भी जरूरी नहीं। यह मेरे जीवन के सफर में सिद्ध हुआ है। एक सकारात्मक तथा प्रसन्न जीवन जीने के लिए नियति और निश्चय के गणित को समझने की जरूरत है। यह गणित हल हुआ तो एक दिशा मिलती है। इस दिशा में कदम बढ़ाते समय यश अथवा अपयश की भ्रामक कल्पनाओं की ओर ध्यान न देते हुए इष्ट अथवा अनिष्ट परिणाम से जीवन का मूल्यांकन करने की आवश्यकता होती है। यह किया तो कोई साधन न होते हुए भी प्रत्येक युवक आसानी से आकाश को छू सकता है। यदि अनेक युवक एक दिशा की खोज का प्रामाणिक प्रयास करेंगे तो अपने देश को, अपने समाज को दिशा निश्चित रूप से मिलेगी। पहली कक्षा में सीखा था बूँद-बूँद से घड़ा भरता है। हमारे समाज में भी ऐसा ही होता है। प्रत्येक युवक यदि नियति तथा निश्चय को जोड़ने का प्रयास करेगा तो यथाशीघ्र एक सुखी, समृद्ध तथा महान् देश का निर्माण होगा इसमें मुझे तिल मात्र भी संदेह नहीं।

□

लेखक के संबंध में विश्व नेताओं के अभिमत

आप तथा आपके सहयोगियों ने अत्यंत कठिन काम को सहज रूप से पूर्ण कर भारत की प्रतिमा को उज्ज्वल बनाने में मदद की है।

—श्रीमती सोनिया गांधी (अध्यक्ष, राजीव गांधी प्रतिष्ठान)

प्रिय संदीप, अंतरराष्ट्रीय सामंजस्य तथा सद्भाव बढ़ाने के लिए तुम्हारी प्रतिबद्धता देखकर मुझे प्रसन्नता हुई है।

—बिल क्लिंटन (पूर्व अमेरिकी राष्ट्रपति)

आतंकवाद के संबंध में आपके द्वारा किया गया कार्य बहुत मूल्यवान है। आपके प्रयास बहुत सकारात्मक हैं तथा उसके लिए आपकी प्रशंसा होनी चाहिए।

—राजकुमार सौद अल फैजल (सऊदी अरेबिया के विदेश मंत्री)

आपके द्वारा संपादित पुस्तक में मेरा लेख देखकर प्रसन्नता हुई। आपकी इस पुस्तक में अपने विश्व के भविष्य के बारे में सक्रिय चर्चा होगी ऐसी आशा है।

—हैवियर पेरेस दक्वेयार (संयुक्त राष्ट्रसंघ के पूर्व महासचिव)

पिछले पाँच वर्षों में हम सबने मुंबई के संदीप वासलेकर के स्ट्रेटेजिक फोरसाइट ग्रुप की प्रगति को देखा है। केवल दिल्ली में ही नहीं, बल्कि ब्रुसेल्स, कैरो, लंदन और न्यूयॉर्क की शासकीय नीतियों के विचार-विनिमय पर भी है उन्होंने अपनी छाप छोड़ी है।

—श्री एस.सी. जमीर (महाराष्ट्र के तत्कालीन राज्यपाल)
(राष्ट्रपति प्रतिभा पाटिल की उपस्थिति में
अंतरराष्ट्रीय सम्मेलन को संबोधित करते हुए)

प्रिय संदीप, तुम्हारी दूरदृष्टि, कार्य तथा वैश्विक विषयों पर तुम्हारी चिंता देखकर मैं अपने जगत के बारे में आशन्वित हूँ।

—ओलुसेगून ओबासांजो (नाइजीरिया के पूर्व राष्ट्रपति)

जिस प्रकार संदीप समस्याएँ हल करते हैं, जैसे उनके विश्व स्तर पर विद्वानों तथा नेताओं के साथ निकट के संबंध हैं, तथा विश्व में सुधार के संदर्भ में उनकी जो प्रतिबद्धता है, उसके हम कायल हैं।

—थॉमस ग्रेमिंगर (स्विट्जरलैंड के राजदूत)

प्रिय संदीप, तुम्हें स्कॉलरशिप मिल गई यह सुनकर बहुत प्रसन्नता हुई और मैंने सबसे यही सुना है कि इस स्कॉलरशिप के लिए तुम उपयुक्त थे, यह तुमने सिद्ध कर दिखाया है।

—सर जॉन केंड्रयू, नोबेल पुरस्कार विजेता वैज्ञानिक
(अध्यक्ष, सेंट जॉन्स कॉलेज, ऑक्सफोर्ड विश्वविद्यालय)

जब युवक यह जानेंगे की ईश्वर ने उन्हें बहुत बड़े कार्य के लिए निर्मित किया है, तब अपना विश्व बहुत सुंदर बनेगा। हम प्रार्थना के माध्यम से तुम्हारे साथ यात्रा करेंगे।

—मदर टेरेसा, नोबेल पुरस्कार विजेता, समाज सुधारक

(लेखक द्वारा अंतरराष्ट्रीय शांति यात्रा के नेतृत्व के अवसर पर)

विश्व की आर्थिक पुनर्रचना के बारे में मैं तुम्हारे विचारों से पूर्णतया सहमत हूँ।

—प्रो. जॉन टीनबर्जेन, अर्थशास्त्र के प्रथम नोबेल पुरस्कार विजेता (1980)

□□□